BUILDING KNOWLEDGE GRAPHS IN DIGITAL HUMANITIES DOMAIN: METHODS AND PRACTICE

数字人文领域
知识图谱构建方法与实践

任 明 / 著

中国人民大学出版社
· 北京 ·

目　录

第1章

绪　论

1.1 大数据与知识图谱

当前，新一代信息技术在数字化、网络化、智能化方向深入发展，成为新一轮科技革命的突出特征[1]。信息技术和人类生产生活交汇融合，使得全球数据呈现爆发式增长。回顾 2010 年，那时全球数据量刚刚突破 1ZB；到 2025 年，这一数字预计达 175ZB[2]。中国的数据量增长极为迅速，年均增长速度比全球快 3 个百分点，预计到 2025 年将增至 48.6ZB，占全球数据总量的 27.8%[3]。

社会经济生活的方方面面以更细粒度的数据形式呈现出来，通过数据世界，人们可以更加清晰地观察和了解社会经济活动情境。数据在众多行业展示出具大的经济价值，对海量数据和信息进行快速收集、挖掘、研判与共享，对于提高生产力、竞争力、创新能力起到关键的作用。传统的管理转向或正在转向基于数据的管理，传统的决策转向或正在转向基于数据的决策[4]。作为集成了社会、经济、文化、政治等多维“镜像”的数据，也为社会治理提供了重要的数据基础，能够助力社会治理和治理模式创新，通过开放政府数据将进一步促进数据价值的有效释放，产生更大的社会效益和经济效益。数据不仅改善了各行各业的数据资源利用能力和管理决策水平，也为科技创新带来了更加旺盛的生命力，大数据在改变传统生产经营模式、驱动传统产业转型升级方面发挥着至关重要的作用。数据作为一种新的生产要素，已经成为推动经济发展、社会治理和科技创新的一类重要基础性战略资源。

如今，数字竞争力已经成为国家综合竞争力的重要内容，世界各国政府对此都高度重视，密集出台支持大数据的各项行动计划，积极应对大数据环境下的各类挑战。我国在 2014 年首次将“大数据”写入政府工作报告后，系统部署大数据发展工作，将发展大数据上升为国家战略，政府数据开放共享、数据流通与交易、利用大数据保障和改善民生等概念已深入人心。特别是 2020 年以来的新冠肺炎疫情为各产业和全社会加速数字化转型提供了特殊的契机，在全民共同参与构建社会治理新格局的大背景下，新兴数字科技手段在疫情监测、诊断治疗、防控救治、资源调配等诸多方面显示了巨大的应用价值，同时带动了在线教育、在线娱乐、远程办公、在线医疗、生鲜电商等新业态的创新发展。

大数据作为社会经济生活的片段记录，蕴含着极为丰富和有用的信息。当然，数据的超大规模及其新的特征也使得从中获取有用的知识极具挑战性[5]。第一，是割裂的多源异构数据。需要处理的数据可能来自领域数据库、知识库或者Web页面的开放信息，具有多源异构的特点。并且，这些数据在物理上分散存放于不同的系统中，造成了各种数据孤岛，给大数据分析处理带来巨大挑战。第二，从数据规模来看，数据的规模越大，提供的有价值的信息通常越多，但是对数据的存储和处理的要求也就越高，甚至可能超出了数据存储和处理的能力范围。第三，是跨媒体、跨语言的关联。比如，图片、视频、音频数据与文本数据之间存在着关联，不同语种的数据之间存在着关联，如何自动识别和利用这些跨媒体、跨语言的关联是有待探索的问题。第四，实体和关系具有动态演化性，这一特性给实体和关系的判别增加了难度，容易带来数据不一致的问题，这对实体和关系的建模提出了更高的要求。第五，是知识的隐含性。大量的知识不是显式的，而是隐含在海量的信息中，需要对相应数据和信息进行深入理解、抽象和归纳，才能获得具有一般性的知识。

大数据知识服务是大数据生态系统的核心。知识服务对知识组织有很高的要求，强调数据间的有机联系，尤其要求通过数据间的联系形成相关知识。面对多源异构、组织松散的数据，需要根据大数据环境下的知识组织原则，去探索既符合网络信息资源发展变化又适应人类认知需求的知识互联方法。随着互联网数据的规模和复杂性的快速增长，人们开发了各种知识库用来实现智能化语义检索，使用计算机帮助人们自动地、智能化地组织和管理信息。DBpedia、YAGO、Freebase都是典型的以互联网资源为基础的大规模知识库，它们利用语义网技术与众多知识库建立关联，构成了规模巨大的关联数据网络。

伴随着关联数据的迅速增长，知识图谱（knowledge graph）应运而生。知识图谱吸收了语义网、本体在知识组织和表达方面的理念，使知识更易于在计算机之间、计算机与人之间交换和流通。知识图谱作为一种技术体系，是指大数据时代知识工程的一系列代表性技术的综合[6]。知识图谱使用本体对领域知识进行语义知识表示，同时使用机器学习、自然语言处理技术等对资源中的知识要素进行提取，实现数据化及语义化，促成知识的共享与重用，并使与其他各种来源的知识相融合成为可能。在基于语义的数据融合的基础上，获取新的概念或认识，进行对比与统计分析，揭示各实体之间的关系，发掘隐含在其背后的规律。目前，知识图谱在学术界和产业界已经成为一个热门的研究领域，国务院 2017 年颁布的《新一代人工智能发展规划》中也特别强调将知识图谱列作重点攻关方向。作为人们访问知识和信息的接口，知识图谱在智能时代必将扮演越来越重要的角色。如何根据业务需求设计实现知识图谱应用，并基于数据特点进行优化调整，是知识图谱应用研究的关键内容。目前，知识图谱在互联网、金融、医疗和电子商务等领域得到了较多的关注和探索，通过快速检索信息、发现关联，提供有价值的决策支持。各行业正在试图通过积累的大数据，借助知识图谱来完成数据价值的变现，时代发展赋予了知识图谱助力行业智能化升级与转型的历史使命。

1.2 数字人文

无处不在的数据和计算打破了自然科学和社会科学的边界，数理科学与人文社会科学、管理科学等学科不断交叉融合，也给传统的人文社会学科开辟了新的空间。大量的书籍、报刊、图像、音乐、录像等各种资料在数字化后被提供给研究人员，数字技术和方法正逐渐成为人文学科研究的必要手段，人文知识的获取、分析、集成和展示都在不断发生变化。数字人文（digital humanities）成为新兴的一个学科和研究领域[7]。

数字人文的前身是人文计算（humanities computing）。人文计算研究以机器翻译研究、词典编纂研究、作者与风格研究、群体传记学研究等为特色，涉及文本编码、文本标识、数据库、量化分析等技术；这些研究均建立在文字或文字材料数据化的基础上[8]。人文计算的两个基本特征是“以信息技术为工具”和“以文本为主要对象（用于语言分析）”[9]。可以认为，人文计算是一种使用计算机技术作为新工具处理人文学科文本，进而发现新知识的领域[10]。人文计算的提出，代表着在人文研究中运用计算机技术已经形成理论化的思考。随着技术的不断进步和实践活动的发展，人文计算也在不断地发展。自2000年以来，“数字人文”这一术语的使用频率逐渐呈现上升的趋势，不断取代了人文计算的说法，也显示出与人文计算不同的内涵与外延。要准确地解释术语的更迭并不容易，但是观察学术界对这些术语的使用也可以发现一些痕迹——人文计算界在使用“数字人文”一词时，往往是将其作为书籍和期刊标题中的一个总括性的外延，“人文计算”一词则通常被用在实际的叙述中。下面这段文字来自 *Digital Humanities Quarterly* 期刊的创刊号，其中谈到了数字人文的包容和开放。文中隐含着的传统即是人文计算，尽管没有明确地指出来。

> 数字人文在本质上是一个混合领域，跨越了学科界限，也跨越了理论与实践、技术实施与学术反思之间的传统壁垒。随着时间的推移，这个领域业已形成了自己的正统观念，形成了促进知识流动的内部联系和合作路线。二十年前还难以想象，数字问题几乎会涉及每一个领域。我们不能想当然地认为自己处于中心地位。相反，我们必须努力工作，以保持对那些可能影响我们工作和思想的领域的了解，还谈不上掌握。同时，我们需要努力解释我们的工作和想法，让我们群体以外的人看到，也许他们会觉得有用[11]。

数字人文开启了更加广阔的领域，被用于从整体上描述围绕信息技术和人文学术的活动和结构。一个常见的说法是，数字人文是一种总括性的术语（umbrella term），尽管人们对其所包括的内容有各自的理解，但是对其总括性有较为一致的认可。如今，数字人文的研究领域已从最初的语言学延伸到了文学、历史、艺术、图书情报、文化、哲学等诸多领域，跨学科研究已成蔚然之势，此外还呈现出了跨国家合作的趋势。数字人文在全球范围内快速发展，大量项目平台和研究成果不断涌现，项目制成为数字人文领域发展运行的主要模式——通过项目加强了跨学科领域专家学者的联动与合作[12]。下面这些跨学科的项目展示出丰富多样的主题，涉及历史、档案、文化、建筑、环境、地理等诸多领域。

- 伦敦大学学院数字人文中心的“埃及木乃伊深度成像”（Deep Imaging Egyptian Mummy Cases）项目[13] 致力于开展数字人文历史文化遗产保护。对于木乃伊内部可能载有古埃及文明与历史的纸莎草纸，探索开发一种侵入性较低的无损成像技术的可行性，使研究者无须以破坏性方式获取木乃伊内部的研究材料。该项目于2015年11月至2017年12月期间开展了一系列国际合作，测试了在木乃伊盒中发现的多层纸莎草纸进行无损成像的可行性。研究表明，目前没有一种单一的成像技术能够同时识别木乃伊盒内深处的铁和碳基油墨这两种物质。若要检测并最终读取木乃伊内部的文本，需要多模式成像方法，但这必然会受到成本、成像系统的访问以及系统和不同木乃伊外盒的便携性的限制。

- 耶鲁大学数字人文实验室的“与机器人共舞”（Dancing with Robots）项目[14]，利用机器学习捕捉人体动作，记录丰富的数据点代表人类形态，分析并预测与风格相关的运动序列，旨在帮助和激发舞蹈艺术家们设计出更具有美学意义的新颖动作。该项目融合了机器学习、舞蹈练习和舞蹈理论、实验粒子物理学和人文学科的专业知识，为舞蹈和运动研究的多方面应用创建了开源工具。

- 斯坦福大学的“潮汐之间”（Between the Tides）项目[15] 是探讨气候变化、环境问题的数字生态项目。受全球变暖的影响，旧金山湾的海平面不断上升，随岁月变迁掩盖住大量人类和生态历史变迁的痕迹。旧金山湾区的人口增长、城市化进程加速、工业发展、污水排放等，也不可避免地带来各种自然生态环境问题。研究者们汇集大量地理、生态等方面的历史数据，借助地理信息系统（GIS）技术、数字地图等，运用空间分析法将旧金山湾随时间变化的轨迹进行可视化，并将潮汐空间中的历史层次进行叠加，分析社会和自然环境的变化关系，揭示其潜在的模式和联系。

- 麻省理工学院的“德国广播艺术”（German Radio Art）项目[16] 是文化与艺术类的数字人文项目。广播剧（Hörspiel）是德国的一种特别活跃的艺术形式，每年有80到100部由政府资助的新作品首映。这些作品往往是实验性的，包括特别谱写的音乐和混合的声音，让学生接触到新的思考故事的方式。该项目为德语高年级学生提供了丰富的录音资料、文本和网络链接，以及各类艺术流派的简介，能够丰富学习者的知识网络体系，从而不断推动该领域的艺术创作。学生可以标记、搜索和注释材料，以支持自己的研究目标和课堂演示。

- 埃默里大学的“非洲身世”（The African Origins）项目[17] 展示了被奴隶船强行带进大西洋的非洲人的移民历史。利用混合委员会国际法庭和英国海军部副法庭所释放的 91 491 名非洲人的个人资料，提供了有关在非洲被俘并卷入奴隶贸易的人的地理、种族和语言数据。该项目广泛征集志愿者协助查明跨大西洋贩卖奴隶的非洲人的身世。那些了解非洲语言、文化命名和种族群体的人可以帮助确定一个人名字可能的种族语言起源，从而帮助确定这些非洲人的身世。

在我国，数字人文研究虽然起步较晚，但近年来建设力度明显加强，数字人文项目以文物保护和古籍数字化方面尤为突出。

- 由哈佛大学费正清中国研究中心、台湾“中央研究院”历史语言研究所、北京大学中国古代史研究中心合作构建的中国历代人物传记资料库（CBDB）[18] 用于收录中国历代名人传记、著作资料。截至 2020 年 5 月，共收录从先秦到晚清约 47 万人的传记资料、著作资料约 4 亿字，所收录的人物以唐、宋、明、清的人物传记资料最为充实。CBDB 从多个维度记录人物信息，除人物的姓名、生卒年等基本信息外，还包括了相关地址、任官、亲属关系、社会关系、著述等信息。该资料库尊重历史以及古籍原貌，采用繁体字原文、简体字注释、中英文标注相结合的形式展示历史数据，支持数据的检索和可视化分析，有助于更加直观、清晰地展示人文领域中的实体和内在关联。

- 由罗斯基金会资助、复旦大学主要承担的中国历史地理信息系统（CHGIS）项目[19] 建立了中国历史时期连续变化的基础地理信息数据库，依托 GIS 技术表达这些基础地理信息的空间分布及随时间的变化，用于历史地理的专题信息的叠加和相互比较，为研究者提供简洁的查询工具、编制数据地图以及连接用户数据的功能。

- 台湾“中央研究院”的“汉籍电子文献资料库”（汉典全文检索系统）[20] 致力于收录对中国传统人文研究具有重要价值的文献，并建立全文电子数据库。数据库内容包括经、史、子、集四部，其中以史部为主，经、子、集部为辅。若以类别相属，又可略分为宗教文献、医药文献、文学与文集、政书、类书与史料汇编等，累计收录历代典籍已达 1 173 种，77 246 万字，内容几乎涵括了所有重要的典籍。

- 由敦煌研究院与武汉大学、浙江大学等国内外高校和机构合作开展的“数字敦煌”项目[21] 是利用数字人文技术保护敦煌历史遗产的数字化工程。该项目运用信息技术，实现敦煌莫高窟文物的永久保存、永续利用。项目具体包括虚拟现实、增强现实和交互现实三部分，通过构建敦煌瑰宝的数字化档案，打破时空限制，促进文化遗产数字化共享、文化保护和传承。
- 由中国人民大学人文北京研究中心主持建设的“北京记忆”项目，旨在综合运用人文历史、艺术审美、资源管理、信息技术等多学科多领域的方法、技术与工具，构建信息时代北京的数字记忆。项目按照北京历史文化特有的结构形态，以专题为中心，通过整合文化资源的数据库建设、阐释北京文化性质的网站内容建设与传播平台搭建，从整体上呈现和沟通“老北京”的历史魅力与“新北京”的精神风貌，构建数字化的北京记忆。

现有的数字人文实践以人文问题为导向，运用各种新兴的数字技术、多媒体技术、网络技术、地理信息系统技术等，使人文研究有了更强大的活力和更广阔的发展空间。从数字人文资源的生命周期来看，数字人文资源经历了若干阶段，在不同的阶段需要运用不同的技术。在数据化阶段，主要是实现数字人文资料向数字世界的映射以及进一步转化成数据，构造数字人文的资源基础，包括对于古籍、历史手稿、乐谱等进行扫描和光学字符识别(OCR)[22]，对古文物进行拍摄、捕捉、3D 建模[23]，等等。在资源组织阶段，充分结合语义网相关技术，从早期的全文检索向着基于语义的数据管理和检索发展，构建本体模型对数字人文领域的知识进行统一的表达，将各种数据集以关联数据的形式发布[24]，为数字人文资源的共享和重用提供便利[25]。在资源的开发利用阶段，从早期人文计算时代的词频统计等基本的文本分析，逐渐发展到使用各种文本挖掘技术（如分类、聚类、主题建模）去理解更深层的话题、情感和事件等，使用自然语言处理技术进行中文分词、词性标注、命名实体识别、关系抽取等[26]，或利用新兴的自然语言生成技术自动进行诗歌创作等[27]。对于获得的或者提取的实体和关系还可以进一步分析，比如构建关系网络进行社会关系分析[28,29,30]，对于提取到的实体、事件、话题或情感等进行时序分析[31]，等等。同时，数字人文的“空间转向”也带动了历史地理信息分析[32]，推动了从多维度进行史料的挖掘。在资源的可视化阶段，利用计算机图形学和图像处理技术提供信息可视化、场景模拟和交互处理，在数字人文的研究和实践中备受瞩目。地理信息系统（GIS）技术和历史地理信息系统（HGIS）技术也在数字人文领域得到了广泛的使用，用于历史地图资料、历史地理信息的可视化，帮助研究人员理解时空变迁的历史趋势，提升把握“大历史”的能力。新兴的虚拟现实（VR）和增强现实（AR）技术被用来提供身临其境的环境体验，也常与地理信息系统技术等结合起来用在考古、文化遗产和艺术等领域进行虚拟展示。同时，在上述多个阶段中机器学习的方法和人工智能技术都有所应用，往往用于自动处理指定的任务或者进行智能赋能，为任务的高效完成和智能实现提供便利。

上述对支持数字人文研究的技术按照所应用的阶段进行了归纳和举例，这一归纳不可能是完整全面的。一方面，是因为数字人文的版图是如此之广，而且数字人文的边界也处在不断被定义、被争论的过程中；另一方面，数字人文的方法论基础和相关技术也还在随着信息技术的发展不断地革新[33]。

在各种新兴技术的加持下，数字人文的研究和实践如火如荼。数字人文已然成为一种新的文化开发能力体系。可以想象，随着数字人文研究的深入发展，会有更多优秀的资源不断地被开发、共享出来，对资源的分析、解释和重用的需求也会越来越强烈[34]。尽管数字人文领域不断推动数字资源的重用，但是，目前数字人文领域中资源的使用（和重用）的水平仍然不高[35]。这除了与目前数字人文发展所处的阶段有关，和数字人文资源组织松散、独立而难以被利用的状况也是不无关系。文本、图像、音频和深度标引及描述它们的元数据通常是数字人文学者的研究对象，但数字化的信息资源并未真正改变使用者利用文献的方式，数字化文献无法从“读”转变为“分析”[36]。要使这些资源拥有更为强大的活力和价值，资源的语义化组织是关键任务。近年来已有越来越多的研究开始使用本体、关联数据等语义技术对文本化的数字人文资源进行组织和重构。对于大量的以非结构化数据的形式存在的数字人文资源，仅有语义网技术是不够的，需要进一步结合机器学习等技术抽取出知识要素，将实体和关系进行结构化的表示，实现数字人文资源的重构和高效的组织，并促成与不同来源的知识加以融合。

新兴的知识图谱技术在解决上述问题上有着重要而独特的价值，为数字人文研究带来了新的机遇。人文学者在研究过程中常需要花费大量的时间收集和整理不同层次、不同角度的人文素材，建立关联并进行分析、批判和解释，进而形成一个相对完整的知识体系。知识图谱将信息以更接近人类认知世界的形式进行表达，不仅直观地展示知识及其关联，更为机器语言认知、智能检索和大规模知识的互联提供了重要支撑。曾有学者归纳了数字人文研究的两个核心问题：如何了解到那些我们无法了解的知识；如何推测那些我们不知道的信息。这正是知识图谱的潜力所在，知识图谱可以基于现有知识进行关联、融合和推理，提供更多规律、脉络、趋势的线索，有利于人们获得新的理解和发现。曾有研究人员认为，知识图谱中的图运算和关联数据的结合将会成为数字人文领域研究的下一个热点，开启数字人文研究的新时代[37]。

1.3 本书概述

数字人文与知识图谱是当今世界两个正在蓬勃发展的研究领域。本书站在这两个领域的交叉地带，探索数字人文领域的知识图谱构建方法，为数字人文领域知识的重构和研究范式的改变奠定基础。传统的人文研究往往建立在实体资源的基础上，或者通过进行数字化并为数字化资源添加元数据的方式来完成资源的描述与组织，但也仅仅是揭示资源的浅层的、粗粒度的特征，难以实现对资源的深度分析与有效利用[38]。信息技术和人工智能技术的发展和应用，为将数字人文资源转化为计算机可读、可处理的高质量数字资源提供了可能。知识图谱通过重构数字人文资源，改变信息的获取、标注、比较、取样、阐释与表现方式，帮助研究人员更加便捷地发现和验证人文世界的更多规律、脉络和趋势，在与历史、地理等知识的关联中获得更加宏观的学术视野。

尽管知识图谱在诸多领域有了成熟的应用，但是，数字人文领域的问题和需求有其特殊性，需要在知识图谱构建的过程中对具体问题进行具体分析。

本研究的主要目标是结合数字人文领域的研究场景和数据特点，分析数字人文领域知识图谱构建在不同阶段所面临的特殊问题，提出数字人文领域知识图谱的构建方法，并进行实践验证。

本书的第 2 章介绍了数字资源组织与表示的基础知识。该部分从知识图谱的前身——语义网说起，随后介绍了关联数据、本体这些对知识图谱的产生和发展起到推动作用的方法和技术，揭示进一步发展出知识图谱技术的必要性。接着，介绍了知识图谱的概念和起源、数据存储以及不同类别的知识图谱。第 3 章介绍了数字人文领域知识图谱构建的方法。这一章首先分析了数字人文资源的特点和发展趋势，介绍了知识图谱构建基础，给出了数字人文领域知识图谱构建方法的整体框架。接下来的小节依次对该框架中的各个环节进行了具体的介绍，包括领域本体构建、知识抽取、知识融合、知识推理，此外还强调了在数字人文领域知识图谱构建中需要重视的基于众包的人机协作模式和全过程质量控制问题。知识图谱构建是一项系统工程，将相关内容置于同一个章节，使其更加紧凑。第 4 章介绍了数字人文领域中的一项具体实践——家谱知识图谱构建。家谱是中华民族文化遗产中的一种宝贵资源，对数字化家谱进一步深度开发和利用，不仅有利于这些文化遗产的保存、整理和修复，还将促进家谱资源的传播和传承。这一部分介绍了依托浙江高迁吴氏西宅宗谱数字资源开展的家谱知识图谱构建的实践，包括家谱本体构建、基于深度学习的家谱信息抽取及其针对小规模标注数据的优化、知识融合方面的具体工作。第 5 章介绍了在上述工作的基础上开展的家谱可视化应用。在分析中华传统家谱的特点和中西方家谱可视化形式之后，提出了中华传统家谱的两种可视化形式，设计实现了可视化平台的原型，并以浙江高迁吴氏西宅宗谱为例进行可视化展示。该平台提供了一种开放家谱数据的模式，使研究人员可以从中获得更多的研究资源，也可以在一定程度上满足个人在线修谱的需要。同时，平台也为在线协作修谱提供了可能。

注释

[1] 徐宗本.“数字化、网络化、智能化”新一代信息技术的聚焦点 [J]. 科学中国人，2019，415 (7)：36-37.

[2] COUGHLIN T. 175 zettabytes by 2025 [EB/OL]. (2018-11-27) [2021-01-25].

https://www.forbes.com/sites/tomcoughlin/2018/11/27/175-zettabytes-by-2025/? sh=4ebd4b195459.

[3] IDC. 2025年中国将拥有全球最大的数据圈 [R/OL]. (2019-02-25) [2021-09-01]. http://www.chinastor.com/market/0226403122019.html.

[4] 陈国青，吴刚，顾远东，等. 管理决策情境下大数据驱动的研究和应用挑战：范式转变与研究方向 [J]. 管理科学学报，2018，21 (7)：1-10.

[5] 孟小峰. 大数据融合研究：问题与挑战 [J]. 计算机研究与发展，2016，53 (2)：231-246.

[6] 肖仰华. 知识图谱：概念与技术 [M]. 北京：电子工业出版社，2020.

[7] 安妮·伯迪克，约翰娜·德鲁克，彼得·伦思费尔德，等. 数字人文：改变知识创新与分享的游戏规则 [M]. 马林青，韩若画，译. 北京：中国人民大学出版社，2018.

[8] NYHAN J，FLINN A. Computation and the humanities：towards oral history of digital humanities [M]. Cham：Springer International Publishing，2016：2-4.

[9] SVENSSON P. Humanities computing as digital humanities [J]. Digital humanities quarterly，2009，3 (3).

[10] 林施望. 从"人文计算"到"数字人文"：概念与研究方式的变迁 [J]. 图书馆论坛，2019，39 (8)：12-20.

[11] FLANDERS J，TERRAS M，PIEZ W. Welcome to digital humanities quarterly [J]. Digital humanities quarterly，2007，1 (1).

[12] 邓君，孙绍丹，王阮，等. 美国29所高校数字人文项目研究内容解析 [J]. 情报资料工作，2020，41 (3)：31-40.

[13] Deep imaging Egyptian Mummy Cases [EB/OL]. [2020-09-17]. https://www.ucl.ac.uk/digital-humanities/projects/Deepimaging.

[14] LEVY F，MURNANE R. Dancing with robots：human skills for computerized work [EB/OL]. (2013-06-01)[2021-01-28]. https://dusp.mit.edu/uis/publication/dancing-robots-human-skills-computerized-work.

[15] Betwee the tides [EB/OL]. [2020-09-17]. http://web.stanford.edu/group/spatialhistory/cgi-bin/site/project.php? id=1005.

[16] Hyperstudio digital humanties at MIT [EB/OL]. [2020-09-17]. http://hyperstudio.mit.edu/projects/german-radio-art/.

[17] African origins [EB/OL]. [2021-01-29]. https://legacy.african-origins.org/.

[18] 中国历代人物传记资料库 (CBDB) [EB/OL]. [2020-09-17]. https://projects.iq.harvard.edu/chinesecbdb.

［19］中国历史地理信息系统（CHGIS）［EB/OL］.［2021-12-18］. http://yugong.fudan.edu.cn.

［20］汉籍电子文献［EB/OL］.［2020-01-28］. http://hanji.sinica.edu.tw/.

［21］盛洁临. “数字敦煌”项目对我国文化遗产保护的启示［N］. 中国文物报，2020-06-23（4）.

［22］余力，管家娃. 中国古籍数字化建设现状分析及发展研究［J］. 数字图书馆论坛，2017（11）：41-47.

［23］王婷. 文物真三维数字建模技术在秦始皇兵马俑博物馆中的应用：以一号坑陶俑为例［J］. 文物保护与考古科学，2012，24（4）：103-108.

［24］夏翠娟，张磊. 关联数据在家谱数字人文服务中的应用［J］. 图书馆杂志，2016，35（10）：26-34.

［25］UCHACZ T H. Early Modern Letters Online（EMLO）［J］. Isis，2019，110（3）：567-569. https://doi.org/10.1086/704722.

［26］任明，许光，王文祥. 家谱文本中实体关系提取方法研究［J］. 中文信息学报，2020，34（6）：45-54.

［27］TONRA J，DAVIS B，KELLY D，et al. Poetry in motion：quantified self data and automated poetry generation［EB/OL］.［2021-01-29］. https://dev.clariah.nl/files/dh2019/boa/0348.html.

［28］赵星，李书宁，肖亚男. 数字人文视域下基于多源数据融合的人物专题数据库建设：以上海图书馆2018开放数据应用开发竞赛作品“树人者”为例［J］. 图书馆杂志，2019，38（12）：45-51.

［29］张力元，王军. 基于社会网络动力学的两宋学术和政治体系比较分析［J］. 情报工程，2020，6（1）：34-49.

［30］SCHICH M，SONG C，AHN Y Y，et al. A network framework of cultural history［J］. Science，2014，345（6196）：558-562.

［31］姜育彦，李雅茹. 基于数字人文视角的“情感—时空”模型探析［J］. 农业图书情报学报，2020，32（6）：23-33.

［32］陈刚. “数字人文”与历史地理信息化研究［J］. 南京社会科学，2014（3）：136-142.

［33］高胜寒，赵宇翔，朱庆华. 国内外数字人文领域研究进展分析［J］. 图书馆杂志，2016，35（10）：9-18.

［34］MARTIN-RODILLA P，GONZALEZ-PEREZ C. Metainformation scenarios in digital humanities：characterization and conceptual modelling strategies［J］. Information systems，2019 (84)：29-48.

[35] ESCHENFELDER K R，CASWELL M. Digital cultural collections in an age of reuse and remixes [J]. Proceedings of the American society for information science and technology，2010，47 (1).

[36] 欧阳剑，彭松林，李臻. 数字人文背景下图书馆人文数据组织与重构 [J]. 图书情报工作，2019，63 (11)：15-24.

[37] 陈涛，刘炜，单蓉蓉，等. 知识图谱在数字人文中的应用研究 [J]. 中国图书馆学报，2019，45 (6)：34-49.

[38] 左丹，欧石燕. 人文信息资源语义描述、语义组织研究与实践述评 [J]. 图书馆论坛，2019，39 (8)：21-31.

第2章

数字资源组织与表示

高速发展的互联网已经成为迄今为止影响最深远、最广泛的信息传播媒介，同时也推动着下一代网络技术的发展。在语义网（Semantic Web）的设想提出后，万维网联盟（W3C）成立了一系列工作组，致力于制定语义网的技术规范。随着资源描述框架 RDF、网络本体语言 OWL、查询语言 SPARQL 及规则交换格式 RIF 等技术规范不断确立，语义网为网络上的知识表示、推理、交换和复用奠定了基础。同时伴随着关联开放数据的迅速增长，知识图谱在这一大数据背景下产生了。知识图谱吸收了语义网、本体在知识组织和表达方面的理念，使知识更易于在计算机之间、计算机与人之间交换和流通。本章依次介绍语义网、关联数据、本体、知识图谱的相关内容。

2.1 语义网

互联网为全球亿万人提供了规模巨大的信息资源，全球范围内的人们可以利用互联网进行信息交流和资源共享。但是互联网也有它自身的局限，主要体现在计算机无法理解网页内容的语义，以及信息的无序和超大规模给搜索带来的巨大挑战。究其根源，一方面在于互联网采用 HTML 语言，网页上的内容是专供人类浏览而非供计算机理解和处理的；另一方面，互联网是按“网页地址”来定位资源的，缺少语义关联，且资源分散在不同的服务器上，缺少有效的整合，形成了一个个信息孤岛，从而大大影响了搜索的效率和效果。

1998 年，万维网之父蒂姆·伯纳斯·李（Tim Berners-Lee）提出了语义网的设想。语义网不是另一个 Web，而是在现有网络的基础上为资源添加机器可识别的语义信息。语义网的目标是使网络上的资源具有计算机可理解的语义，使得机器能够理解资源内部和资源之间的语义联系，支持智能体（agent）对万维网上的异构、分布式信息的有效访问和搜索。所以说，语义网可以看作知识图谱的前身。

蒂姆·伯纳斯·李提出的语义网技术栈如图 2-1 所示。

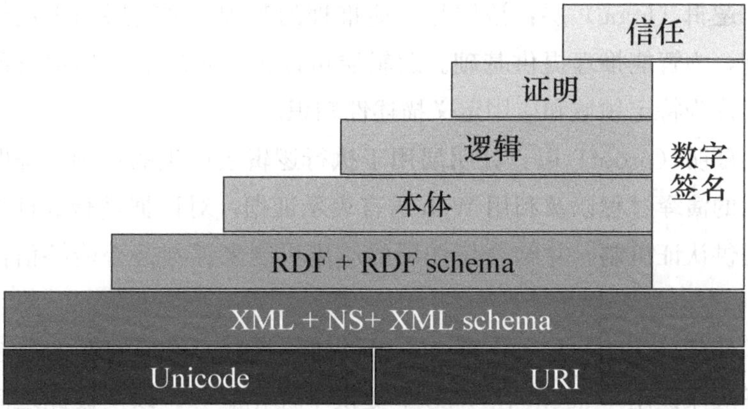

图2-1　语义网技术栈[1]

（1）Unicode和URI层：这是语义网的基础。在语义网环境中，所有需要描述的事物都被称为资源。Unicode用来定义国际通用字符集，实现资源的统一编码。URI是统一资源标识符（uniform resource identifier），语义网上每一个资源都由唯一的URI来标识。

（2）XML＋NS＋XML schema层：这是语义网的基础描述语言层。XML是可扩展标记语言（extensible markup language），是网络通用的标签式描述语言。命名空间（name space，NS）为XML文档中结构化标记的定义和使用提供上下文机制，用以指明含义，避免命名冲突。XML模式（XML schema）为XML文档提供了语法结构上的约束，保证XML文档的完整性与有效性。这一层实现资源的结构、内容与数据的表现形式分离。

（3）RDF＋RDF schema层：RDF语言用于表达网络的资源。RDF模式（RDF schema，RDFS或RDFs）则为RDF更丰富的结构表达提供了类型定义。这一层用于描述万维网上的资源及其类型，为资源描述提供通用框架和实现数据集成的元数据解决方案。

（4）本体（ontology）层：这是语义网的核心——语义层。本体揭示了资源之间的丰富的语义信息，使信息具有计算机可理解的语义，在语义网的交互中担当着语义互操作的重要角色。在实践中，用RDF定义网络信息资源，以及用本体定义互操作的语义空间，就构成一个基本的语义网应用环境。这一层有时还包括规则（rule）子层，用来提高本体描述能力，增强信息的语义表达能力。

(5) 逻辑(logic)层:该层是智能推理的基础。逻辑层用于提供公理和推理规则,为智能推理提供基础。逻辑层可以进一步增强本体语言的表达能力,也允许为特定领域和应用定义描述性知识。

(6) 证明(proof)层:证明层用于执行逻辑层产生的规则。证明层负责设计实际的演绎过程以及利用 Web 语言表示证据,对证据进行验证等。证明层注重提供认证机制,并结合信任层的应用机制来评判是否能够信任给定的证明。

(7) 信任(trust)层:主要负责提供信任机制,保证资源的交互安全可靠。信任层保证用户 agent 在 Web 上提供个性化服务,以及彼此之间有安全可靠的交互,基于可信 agent 和其他认证机构,通过使用数字签名和其他知识才能构建信任层。当 agent 的操作是安全的而且用户信任 agent 的操作及其提供的服务时,语义网才能充分发挥其价值。

在上述技术框架中,XML、RDF/RDFs 及本体都是网络资源在不同层次上的表示方法,它们分别描述了数据的结构信息、数据模型及数据语义。

2.2 关联数据

随着语义网的不断发展,关联数据(Linked Data)作为创建和维护数据资源的方法得到了越来越广泛的关注。关联数据旨在推动万维网上资源间的语义关联以及数据开放,它体现了语义网的基本思想,将孤立的数据连接起来构成网络。因为有了这些结构化的、互联的数据资源,语义信息的搜索与知识发现成为可能。在将大量不同来源的数据进行关联和集成时,必须遵循一些基本的原则。万维网之父蒂姆·伯纳斯·李在 2006 年提出了关联数据的四项设计原则:(1) 使用 URI 作为各种资源的标识名称;(2) 使用 HTTP URI,使得任何人都可以查找这些名称;(3) 当有人查找某个标识名称时,使用标准提供有用的信息;(4) 提供其他 URI 的链接,以便人们可以发现更多内容。本小节将依次介绍关联数据的 RDF 数据模型、数据存储和关联开放数据。

2.2.1 RDF

关联数据采用 RDF 数据模型。RDF 即资源描述框架（resource description framework），是由 W3C 技术联盟制定的描述资源的方式，是一种与被描述资源无关的通用的框架，凭借其灵活的表达在诸多领域中得以应用。RDF 使用 URI 命名资源实体，用属性和属性值来描述资源实体。于是，一个资源可以表示为形如<主语/Subject，谓语/Predicate，宾语/Object>的三元组（见图 2-2），常缩写为 $<S, P, O>$。三元组可以看作一个陈述，即资源 S 与资源 O 之间有联系 P，或者资源 S 具有属性 P 且其取值为 O。

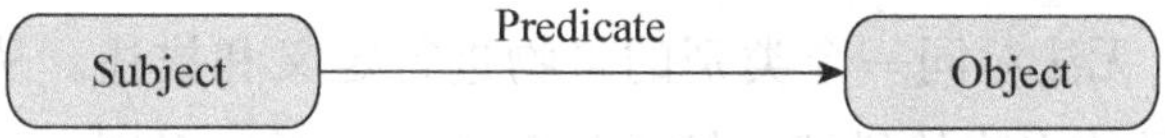

图 2-2 RDF 三元组

RDF 三元组所构成的一个有限集合也可以用 RDF 图来表示。在图 2-3 展示的 RDF 图实例中，共涉及 7 个人物，即伊丽莎白二世（Elizabeth Ⅱ）、乔治六世（George Ⅵ）、乔治五世（George Ⅴ）、爱德华八世（Edward Ⅷ）、爱德华七世（Edward Ⅶ）、维多利亚女王（Queen Victoria）、阿尔伯特亲王（Prince Consort Albert），包含了两类关系，即父亲（father）、前任国王（predecessor）。例如，v_1 表示伊丽莎白二世，她的父亲，也是她的前任国王，是乔治六世。图中涉及的三元组都显示在表 2-1 中。

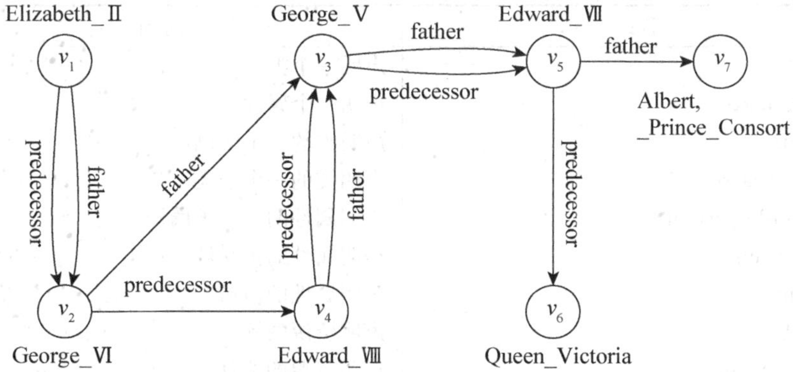

图 2-3 一个 RDF 图实例[2]

表 2-1 RDF 图实例中的三元组

主语/Subject	谓语/Predicate	宾语/Object
Elizabeth _ Ⅱ	predecessor	George _ Ⅵ
Elizabeth _ Ⅱ	father	George _ Ⅵ
George _ Ⅵ	predecessor	Edward _ Ⅷ
George _ Ⅵ	father	George _ Ⅴ
Edward _ Ⅷ	predecessor	George _ Ⅴ
Edward _ Ⅷ	father	George _ Ⅴ
George _ Ⅴ	father	Edward _ Ⅶ
George _ Ⅴ	predecessor	Edward _ Ⅶ
Edward _ Ⅶ	predecessor	Queen _ Victoria
Edward _ Ⅶ	father	Albert _ Prince _ Consort

RDF 的表达能力存在一些局限。具体来说，RDF 对类和对象不做区分，缺乏抽象能力，无法对同一个类别的事物进行定义和描述。从上面的例子来看，RDF 是对具体人物的描述，缺乏抽象能力，无法对同一类的人物（如英国王室的人物）进行定义和描述。然而这种泛化抽象在现实的应用中是相当重要的。RDFs 就是为了进一步加强资源描述的能力，在 RDF 的基础上增加了模式层，RDFs 本质上就是 RDF 词汇的一个扩展。RDF 和 RDFs 是语义网的技术栈核心，用以表示 RDF 数据。

表 2-2 给出了常用的 RDFs 建模原语。使用“rdfs:Class”声明一个类，使用“rdfs:Property”声明一个属性，以及分别使用“rdfs:type”和“rdfs:subClassof”来声明类的实例、类的子类，等等。

表 2-2 常用的 RDFs 建模原语

形式	内涵
rdfs:Class	声明一个类
rdfs:Property	声明一个属性
rdfs:type	声明类的一个实例
rdfs:subClassof	声明类的一个子类
rdfs:subPropertyof	声明属性的一个子属性
rdfs:domain	声明属性的定义域
rdfs:range	声明属性的值域
rdfs:label	声明资源的标签
rdfs:comment	声明资源的注释

SPARQL是W3C推荐的RDF资源的查询语言，用于检索和操作以RDF格式存储的数据。用户可以将含有语义的查询需求用SPARQL语言表示出来，对语义网上的信息资源进行查询。SPARQL根据给定的谓语动词，从三元组提取符合条件的主语或宾语。其查询的语法与SQL相似，是一种描述性的结构化查询语言。如图2-4（a）所示，其中<variables>是所要提取的主语或宾语，<graph pattern>是所要查询的三元组模式。举个例子，要查询数据库里面的所有专辑（album）的名称，可采用图2-4（b）所示的语句。

```
SELECT <variables>
WHERE {
   <graph pattern>
}
```

（a）

```
SELECT?album
WHERE {
  ?album rdf:type:album .
}
```

（b）

图2-4　SPARQL查询语法和实例

2.2.2　数据存储

1. 基于关系数据库的存储

由于关系数据库有广泛而成熟的应用，且RDF三元组很容易映射到关系模型，因此出现了很多使用关系数据库存储关联数据的尝试。由于关系数据库的标准查询语言是SQL，SPARQL查询通常需要转换为SQL查询，来保证查询效率。基于关系数据库的存储系统继承了关系数据库的优势，成熟度较高，在硬件性能和存储容量满足的前提下，通常能够适应千万到十亿级三元组规模的管理[3]。

最简单、最直观的方式是三元组表（triple table）。三元组表是在关系数据库中建立一张表，表的每列分别用于存储主语、谓语、宾语。RDF数据的每行内容都将在其对应的关系表中转化成一行记录，形如表2-1所示。3store是三元组表存储方案的代表[4]。按照这种方法，RDF图的边与数据库的条目一一对应，图中有多少条边，三元组表中就有多少条记录。这种存储方式存在着若干局限。首先，三元组表的行数等于RDF图的边数，使得表的数据规模巨大。其次，一个资源既可能是三元组的主语，也可能是三元组的宾语，并且一个资源可能有多个谓语或者是多个谓语的宾语，那么同一个资源存储在多行数据中，存在大量冗余。此外，在关系表上进行查询时需要对三元组表进行自连接操作，自连接的规模随着 SPARQL 查询的复杂度的提高而增长，会导致查询性能不佳。

另一个存储方法是设计水平表，水平表的列用来代表不同的谓语，每一行代表一个主语及与其有关的宾语。如表 2－3 所示，第一行表示伊丽莎白二世的相关信息，她的前任国王是乔治六世，她的父亲也是乔治六世。按照这种方法，水平表的列的数目与不同谓语的数目有关，行的数目与主语的数目相对应。在水平表上进行查询时，无须进行连接操作，这相比三元组方法的操作大大简化。但是，这种方法所需要的列较多，很可能超出关系数据库允许的上限；而且，水平表通常有大量空值（一个主语可能仅涉及很少量的谓语），这也会对表的存储、查询的效率造成影响；同时，水平表在表示常见的一对多联系（如“同班同学”）上能力有限，因为每个主体在一个谓语上只能填写一个值；此外，水平表谓语的更新（增、删、改）通常涉及水平表列的增加、删除或修改，这种对于表的结构的变动通常有较高的成本。

表 2－3　水平表举例

Subject	predecessor	father
Elizabeth _ Ⅱ	George _ Ⅵ	George _ Ⅵ
George _ Ⅵ	Edward _ Ⅷ	George _ Ⅴ
Edward _ Ⅷ	George _ Ⅴ	George _ Ⅴ
George _ Ⅴ	Edward _ Ⅶ	Edward _ Ⅶ
Edward _ Ⅶ	Queen _ Victoria	Albert _ Prince _ Consort
Queen _ Victoria		
Albert _ Prince _ Consort		

属性表是对水平表的改进[5]。它将同类主语分到一个表中，不同类主语分到不同表中，由于同类主语通常有相同的谓语，从而解决了表中列的数目过多的问题。同时，空值较多的问题也得到了缓解。当然，这种方法在用于大规模三元组时，如果针对不同类的主语创建几千个甚至上万个表，也超过了关系数据库的处理能力；在进行复杂查询时，仍然需要进行连接操作；一对多联系的问题仍然没有得到解决。

垂直划分法则对每个谓语建立一张表，如表 2-4 所示，因此所有数据表都只包含主语和宾语两列[6]。于是，表的数目对应着 RDF 中不同谓语的数目。SW-Store 是垂直划分法存储的代表[7]。这种方法比较好地解决了空值和一对多联系的问题，在查询时进行排序后再连接的性能也不错。其局限在于，需要创建的表的数目（即谓语的种类）也有可能达到几千个，维护起来代价不菲；在进行复杂查询时，仍然需要进行连接操作，有时需要连接数量众多的谓语表。

表 2-4 垂直划分法实例

predecessor		father	
Subject	Object	Subject	Object
Elizabeth _ Ⅱ	George _ Ⅵ	Elizabeth _ Ⅱ	George _ Ⅵ
George _ Ⅵ	Edward _ Ⅷ	George _ Ⅵ	George _ Ⅴ
Edward _ Ⅷ	George _ Ⅴ	Edward _ Ⅷ	George _ Ⅴ
George _ Ⅴ	Edward _ Ⅶ	George _ Ⅴ	Edward _ Ⅶ
Edward _ Ⅶ	Queen _ Victoria	Edward _ Ⅶ	Albert _ Prince _ Consort

六重索引法也是对三元组表的扩展。除了基本的三元组表（spo），还相应地建立了另外的 5 张表（pos，ops，sop，pso，ops），用来缓解三元组表的单表自连接问题，提高了某些典型情形下的查询效率。但是，这种方法以 6 倍的存储空间作为代价，而且这一问题随着数据规模的增大而愈加凸显。

IBM 提出的 DB2RDF 法则尝试将三元组表、属性表和垂直划分法结合起来[8]。这种方法构建 4 张表，分别是 dph（direct primary hash），ds（direct secondary hash），rph（reverse primary hash），rs（reverse secondary hash）。其中 dph 表的一行用来存储一个主语、全部谓语及宾语，外加一个溢出标志（默认为 0）。如果一行不足以容纳某一个实体，则溢出标志置为 1，且在下一行继续存储该实体的谓语及宾语。对于溢出的实体，所有行的溢出标志都为 1。对于多值谓语，在相应宾语的位置上使用唯一的一个 id 值，在 ds 表中将该 id 和相应的每个宾语都存成一行。可见，dph 和 ds 用来存储主语到宾语的信息，rph 和 rs 则用来存储宾语到主语的信息，用来提高查询处理效率。表 2-5 给出了 DB2RDF 的存储实例。以 dph 表第一行为例，表示伊丽莎白二世的前任国王是乔治六世，父亲也是乔治六世；ds 表为空，这是因为 father 和

predecessor 这两个谓语都不是多值谓语，也就是说每人都只有一个父亲、也只有一个前任国王；在 rph 表中，由于一些主语可能是多人的父亲，比如乔治五世是乔治六世和爱德华八世的父亲，所以在主语 2 一列中出现了用于表示多值的 id，并在 rs 表中依次列出了这二人。这种方法能够较好地解决水平表中谓语稀疏性空值问题，在查询上由于无须进行连接操作，也有良好的效率。

表 2-5　DB2RDF 存储实例

dph

主语/Subject	谓语 1	宾语 1	谓语 2	宾语 2	溢出
Elizabeth_Ⅱ	predecessor	George_Ⅵ	father	George_Ⅵ	0
George_Ⅵ	predecessor	Edward_Ⅷ	father	George_Ⅴ	0
Edward_Ⅷ	predecessor	George_Ⅴ	father	George_Ⅴ	0
George_Ⅴ	father	Edward_Ⅶ	predecessor	Edward_Ⅶ	0
Edward_Ⅶ	predecessor	Queen_Victoria	father	Albert_Prince_Consort	0

rph

宾语/Subject	谓语 1	主语 1	谓语 2	主语 2	溢出
George_VI	predecessor	Elizabeth_Ⅱ	father	Elizabeth_Ⅱ	0
George_Ⅴ	predecessor	George_Ⅵ	father	lid：1	0
Edward_Ⅷ	predecessor	George_Ⅵ			0
Edward_Ⅶ	predecessor	George_Ⅴ	father	George_Ⅴ	0
Queen_Victoria	predecessor	Edward_Ⅶ			0
Albert_Prince_Consort	father	Edward_Ⅶ			0

ds

lid	value

rs

lid	value
lid：1	George_Ⅵ
lid：1	Edward_Ⅷ

2. 面向 RDF 三元组的存储

除了使用关系数据库，也可以使用专门为存储大规模 RDF 数据而开发的数据库。这类数据库支持 RDF 标准查询语言 SPARQL。以下将介绍常见的 RDF 数据库产品，其中有开源的数据库，也有商用的数据库。高配置的单机系统和主流 RDF 数据库可以胜任百万到上亿级三元组的管理，具备分布式存储与查询能力的数据库系统（如商业版的 GraphDB、Blazegraph）能够管理几亿到十几亿以上大规模的 RDF 数据[3]。

- Jena：这是语义网领域主要的开源框架和 RDF 数据库，其前身是惠普实验室开发的 Jena 工具包。Jena 始终遵循 W3C 标准，提供 RDF 数据管理、RDFS 和 OWL 本体管理、SPARQL 查询处理等功能。

- RDF4J：这是 Eclipse 旗下的开源数据库，其前身是语义网领域著名的处理 RDF 的开源 Java 框架 Sesame。RDF4J 的特点在于模块化的软件架构设计。它支持所有主流 RDF 数据格式。

- RDF-3X：这是德国马普研究所研发的开源数据库。RDF-3X 的特点在于其压缩物理存储、查询处理和优化技术。目前只支持 Linux 系统。

- gStore：这是北京大学王选计算机研究所数据管理实验室研发的开源数据库。gStore 基于图数据模型，在查询时利用子图匹配的方法来回答 SPARQL 查询，并且利用基于图结构的索引来提高查询性能。目前只支持 Linux 系统。

- Virtuoso：这是 OpenLink 公司研发的商业数据库管理系统。Virtuoso 源自传统的关系数据库管理系统，具备较完善的事务管理、并发控制和完整性机制，可支持包括 RDF 在内的多种数据模型。同时也提供了开源版本 OpenLink Virtuoso。

- AllegroGraph：这是 Franz 公司研发的商业数据库。AllegroGraph 对语义推理功能有较好的支持，支持 Java、Python、C# 、Ruby、Clojure/Scala、Lisp 等多种语言的编程访问接口。

- GraphDB：这是 Ontotext 公司研发的商业数据库，其前身是支持 W3C 语义网标准的主流产品 OWLIM。GraphDB 对 RDF 推理功能有良好的支持。GraphDB 提供免费版、标准版和企业版。

- BlazeGraph：这是 SYSTAP 公司开发的商业数据库。现在定位为图数据库，但是其内部实现技术仍是面向 RDF 三元组和 SPARQL 的。

- Stardog：这是 Stardog Union 公司研发的商业数据库。支持 OWL2 推理，同时具备全文搜索、GraphQL 查询、路径查询等功能，支持多种编程语言和 Web 访问接口。Stardog 提供社区版（免费）和企业版。

3. 原生图的存储

原生图的存储是基于图模型的存储。其数据模型是有向图，每个顶点对应着三元组的主语或宾语，每条边对应着三元组的谓语，于是 RDF 数据就以图的形式存储下来。一般来说，具有无索引邻接（index-free adjacency）特性的图数据库才被认为是原生图数据库。对当前主流的图数据库产品的介绍请见 2.4.2。

2.2.3 关联开放数据

当数据可以由任何人自由使用和分发时（只需满足属性和共享的要求），就称为开放数据（open data）。关联数据和开放数据结合起来就是关联开放数据（linked open data，LOD）。关联开放数据由 Web 将不同来源的数据集联系起来，打破了存在于不同格式之间的信息孤岛，通过提供丰富的查询，能够进一步促进了从现有事实中推断和发现新知识。需要说明的是，开放数据并不等同于关联数据，因为开放数据不一定需要关联到其他数据，关联数据也不一定是开放的。

近年来，关联数据技术发展迅速，全球多个国家的众多机构相继以 RDF 数据的形式开放数据建设成果，基于 RDF 数据的各种产品和应用也陆续出现。

在通用领域，DBpedia 是著名的关联开放数据集之一[9]。它以众包（crowdsourcing）的方式从维基百科的词条里抽取出结构化的资料，以强化维基百科的搜索功能，并将其他资料集关联到维基百科。透过这些语义化技术的介入，使维基百科的海量资讯产生了许多新颖而有趣的应用，例如地图整合、多面向搜寻、关系查询、文件分类与标注。

在科技出版领域，施普林格·自然集团推出了关联开放数据平台 SN SciGraph，整合来自该集团和其他机构的数据资源，如有关科研资助机构、科研项目及拨款、会议、科研单位和出版物的信息。引用、专利、临床试验等更多数据将分阶段推出。该平台预计包含 15 亿～20 亿个三元组。这些数据集的大部分都可免费获取，使科研人员充分享受开放科研带来的便利。

在地理空间领域，全球地理信息数据库（GeoNames）和美国 Getty 研究中心的地理名词表（Getty Thesaurus of Geographic Names）也是遵循关联数据技术标准来进行数据编码和发布的。每一个地理名称都被赋予 URI，实现了地名在全网域范围内的唯一标识和定位，关于地名的具体信息（如所属行政区域、经纬度）使用 RDF 格式编码，为地名在网络环境下的规范控制奠定了基础。

在数字人文领域，诸多数字人文项目都使用了关联数据技术，如欧洲数字图书馆（Europeana）、威尼斯时光机（Venice Time Machine）、芬兰数字人文关联开放数据基础设施（OLDI4DH）。在我国，上海图书馆推出了关联数据开放平台，在对馆藏资源进行加工处理的基础上，利用关联数据技术提供数字人文服务。

应用关联数据的领域还有很多，在此不再一一列举。如今，规模为百万节点和上亿条边的图已十分普遍。截至 2021 年 5 月，W3C 社区的关联开放数据云（LOD Cloud）[10] 包含 1 301 个数据集，含有 16 283 个链接。当更多的事物、事件、人员、地点等关联在一起时，数据网络就更加强大。

海量 RDF 数据不断涌现，相应的问题也随之而来。数据质量是不可忽略的一个问题。这些数据集质量参差不齐，有精心打造的数据集，也有众包方式得到的数据集，更多的是抽取出来的、质量不佳的数据。自然，RDF 数据的质量评价也得到了越来越多的关注[11,12,13]。比如，Zaveri 等人[14] 提出了包括手动和半自动过程的关联数据质量评价方法，并对 DBpedia 资源进行了质量评价。在他们所评价的 521 个资源中，11.93%的三元组存在质量问题，最常出现的质量问题有对象值抽取错误、信息抽取不相关、链接断开等。对于质量不高的 RDF 数据集，可以使用 RDF 数据评价和清洗工具进行处理[15,16]。这些方法通常需要一定程度的人工干预，且只能处理一部分较简单的数据质量问题。也有研究人员利用众包的方式检测 RDF 数据中的质量问题[17]。庞大的 RDF 数据集中存在的一些机器难以发现和处理的数据质量问题，是 RDF 数据发展过程中亟待解决的问题。

另一个问题是大规模 RDF 数据在存储和查询上面临着巨大挑战。由于 RDF 语义数据具有模式可变和数据稀疏的特点，如何使用现有大数据技术对 RDF 大图数据存储和查询仍然是一个研究难点。传统的单机数据处理框架和方案已经很难满足需求，为了实现高效的、可扩展的查询，有必要围绕分布式和大数据技术进行更多的探索。

2.3 本体

2.3.1 概念和分类

本体（ontology）是用于知识表示和知识管理的重要工具之一。本体具有对领域知识进行清晰、简洁描述的能力。本体以形式化的方式明确定义一个领域的概念，通过相关概念（术语）和这些概念之间的关系捕获特定领域的形式化描述，从而使得人类和机器之间的理解保持一致。

本体一词最早出现在哲学领域，被定义为“对世界上客观事物的系统描述”。后来，本体的概念逐渐被引入到计算机科学、知识管理、图书情报等研究领域，并被赋予了许多新的定义。Neches 等人[18] 认为“本体是构成相关领域词汇的基本术语和关系，以及利用这些本体和关系构成的规定这些词汇外延的规则的定义”。Gruber[19] 把本体定义为“概念模型规范化的描述”。Studer 认为“本体是共享概念模型准确的形式化描述”。Borst 等在 Gruber 的定义基础之上进行了补充，将本体定义为“对共享的概念化的明确的、形式化的规范说明”。该定义包含四层含义：共享（share）、概念化（conceptualization）、明确（explicit）和形式化（formal）。

（1）共享：指本体中的知识是大家共同认同的，是被一个领域或组织所接受的，不是私有的。

（2）概念化：指从客观世界的现象中抽象、形成概念的处理过程及表示。

（3）明确：指本体中全部的术语、属性及公理都有准确的定义。

（4）形式化：指本体采用数学描述，是计算机可处理的，这样确保计算机可以根据本体领域知识的规范说明对本体进行访问和解析。

在我国，研究人员也对本体的内涵进行了探讨。张晓林等[20] 将本体视作概念集，其含义为对某一特定领域公认的对象（实际对象和逻辑对象）及对象间关系的概念化表述，包括本领域对象类的等级体系、对象类的属性及属性取值限制、对象类之间的逻辑关系体系（即语义关系体系）、关于对象类及语义关系的推理规则。汤艳丽、赖茂生认为“本体是对世界或者领域知识、概念、实体及其关系的一种明确的、规范的概念化描述”。

不同学者从不同研究背景出发，给出了不同的定义，尽管彼此没有统一，但都是从不同的角度合理解释本体。这些定义相互补充并使本体应用范围扩大，而且没有本质差别。总的来说，本体的目标是通过明确描述相关领域知识并对其进行统一表示和定义，使得大家共同理解该领域知识，并在同一领域不同系统间可以共享，使人们更容易地获取领域知识。

本体至少由三个主要部分组成：类或概念（classes/concepts）、属性（roles/properties）、约束（role restrictions）[21]。类是本体的核心元素，使用一些属性或特征来详细描述。类还可以有子类，从而形成类的层次结构（hierarchy）。属性的限制定义属性的数据类型、属性可以接受的值的范围和域，以及属性可以具有的值的数理（属性的基数）。

本体的分类有不同的划分方法。Mizoguchi 等[22] 提出可以按照内容或本体的应用范围将其划分成领域本体、通用本体和任务本体三个层次。这是目前通用的本体层次划分方式的基础。Guarino 等[23] 提出根据本体对领域的依赖程度以及对于领域知识描述的详细程度对本体进行层次划分。目前通用的本体层次划分综合了以上两种划分方式，按照对学科领域知识的依赖程度，将本体分为顶层本体、领域本体、任务本体和应用本体，如图 2-5 所示。

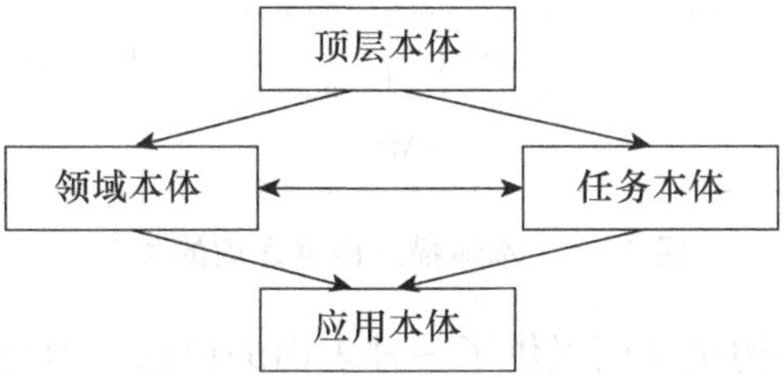

图 2-5　本体的层次分类

顶层本体一般包含的是通用的、具有普遍意义的概念，这些概念不依赖于特定的领域知识和特定的应用目标。领域本体用于描述特定领域的知识，各领域的领域本体可以共享和重用顶层本体中集成的通用概念和关系。任务本体用于描述特定任务或行为中的概念及概念之间的关系。应用本体是针对具体的应用场景所构建的本体，所描述的事物与实际的场景和需求更为贴近，其上层是领域本体，因此可以共享和重用相应的领域本体中的相关概念和关系。目前国际上比较受关注的顶层本体有 Cyc[24]、SUMO[25]、GUM[26] 等，WordNet[27] 和我国的 HowNet[28] 是基于认知语言学的英语词典；领域本体有 NASA 开发的地理信息领域 SWEET 本体[29]、生物科学领域面向基因化合物的 Gene Ontology[30] 等。

本体在解决语法和语义异构问题、实现数据集成和系统互操作、促进知识表示与组织等方面显示出极大的应用潜力。本体作为一种统一的框架，能够描述概念间的相互关系，解决同名异义及异名同义等概念和用词上的混乱，提高应用的互操作性，促进领域知识共享和重用；本体的描述能力配合推理机可以进行推理查询，发掘一些蕴含的数据关系。

2.3.2 描述语言

本体可以用非形式化的自然语言来描述，也可以用半形式化或形式化的语言来进行描述。采用形式化语言来描述本体模型，使机器和人类有统一的理解，同时使机器自动处理成为可能。本体的描述语言有很多种，如 XML、RDF/RDFs、OWL、DAML、OIL、XOL、SHOE、OML 等，它们之间的关系如图 2-6 所示。

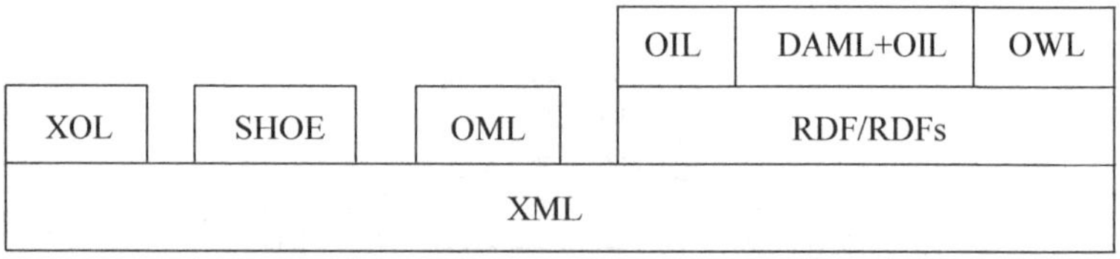

图 2-6 本体描述语言之间的关系

XML 语言为结构化文档提供了一种表面的语法，但是对这些文档的含义没有任何语义约束。XML 模式使用数据类型来扩展 XML，用来限制 XML 文档的结构。RDF 是一个资源及其关系的数据模型，该模型可以用 XML 表示。RDFs 是用来描述 RDF 资源的属性和类的词汇表，具有泛化这些属性和类的层次结构的语义。OWL（Web ontology language）是 W3C 推荐的用于本体建模的一个标准，它建立在XML、RDF等标准语言的基础上，结合描述逻辑的语义原语来进行本体的描述，于是用OWL表示的知识可以使用计算机程序进行自动推理。OWL在很大程度上使用了RDF语法结构，延续了RDF的描述和类型信息等，实例声明也和RDF一致，同时OWL使用的构造器都是特殊的RDF构造器。和RDFs相比，OWL为描述属性和类增加了更多的词汇，包括类之间的关系（如“类的相等”）、基数（如“恰好一个”）、更丰富的属性类型、属性的特征（如对称性、传递性）等。此外，应用描述逻辑使得语义的表述形式更加规范化。因此，OWL拥有了比RDFs更加强大的表达能力，并可以实现更加复杂的推理。

本体语言需要具有优秀的定义语法、高效率的推理支持、形式化语义、充分的表达能力和表达的方便性。但是，一种本体描述语言很难同时满足这些要求。于是，网络本体工作组为OWL定义了OWL-Lite、OWL-DL和OWL-Full三种子语言（如图2-7所示）。它们的表达能力依次增强，每个子语言可以在不同层次上满足需求，且向前兼容。

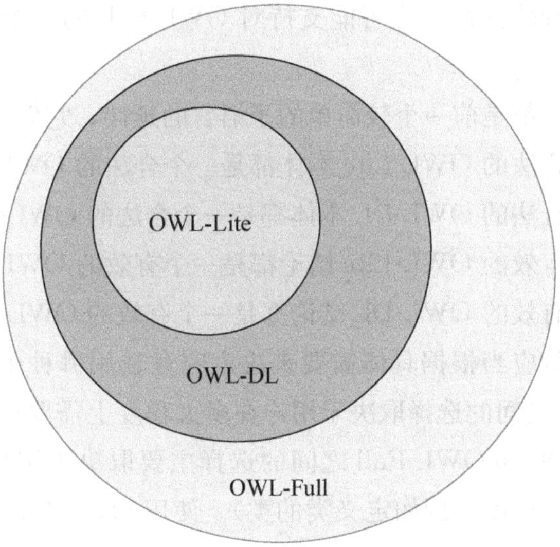

图2-7 OWL的三种子语言

OWL-Lite用于支持那些主要需要分类层次结构和简单约束的用户。比如，它支持基数约束，但它只允许基数值为0或1。OWL-Lite形式复杂度最低，用户使用起来简单方便，为OWL-Lite提供工具支持也更为简单，但是它的表达能力最弱。随着 OWL 工具的不断成熟，许多功能的实现完全跳过了 OWL-Lite，直接支持表达能力更加强大的 OWL-DL 和 OWL-Full。

OWL-DL 是因为与描述逻辑（descriptive logic）有对应关系而被命名的，用于支持需要较强的表达能力、同时希望保持计算完整性（所有结论都是可计算的）和可判定性（所有计算将在有限时间内完成）的用户。OWL-DL 包括了所有 OWL 语言构造，但它们只能在某些限制下使用。其优势在于保证了高效的推理支持，缺点是不能与 RDF 完全兼容，有效的 RDF 文档经过一些扩展或限制才能成为合法的 OWL-DL 文档，但每个合法的 OWL-DL 文档都是有效的 RDF 文档。

OWL-Full 用于支持那些需要最强表达能力和 RDF 语法自由、不要求保证可计算性的用户。它是一套完整的 OWL 语言，允许本体增加预定义（RDF 或 OWL）词汇表的含义。其优势在于能够与 RDF（s）完全兼容，在 RDF（s）中合法的文档模型和推理在 OWL-Full 中都被认为是合法的。虽然其表达能力最为强大，但是失去了高效完备的推理能力，推理的结果往往不可预料。任何推理软件都不太可能支持对 OWL-Full 的每个特性进行完整的推理。

每一个子语言都是前一个较简单的子语言的延伸，它们有如下的关系：

（1）每一个合法的 OWL-Lite 本体都是一个合法的 OWL-DL 本体。

（2）每一个合法的 OWL-DL 本体都是一个合法的 OWL-Full 本体。

（3）每一个有效的 OWL-Lite 结论都是一个有效的 OWL-DL 结论。

（4）每一个有效的 OWL-DL 结论都是一个有效的 OWL-Full 结论。

本体开发人员应当根据具体需要来决定究竟选用哪种子语言。在 OWL-Lite 和 OWL-DL 之间的选择取决于用户在多大程度上需要后者的更强的表达能力。在 OWL-DL 和 OWL-Full 之间的选择主要取决于用户对 RDF 模式的元建模工具的需求程度（例如定义类的类）。使用 OWL-Full 时，推理的可预测性较差，目前还不存在完整的 OWL-Full 实现。

OWL-Full 可以看作 RDF 的扩展，而 OWL-Lite 和 OWL-DL 可以看作 RDF 受限视图的扩展。每个 OWL（Lite、DL、Full）文档都是 RDF 文档，每个 RDF 文档都是 OWL-Full 文档，但只有一些 RDF 文档是合法的 OWL-Lite 或 OWL-DL 文档。因此，在将 RDF 文档迁移到 OWL 时，需要特别注意。如果认为 OWL-DL 或 OWL-Lite 的表达能力合适，需要采取预防措施来确保原始 RDF 文档符合 OWL-DL 或 OWL-Lite 的约束。此外，用作类名的每个 URI 都必须声明为类型 owl:class（属性也是一样），每个个体必须属于一个类（至少有 owl:thing），用于类、属性和个体的 URI 必须互不相交。

研究人员开发了一些工具进行本体的描述和编辑，如 Ontosaurus、WebOnto、WebODE、Protégé、OntoEdit[31]。在众多的本体编辑工具中，Protégé 是发展成熟的、最为常用的本体开发工具。它是斯坦福大学医学院生物信息研究中心基于 Java 语言开发的开源工具，支持通过插件或者 Java 的 API 进行扩展，满足开发需要。Protégé 提供本体概念类、关系、属性和实例的构建，并且屏蔽了具体的本体描述语言，用户只需在概念层次上进行领域本体模型的构建，它的可视化操作界面操作简单方便，用户可以方便快捷地导入和导出本体，并可以与关系型数据库相互转换。另外，Protégé 也支持中文开发。

2.4 知识图谱

近年来，智能时代的社会发展催生了大量的智能化应用，这些智能化应用对机器的认知智能提出了前所未有的要求。知识图谱技术正是实现机器认知智能的基石，它凭借强大的表达能力、良好的可扩展性、兼顾人类认知与机器自动处理，引起了学术界和工业界的广泛关注。本小节依次介绍知识图谱的概念与起源、数据存储、类别。

2.4.1 概念和起源

知识图谱的概念是由谷歌在 2012 年正式推出的。谷歌在其官方博客上发表的一篇博文中介绍了自己的知识图谱项目，把各种不同种类的信息连接成为一个关系网络，帮助用户获得更加完整和丰富的关联信息[32]。当时的形式就是在搜索引擎返回结果里面提供“知识卡片”，其初衷是帮助搜索引擎的用户获得更加丰富的关联信息，改善用户体验。例如，在搜索“yao ming”时，不是仅仅返回所匹配的文档列表，而是显示姚明是一位中国篮球运动员，返回他的出生时间、出生地、身高、配偶、父母，还会显示姚明的图片集（如图 2-8 所示）。这是我们今天都十分熟悉的形式了。

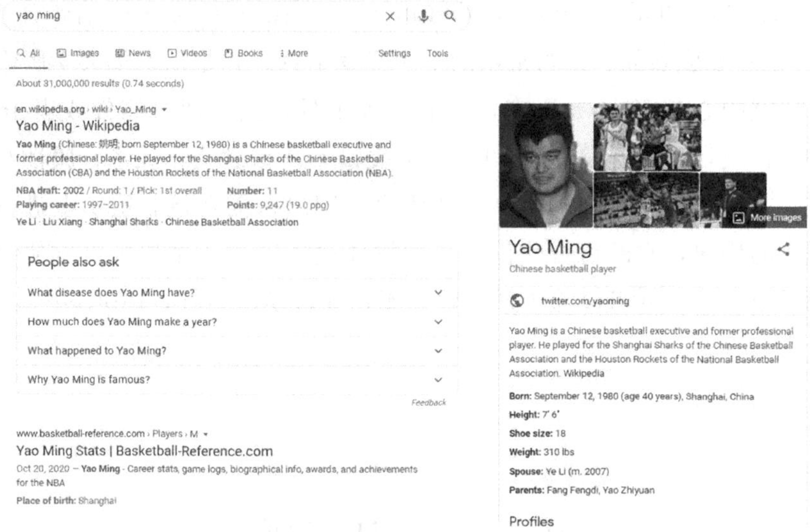

图 2-8 谷歌的知识卡片举例

知识图谱以图的方式描述客观世界中的概念、实体及其关系，实体间通过关系相互联结，构成网状的知识结构。这种更接近人类认知形式的知识表达，无疑提供了一种更好地组织、管理和理解互联网海量信息的能力。借助知识图谱，搜索引擎实现了从字符串（strings）到事物（things）的飞跃，事物的名称对于机器来说不再是没有实际意义的字符串，而是对应着现实世界中客观存在的事物，机器将能够理解关键词所代表的实际含义。

知识图谱包括模式层和数据层。本体构成了知识图谱的模式层，借助本体定义的规则和公理对数据层进行规范约束。知识图谱也可以被视为实例化了的本体，知识图谱的数据层是本体的实例。在数据层，事实以三元组的形式存储，知识图谱的节点表示实体，边表示实体间关系或实体的属性。

知识图谱本质上是一张巨大的语义网络，具有强大的表达能力，展现相关的实体和关系，对多源异构数据进行聚合，帮助人们获得对复杂问题的整体认知。对于大规模网络，知识图谱还具有查询效率高、存储方式灵活的显著优势。此外，知识图谱依托于本体技术具有推理能力，可以对信息进行分析、推理和预测，有助于挖掘出事物之间潜在的关联，给用户带来更加智能的体验。

说到知识图谱，很容易联想到在关系数据库的概念建模过程中广泛使用的概念模型——实体关系模型（entity-relationship model，ER 模型）[33]。从某种意义上来说，知识图谱的确与 ER 模型有相通之处，它们都是对现实世界进行刻画，把现实世界的事物映射到信息世界。在人类对现实世界的理解中，实体和关系是最基本的两个概念。ER 模型正是基于这两个基本概念进行建模的经典模型之一。在 ER 模型中，实体通常指客观上可以相互区分的事物，可以是具体的人和物，也可以是抽象的概念和联系。实体由若干属性来刻画。关系（也称联系）用于反映实体之间的关联。这些与知识图谱中的建模理念都是一致的。

然而，两者又有着天然的不同。考虑两者产生的不同背景，有助于对其差异有更深刻的认识。ER 模型属于概念模型，是为了在关系数据库的逻辑设计阶段中描述信息需求，所构建的 ER 模式将在物理建模阶段被转换到关系模式。而且，ER 建模通常是面向组织内的具体部门或具体业务，规模十分有限。而知识图谱是用来对不同来源的数据进行关联，具有天然的开放性，其关注点不局限于具体的部门或业务，而是关注多源异构的数据，数据规模越大越有价值。

这种不同的产生背景决定了两者在许多方面具有差异。从涵盖范围上来看，ER 模型与本体同属于概念层次，二者之间可以转换并实现语义保持[34]；而知识图谱不仅包含了模式层（本体），同时也包含了按照这一模式来组织的数据层，因此知识图谱除了关注知识表达，还需要关注知识抽取、知识融合、知识推理等一系列的新问题。从数据基础上来看，ER 模型是从业务需求出发建模，无需数据作基础，在随后建立关系数据库后才不断积累数据；而知识图谱常常是建立在一定规模的数据基础上，对其进行关联和融合，在某些情况下还要考虑数据的抽取。从人员投入上来看，ER 模型是由系统开发人员协同需求方共同建立的；知识图谱的构建强调开放性的多方协作，维基百科等大规模通用知识图谱的构建已经展示了人类群体智慧的能量。从可扩展性上来看，ER 模式在完成后进行修改，将导致关系数据库的相应修改，有很高的成本；而知识图谱本身具有良好的可扩展性，可以不断地、动态地进行扩展，这是 ER 建模中难以想象的。

2.4.2 数据存储

知识图谱的数据模型主要有 RDF 模型和属性图模型（property graph model)。RDF 数据存储已经在 2.2.2 中介绍，包括基于关系数据库的存储、面向 RDF 三元组的存储、原生图的存储三种方式。近年来，以 Neo4j 为代表的图数据库发展迅猛，以图的方式来存储和查询 RDF 数据也是一种不错的选择。当然，现有的图数据库并不能直接用于 RDF 数据存储，而是需要通过预处理转换成图数据库支持的数据模型（如属性图)。还有，图算法往往有较高的时间复杂度，需要精心设计以降低查询的时间复杂度，提高实时查询的效率。

图 2－9 是 DB Engine 在 2021 年 1 月公布的图数据库受欢迎度排名。Neo4j 是当前最为流行的开源的图数据库，提供社区版和企业版。它是基于属性图模型，凭借其嵌入式、高性能、轻量级等优势，受到广泛关注。JanusGraph 也是当前流行的开源图数据库，其前身是 Aurelius 公司研发的 Titan。它是一个高度可扩展的分布式图数据库，支持多用户并发访问和实时图遍历查询。OrientDB 是用 Java 编写的多模型数据库，功能上相对全面。除了图数据的存储和查询，还支持完整的事务处理、分布式部署、多种操作系统、数据库安全性等。

Neo4j 创建的图是基于属性图模型。属性图是由节点和边组成的有向图，节点通过边相连，形成网络结构。所有节点有唯一标识，可以有 0 个、1 个或多个标签，拥有相同标签的节点属于同一个集合。边用来表示关系，是有向的，关系有唯一的关系类型，类型相同的关系属于同一个集合。属性由一对属性 key 和属性值组成。在图的存储中，每个节点记录着其邻接节点，于是查找邻接节点与图的规模无关，操作的时间复杂度为 O（1)。

图 2－10 所示的属性图包括 4 个节点和 3 个关系，人（Person）和电影(Movie）是标签（label)，人的属性是 Name、Born，电影的属性有 Title、

Rank Jan 2021	Rank Dec 2020	Rank Jan 2020	DBMS	Database Model	Score Jan 2021	Score Dec 2020	Score Jan 2020
1.	1.	1.	Neo4j	Graph	53.79	-0.85	+2.13
2.	2.	2.	Microsoft Azure Cosmos DB	Multi-model	32.97	-0.57	+1.46
3.	↑4.	↑4.	OrientDB	Multi-model	5.33	+0.04	+0.22
4.	↓3.	↓3.	ArangoDB	Multi-model	5.29	-0.22	+0.08
5.	5.	↑6.	JanusGraph	Graph	2.58	-0.07	+0.81
6.	↑7.	↑7.	Amazon Neptune	Multi-model	2.31	-0.20	+0.58
7.	↓6.	↓5.	Virtuoso	Multi-model	2.15	-0.44	-0.50
8.	8.	8.	GraphDB	Multi-model	2.11	+0.07	+0.98
9.	9.	↑14.	FaunaDB	Multi-model	1.91	-0.11	+1.11
10.	10.	↓9.	Dgraph	Graph	1.56	-0.13	+0.51
11.	11.	↑13.	Stardog	Multi-model	1.47	+0.00	+0.66
12.	12.	↓11.	TigerGraph	Graph	1.40	-0.07	+0.39
13.	↑14.	↓12.	AllegroGraph	Multi-model	1.19	+0.13	+0.33
14.	↓13.	↓10.	Giraph	Graph	1.13	-0.01	+0.11
15.	15.	↑28.	Nebula Graph	Graph	0.92	+0.06	+0.86
16.	16.	↓15.	Blazegraph	Multi-model	0.87	+0.03	+0.23
17.	↑18.	↓16.	Graph Engine	Multi-model	0.70	+0.00	+0.13
18.	↓17.	18.	Grakn	Multi-model	0.70	-0.07	+0.42
19.	19.	↓17.	InfiniteGraph	Graph	0.50	+0.00	+0.12
20.	20.	↑31.	Fluree	Graph	0.32	-0.03	+0.32

图 2-9　DB Engine 的图数据库受欢迎度排名[35]

ReleasedYear，人与电影之间的关系有参演（Acted_in）和导演（Directed），参演的属性有角色（Roles）。

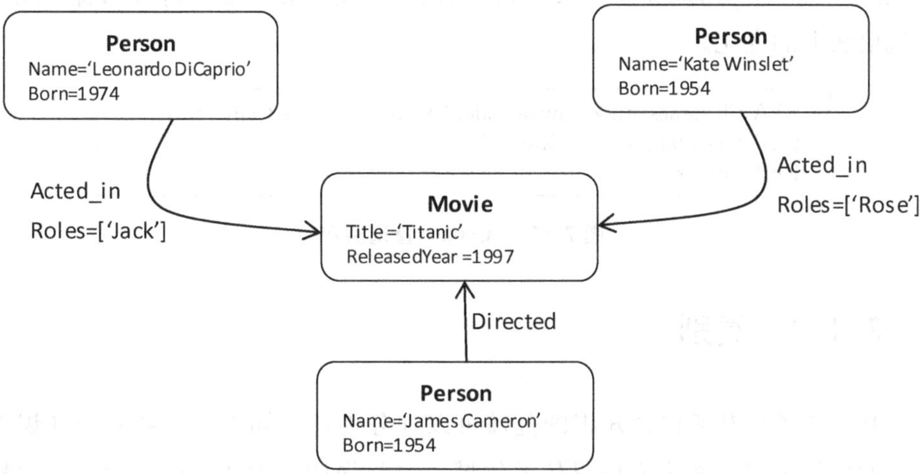

图 2-10　属性图举例

Neo4j 将具有固定长度记录的图结构与具有变长记录的属性数据分开存储，这使得 Neo4j 的图遍历操作十分高效。节点、关系分别记录在不同的文件中，是固定大小长度的链表。固定的记录长度来保存数据是实现节点和边的快速定位的关键。在按照数据库记录 ID 进行查找时，可以以 O（1）的代价计算其存储地址。属性存储为属性记录的链表，每个记录包含一个键值对，并指向下一个属性。每个节点和关系引用其第一个属性记录。在查找节点属性时，由节点找到其第一个属性，再沿着属性记录的双向链表进行查找。节点还引用其第一个关系，那么，在查找节点上的边时，由节点找到其第一条边，再沿着边记录的链表进行查找。每个关系都引用其起始节点和结束节点，以及开始节点和结束节点的上一个和下一个关系记录，相当于一个双向链表，便于在查找边时进行双向查找。

Neo4j 通过 Cypher 语言进行查询，这是一个描述性的图形查询语言，许多关键词（如 order by）类似于 SQL，模式匹配的表达式来自 SPARQL，正则表达式匹配实现使用 Scala 编程语言。Cypher 查询语言包含以下几个部分：START，表示为模式匹配而从节点或边出发，可以通过 ID 或索引查找获得；MATCH，表示图的匹配模式，受限制点约束；WHERE，表示过滤条件；RETURN，用于返回结果。以图 2-9 为例，查询詹姆斯·卡梅隆（James Cameron）导演的影片，可使用图 2-11 所示的语句，其中开始节点是通过索引查找得到的。需要说明的是，Cypher 语言还在不断发展和成熟，这意味着可能会出现语法上的变化。

```
START James=node:node_index(Name ='James Cameron')
MATCH (James)-[:Directed]->(x)
RETURN x
```

图 2-11 Cypher 查询实例

2.4.3 类别

知识图谱按其所包含知识的范畴可以细分为通用知识图谱和领域知识图谱。通用知识图谱并不面向具体的领域，主要强调知识的广度，包含了大量常识性的知识，可以看作“结构化的百科知识”。它们在互联网搜索、推荐、问答等业务场景中发挥着重要作用。领域知识图谱所包含的知识具有很强的领域针对性，它通常是为刻画某个垂直领域的知识而构建的。高质量的领域知识图谱往往能深入地嵌入到行业应用中。

大规模通用知识图谱构建是近年来知识工程领域热点之一。知识图谱在实践中得到了进一步的发展，产生了一批有代表性的大规模通用领域知识图谱，如 DBpedia、Freebase、谷歌知识图谱、Satori、Probase、Wikidata、YAGO、NELL 等。

● DBpedia 是早期的语义网项目，是从维基百科抽取出来的关联数据集。它采用 RDF 数据模型，其本体包括人、地点、音乐、电影、组织机构、物种、疾病等类，与 Freebase、OpenCYC、BioRDF 等多个数据集建立了关联，总共包含 30 亿个 RDF 元组，是 LOD 数据集的重要核心。

● Freebase 也是一个早期的语义网项目，主要采用社区成员协作的方式构建，在 2010 年被谷歌收购作为其知识图谱的数据来源之一。Freebase 采用 RDF 模型，底层采用图数据库进行存储。Freebase 并不对顶层本体做严格的控制，用户可以创建和编辑类和关系的定义。主要数据来源包括维基百科、世界名人数据库（NNDB）、开放音乐数据库（MusicBrainz）等。Freebase 于 2016 年正式关闭，相关数据和服务迁移至 Wikidata。

● Wikidata 是由维基百科于 2012 年启动的，也沿用了维基百科的众包协作机制，支持以三元组为基础的知识条目的自由编辑。Wikidata 旨在构建一个免费开放、多语种、任何人和机器都可以编辑修改的大规模关联知识库。截至 2020 年，Wikidata 已经包含超过 8 000 万个内容页面。

● YAGO 是由德国马普研究所研制的关联数据库，主要集成了维基百科、WordNet 和 GeoNames 三个数据库的数据，并将 WordNet 的词汇定义与维基百科的分类体系进行了融合集成，形成了丰富的实体分类体系。YAGO 还为很多知识条目增加了时间和空间维度的属性描述。YAGO 是 IBM Watson 的后端知识库之一。截至 2020 年，YAGO 已经包含超过 5 000 万个实体，20 亿个三元组。

在中文环境中可用的结构化数据相对来说更为稀缺，百度百科、互动百科等中文百科中，数据的结构化程度较低，常被作为半结构或非结构化数据处理。作为一个面向中文领域开放知识图谱的社区项目，OpenKG 聚集了现有的开放的中文知识图谱数据，如 Zhishi. me、CN-DBpedia、XLore 等，对主要的百科数据进行了链接计算和融合，通过 OpenKG 提供开放的 Dump 或开放访问 API，完成的关联数据集也向公众免费开放。黄恒琪等[36] 总结了典型的中文通用知识图谱。

- CN-DBpedia 是由复旦大学知识工场实验室研发并维护的大规模通用领域结构化百科，是国内最早推出的也是目前最大规模的开放百科中文知识图谱，涵盖数千万实体和数亿级的关系。CN-DBpedia 已经从百科领域延伸至法律、工商、金融、文娱、科技、军事、教育、医疗等十多个垂直领域，为各类行业智能化应用提供支撑性知识服务。目前 CN-DBpedia 对公众提供全套 API，并且免费开放使用。

随着应用需求的不断增长和知识图谱技术的快速发展，许多行业纷纷开始探索知识图谱在业务和管理中的应用，于是出现了特定领域的知识图谱。通用知识图谱与领域知识图谱在知识来源等诸多方面存在一定的差异。在知识来源方面，通用知识图谱以互联网开放数据为主要来源，如百科类网站或社区众包资源，其特点是数据量大、通用性强、知识范围广、知识密度低、权威性低；领域知识图谱通常以领域内的数据为主要来源，其特点是数据量相对小、质量高、密度大、知识集中、权威性高，有明显的领域特点和专业深度。在知识表示方面，通用知识图谱主要以三元组事实型知识为主；领域知识图谱的知识结构更加复杂，通常包含更复杂的本体工程和规则型知识。在知识质量方面，通用知识图谱的应用场景决定了它对知识出现误差有一定的容忍度；领域知识图谱对知识的准确率的要求高很多，毕竟要保证一定的准确率才能在领域中投入应用，因此通常需要对抽取到的知识进行人工审核校验。在知识融合方面，通用知识图谱主要通过融合来提升质量；领域知识图谱则是融合多源的数据来扩大规模。在应用场景上，通用知识图谱通常用于搜索和问答，对推理要求较低；领域知识图谱的应用场景更加丰富，除了搜索和问答，通常还包括决策分析等，对推理的要求更高，并有较强的可解释性的需求。

除此以外，也有一些研究和实践是在企业的层面上，构建企业知识图谱（enterprise knowledge graph），用于对企业内部的信息进行集成。众所周知，大型企业和组织使用多种不同的信息系统、数据库、网站、知识库，使得企业数据的整合成为巨大的挑战。而关联数据技术有助于促进各种企业信息系统之间的信息集成，具体来说：使用 URI 可以跨部门、分支机构、子公司唯一地标识数据和元数据，URI 提供了统一的数据访问机制，信息的来源被编码在标识符中，可以确保来源；RDF 三元组促进了各种其他数据模型（如

XML、RDB、JSON）之间的集成和映射；模式、数据和元数据可以跨系统和组织边界无缝地相互连接；标识符、元数据和模式可以用增量和分散的方式进行管理；词汇表、词汇表元素和数据源能够以按量付费的方式递增添加，具有敏捷性[37,38]。

企业知识图谱正是在可能异构的关联数据源的基础上构建的，因此，数据集的自动融合和互联是一项重要任务。相关的数据集成和融合框架（如LDIF、DC CleanStore）有助于解决这一问题，LIMES等工具也可以帮助发现关联关系。Bhatia等[39] 提出了支持企业知识图谱的工具包，使终端用户能够使用他们的数据抽取实体和关系。Song等[40] 介绍了汤森路透进行知识图谱构建和服务开发的相关技术。他们对于从多种来源获得的异构的数据，利用命名实体识别、关系抽取获得有用的信息，并使用实体链接技术将抽取到的信息与结构化信息集成，基于RDF三元组进行存储，实现了基于自然语言的查询。国内的相关研究多以企业为节点，研究企业间的相互关系。比如，程文亮[41] 从109万篇上市公司的公报数据和250万篇新闻数据中抽取了超过5万个命名实体和超过14万个实体关系，构建知识图谱。

基于本体的数据集成可以有效地为数据集建立关联[42,43]。比如，有研究在相关工业标准的基础上构建了钢铁企业运营维护领域知识图谱，基于本体技术来统一获取分散的、异构的信息[44]。这为分散在企业各处的运营和维护信息提供了机器可处理的统一的描述，在一定程度上解决了运营和维护信息集成过程中的语义互操作问题，提高了工程人员获取信息的效率。

在企业知识图谱构建中，如何自动抽取大量文本中隐藏的知识单元及其之间的关系一直是一项难题。研究人员在知识图谱构建流程中通常采用命名实体识别和关系抽取这两个机器学习任务来解决这一问题。程文亮[41] 使用最大熵模型从上市公司的公报数据抽取了企业之间不同类型的商业往来关系，使用聚类算法从新闻文本数据中抽取企业相关事件及摘要。

注释

［1］BERNERS-LEE T，HENDLER J，LASSILA O. The semantic web［J］. Scientific American，2001，284（5）：34-43.

［2］辛月祺. 面向大规模RDF知识图谱的分布式正则路径查询处理研究［D］. 天津：

天津大学，2018.

[3] 王昊奋，漆桂林，陈华钧. 知识图谱：方法、实践与应用 [M]. 北京：电子工业出版社，2019.

[4] HARRIS S，GIBBINS N. 3store：efficient bulk RDF storage [C]. 1st international workshop on practical and scalable semantic systems（PSSS' 03），Sanibel Island，Florida，2003：1-15.

[5] WILKINSON K. Jena property table implementation [C]. Proceedings of the 2nd international workshop on scalable semantic Web knowledge base，2006.

[6] ABADI D J，MARCUS A，MADDEN S R，et al. Scalable semantic web data management using vertical partitioning [C]. Proceedings of the 33rd international conference on very large data base VLDB Endowment，2007：411-422.

[7] ABADI D J，MARCUS A，MADDEN S R. SW-Store：a vertically partitioned DBMS for semantic web data management [J]. VLDB journal，2009，18（2）：385-406.

[8] WEISS C，KARRAS P，BERNSTEIN A. Hexastore：sextuple indexing for semantic web data management [C]. Proceedings of the VLDB endowment，2008，1（1）：1008-1019.

[9] BIZER C，LEEHMANN J，KOBILAROV G，et al. DBpedia：a crystallization point for the Web of Data [J]. Web semantics：science，services and agents on the world Web，2009，7（3）：154-165.

[10] The linked open data cloud [EB/OL]. [2021-06-02]. https://www.lod-cloud.net.

[11] ZAVERI A，RULA A，MAURINO A，et al. Quality assessment for linked data：a survey [J]. Semantic web，2016，7（1）：63-93.

[12] 顾进广，朱婷婷，黄莉，等. 知识图谱中链接数据质量评价研究综述 [J]. 武汉大学学报（理学版），2017，63（1）：22-38.

[13] MENDES P N，MÜHLEISEN H，BIZER C. Sieve：linked data quality assessment and fusion [C]. Proceedings of the 2012 Joint EDBT/ICDT Workshops. ACM，2012（3）：116-123.

[14] ZAVERI A，KONTOKOSTAS D，SHERIF M A，et al. User-driven quality evaluation of DBpedia [C]. Proceedings of the 9th international conference on semantic systems. ACM，2013（9）：97-104.

[15] MA YF，QI GL. An analysis of data quality in DBpedia and Zhishi.me [C]. China semantic web symposium and web science conference，2013：106-117.

[16] JACOBI I，KAGAL L，KHANDELWAL A. Rule-based trust assessment on the

semantic web [C]. International workshop on rules and rule markup languages for the semantic web, 2011: 227-241.

[17] ACOSTA M, ZAVERI A, SIMPERL E, et al. Detecting linked data quality issues via crowdsourcing: a DBpedia study [J]. Semantic web, 2018, 9 (3): 303-335.

[18] NECHES R, FIKES R, FININ T, et al. Enabling technology for knowledge sharing [J]. AI magazine, 1991, 12 (3): 35-56.

[19] GRUBER T R. A translation approach to portable ontology specifications [J]. Knowledge acquisition, 1993, 5 (2): 199-220.

[20] 张晓林，李宇. 描述知识组织体系的元数据 [J]. 图书情报工作，2002 (2): 64-69.

[21] NOY N F, MCGUINNESS D L. Ontology development 101: a guide to creating your first ontology [R]. Stanford knowledge systems laboratory, 2001.

[22] MIZOGUCHI R, VANWELKENHUYSEN J, IKEDA M. Task ontology for reuse of problem solving knowledge [C]. Towards very large knowledge bases: knowledge building and knowledge sharing. Amsterdam: IOS Press, 1995: 46-57.

[23] GUARINO N. Semantic matching: formal ontological distinctions for information organization, extraction, and integration [C]. Information extraction a multidisciplinary approach to an emerging information technology. SCIE 1997. LNCS (LNAI), 1997 (1299).

[24] LENAT D, PRAKASH M, SHEPHERD M. CYC: using common sense knowledge to overcome brittleness and knowledge acquistion bottlenecks [J]. AI magazine, 1986, 6 (4): 65-85.

[25] SUMO [EB/OL]. [2021-02-02]. http://www.ontologyportal.org/.

[26] Gum-space [EB/OL]. [2021-02-02]. http://ontologydesignpatterns.org/wiki/Ontology:GUM-Space.

[27] MILLER G A. WordNet: a Lexical Database for English [J]. Communications of the ACM, 1995, 38 (11): 39-41.

[28] OpenHowNet [EB/OL]. (2019-10-17) [2021-12-20]. https://github.com/thunlp/OpenHowNet.

[29] TRIPATHI A, BABAIE H A. Developing a modular hydrogeology ontology by extending the SWEET upper-level ontologies [J]. Computers & geosciences, 2008, 34 (9): 1022-1033.

[30] ASHBURNER M, BALL C, BLAKE J, et al. Gene ontology: tool for the uni-

fication of biology [J]. Nature genetics, 2000: 25-29.

[31] Denny M. Ontology building: a survey of editing tools [EB/OL]. (2002-11-06) [2021-02-07]. https://www.xml.com/pub/a/2002/11/06/ontologies.html.

[32] SINGHAL A. Introducing the knowledge graph: things, not strings [EB/OL]. (2012-12-04) [2019-02-22]. http://googleblog.blogspot.be/2012/05/introducing-knowledge-graph-things-not.htm.

[33] CHEN P-S P. The entity-relationship model: toward a unified view of data. ACM transactions on database systems, 1976, 1 (1): 9-36.

[34] XU Z M, DONG Y S, LU Y. Semantics-preserving translation from ER schema to OWL DL ontology [J]. Chinese journal of computers, 2006, 29 (10): 1786-1796.

[35] DB-Engines ranking of graph DBMS [EB/OL]. [2021-02-02]. https://db-engines.com/en/ranking/graph+dbms.

[36] 黄恒琪，于娟，廖晓，等. 知识图谱研究综述 [J]. 计算机系统应用，2019，28 (6)：1-12.

[37] GALKIN M, AUER S, SCERRI S. Enterprise knowledge graphs: a backbone of linked enterprise data [C]. Proceedings of the 2016 IEEE/WIC/ACM international conference on web intelligence (WI). Oct 13-16, 2016, Omaha, NE, USA.

[38] GALKIN M, AUER S, KIM H. Integration strategies for enterprise knowledge Graphs [C]. Proceedings of IEEE 10th international conference on semantic computing (ICSC), 2016: 242-244.

[39] BHATIA S, RAJSHREE N, JAIN A, et al. Tools and infrastructure for supporting enterprise knowledge graphs [C]. Proceedings of ADMA 2017: advanced data mining and applications, 2017: 846-852.

[40] SONG D, SCHILDER F, HERTZ S, et al. Building and querying an enterprise knowledge graph [C]. IEEE transactions on services computing, 2017, 12 (3): 356-369.

[41] 程文亮. 中文企业知识图谱构建与分析 [D]. 上海：华东师范大学，2016.

[42] CALVANESE D, GIESE M, HOVLAND D, et al. Ontology-based integration of cross-linked datasets [C]. Proceedings of the 14th international semantic Web conference (ISWC). Springer, 2015.

[43] NOY N F. Semantic integration: a survey of ontology-based approaches [J]. ACM SIGMOD record, 2004, 33 (4): 65-70.

[44] 金贵阳，吕福在，项占琴. 基于知识图谱和语义网技术的企业信息集成方法 [J]. 东南大学学报（自然科学版），2014，44 (2)：250-255.

第3章

数字人文领域知识图谱构建方法

近年来，数字人文呈现出蓬勃发展的趋势，不同国家、不同语言、不同学术背景的人们用不同的方式展开探究。数字人文资源日益丰富，涵盖的内容和形式不断拓展，跨学科协作、跨平台协作、海量资料加工以及人文社会科学的计算化趋势日益明显。数字人文在带来更为丰富的数据基础的同时，也给知识组织等带来了诸多挑战。对此，知识图谱能够很好地契合数字人文的资源组织和重构的需求。知识图谱的构建主要是指将各种来源的结构化、半结构化、非结构化数据通过知识抽取和知识融合等技术处理成具有一定规模的语义网络。构建知识图谱是一项大工程，需要多种智能信息处理技术的支持，其中涉及的各个环节都有许多研究热点。同时，在知识图谱的构建中也有需要特别关注的管理问题。本章将在概述数字人文领域知识图谱构建之后，依次介绍各个环节的策略、方法和技术。

3.1 概述

3.1.1 数字人文资源特点

数字资源的快速增长给人文研究的学者带来了更多的机会，但是也构成了巨大的挑战[1]。

首先，数字资源的体量之大已经超出了人类单凭阅读所能处理的范畴，这使得人文研究的学者不得不借助计算机进行文献资源的采集、加工和处理。人文研究中知识的获取、标注、比较、取样、阐释与表现方式已发生根本性的改变，未来的人文社会科学研究需要依托数字学术资源、结合计算机处理模式和分析方法来完成。

其次，人文研究所使用的文献资料类型发生了巨大的变化。书籍、报刊、照片、绘本、乐曲、影像等资料不断被数字化，同时也出现了许多原生的数字资源，包括文本、图像、音频、视频、动画等。面对这些格式多样的数字人文资源，面向结构化数据的分析方法显得捉襟见肘，需要能够有效地处理大型非结构化数据的相关方法。不仅如此，在计算中只关注文字、图像等表面的形式也是不可取的，需要在特定的上下文中加以理解，在必要的时候仍需要研究人员进行人工的解读。

此外，数字人文资源也具有较为明显的碎片化特征。这在传统人文研究中也有体现，在信息匮乏的古代，一点点信息都被看作是具有价值的，都会被保存、转述或重复使用，而不论它们是否能被整合到一个统一的体系中[2]。人文研究常需要花费大量的时间收集和整理不同层次、不同角度的社会文化资料，建立关联并进行分析、批判和解释，形成一个统一的知识表述与构建。在大数据环境下，数据相比数字化文献，具有更加广泛的来源和更细的粒度，碎片化特征更加明显。而且作为一个相对较新的跨学科领域，数字人文学科在资助项目和信息保管与使用政策方面都显示出明显的制度碎片化[3]。这种情况需要频繁地集成来自不同项目、计划和组织的异构的资源和元数据。在新型的知识表示方式下建立语义互联和整合，将为数字人文资源的深度开发利用提供基础。

随着各种数字人文数据集的产生，对其进行数据分析、解释和重用的需求也在不断增加，因此，元数据在数字人文领域得到了广泛的使用。元数据，简言之是描述数据的数据。有了完整而准确的元数据，才能更好地理解数据并充分利用数据的价值。有研究人员总结了元数据在数字人文领域应用的四种场景，包括索引和搜索、信息表示、信息集成、知识生成[3]。尽管数字人文领域不断推动数字资源的重用[4]，目前来看，数字人文领域中数据的使用（和重用）的水平仍然不高[5,6]。其中很重要的原因是，需要严格的方法来表达数据的各种属性（比如创建者、创建时间、目的、质量标准），用以对数据进行解释。

近年来数字人文领域的一个热点趋势，就是结合知识图谱、本体、机器学习等技术对文本化的数字人文资源进行组织、重构和开发。具体来说，使用本体模型进行领域知识的表示，并对非结构化数据、半结构化数据中的实体和关系进行抽取，实现数据化与语义化。面对海量的数字人文资源，依赖人力获得其中的信息是相当有挑战的，有必要结合深度学习等新一代人工智能技术，研究更自动化和智能化的知识抽取和融合的方法。对于文本数据可以结合自然语言处理技术，对于多媒体数据还可以结合计算机视觉技术、语音识别技术等。

与此同时，虽然数字人文资源组织与重构已经在一些环节能够以自动或半自动的方式进行，但是对数字人文这一强调人类认知和文化积累的领域来说，数据和算法是很难取代人类的，构建知识图谱、进行数字人文资源的组织与重构，仍然需要人类的积极参与。毕竟知识是人类认知世界的结果，而数据仅是人类知识的有限载体，从数据中仅能获取有限的知识，因此人类对知识的补充和解读不可或缺。美国数字人文学者 John Unsworth 曾提出一套称之为“学术原语”的活动，具体包括发现（discovering）、注释（annotating）、比较（comparing）、参考（referring）、抽样（sampling）、说明（illustrating）、表示（representing）。这些活动需要借助大量人力以保证研究的深入性与全面性。近年来，文化机构纷纷尝试众包的方式，在文化遗产数据实践中借助大众的力量，邀请志愿者参与馆藏资源的转录、标记、注释、分类等工作。基于众包的内容生成、管理与协作模式是数字人文研究区别于传统人文研究的一个重要特征[7]。

数字人文资源建设的目标是获得高质量的数字人文资源，构建支撑人文研究的学者开展研究创新的环境，提升辅助数字人文研究的能力。然而，现实中的数字人文资源的质量是参差不齐的。人文学科所需的研究资料通常是经过长时期累积而成的，相关资料在质量、体量、题材、记录方式、详略程度上往往有差异，且在人文研究中的手动检索、整理、编辑、分析的过程中难免产生遗漏、偏差以及错误传播。在数字化和加工过程中，众包的方式和机器学习方法一方面提供了极大的方便，另一方面却也难免带入偏差和错误。除此之外，在原生数字资源中也存在质量有高有低的问题。因此，在数字人文资源组织与重构的过程中，进行有效的质量控制，确保知识图谱中知识的质量，是十分必要的。

3.1.2 知识图谱构建基础

知识图谱的构建主要有自顶向下（top down）和自底向上（bottom up）两种构建方式。

自顶向下是预先建立数据模式（本体模型），再将事实添加到知识图谱数据层。这种方式依赖于领域内的固定知识体系，模式可以由领域专家梳理和定义，或者依赖现有的结构化知识库，从高质量数据中抽取模式，并将抽取的高质量实体信息直接加入到知识图谱当中。自顶向下的方式有利于抽取固定模式下的新的实例，在知识图谱发展初期被广泛使用，例如 Freebase 项目就是以维基百科为主要的数据来源，采用自顶向下的方式构建的。

自顶向下的方式具体包括本体构建和实体填充两个步骤（如图 3－1 所示）。本体构建为知识图谱构建本体，为了保证可靠性，数据模式基本上都会经过人工校验。在模式层构建完成后进行实体填充，先从半结构化数据和非结构化数据中抽取得到实体及其关系、属性，并与结构化数据加以整合，进行实体对齐和冲突检验，消除矛盾和歧义。之后，将数据填充到知识图谱的数据层中。

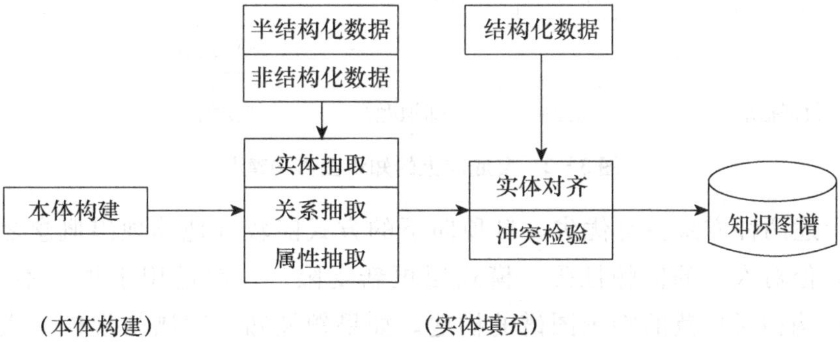

图 3－1　自顶向下的知识图谱构建

随着知识抽取与加工技术的不断成熟，产生了自底向上的构建方式。这种方式是从一些开放的关联数据出发，采用自动或半自动的技术手段从中抽取知识要素（实体、关系、属性），选择置信度较高的新模式，经人工审核之后加入知识库，逐步抽象、归纳，形成上层概念，最终建立知识图谱的模式层。这种方式的优势在于能够从大量的非结构性文本中发现新的模式。谷歌的 Knowledge Vault 和微软的 Satori 都是基于公开的海量网页数据，采用自底向上的方法构建而成的。

自底向上的方式是一个迭代更新的过程，每一轮更新包括三个步骤：

信息抽取、知识融合和知识加工（如图 3 - 2 所示）。知识加工是指对知识推理得到的新知识，还有融合的知识进行质量评估，能通过评估的部分加入知识图谱中，以确保知识图谱的质量。知识加工还包括在数据中归纳上层的概念、进行本体抽取，在经过质量评估后加入到知识图谱中。加入知识图谱的知识还可以进一步用于知识推理，不断拓展现有知识，获得新知识。

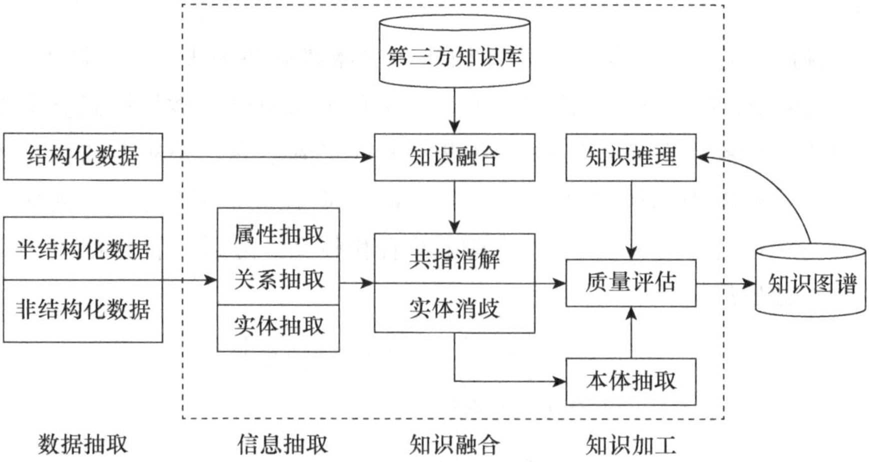

图 3 - 2　自底向上的知识图谱构建[8]

上述两种方式各有优劣。自顶向下的方式能较好地体现出概念之间的层次，但对人工的依赖性强，模式层更新受限，一般适用于规模不太大、层次结构相对规范的知识图谱的构建。如果领域知识图谱的规模不太大且相关知识体系较为清晰，可以考虑使用自顶向下的方式。自底向上的方式更新快，能够较好地支持大规模的知识图谱构建，但是包括更多的噪声。一般地，通用知识图谱的构建可以考虑使用自底向上的方式，毕竟通用知识的丰富性与复杂性使得人工定义模式十分困难。在自底向上的知识图谱构建中，本体一般是以数据驱动的方式自动构建出来，然后根据算法评估或者人工审核的方式加以修正和确认；或者是将构建分类树和实体关系抽取同时进行。

为了综合两者的优势，人们还提出了混合的知识图谱构建方式。首先，预定义本体模型，在此基础上先构建出数据层，然后结合数据发现的新知识对原模型进行迭代更新。比如，杨玉基等[9] 提出了一种半自动构建本体的方法，先是在领域专家的指导下构建出本体，在此基础上进行众包半自动语义标注，在此过程中发现的新知识将被用来对本体进行更新。向军毅等[10]采用混合的方式构建了 COVID-19 物资知识图谱，模式层的五个应用大类是人工构建的，知识图谱的底层概念则是从数据层抽取而来，在保障整体框架不进行大变动的情况下丰富各个子类。

还有一类混合的方式是将一个图谱拆分成多个小的图谱，根据其各自的数据特征选用不同的方法，之后进行知识图谱的融合。比如，李新鹏等[11]在构建知识图谱时，按系统基础平台和业务逻辑分成了两部分。业务逻辑部分的复杂性较高，使用自顶向下的方式构建；基础平台的数据结构相对固定，各个实体间的关系清晰，使用自底向上的方式。两部分分别构建完成后在知识图谱应用阶段进行融合。相比前两种方式，混合的方式有更强的灵活性，但是的确增加了工作量和工作难度。

3.1.3　数字人文领域知识图谱构建

数字人文领域知识图谱构建一方面需要充分借鉴现有的知识图谱构建方法，采用自顶向下与自底向上相结合的方式，基于现有结构化领域知识引导，也充分利用深度学习等自动化智能化技术从海量数字人文资源中抽取知识并进行融合。另一方面，也要考虑数字人文资源特点和人文研究对高质量数字人文资源的需求，充分利用基于众包的人机协作模式，在提高知识图谱构建效率的同时，强化全过程质量控制。

数字人文领域知识图谱构建整体方法如图 3－3 所示。数据人文资源包括结构化数据、半结构化数据和非结构化数据，数据源相关的工作主要包括资源采集和资源数字化。知识图谱构建的相关工作主要包括领域本体构建、知识抽取、知识融合、知识推理，以及基于众包的人机协作模式和全过程质量控制。

数字人文领域本体构建是实现数字人文资源语义化的基础。在构建领域本体时，需要根据具体情况决定构建方式。如果领域特征和边界相对清晰、聚焦，宜采用自顶向下的方式，相反则可以采用自底向上的方式，从数据中进行抽取，而后归纳。在数字人文的实际应用中，数据资源通常是丰富多样

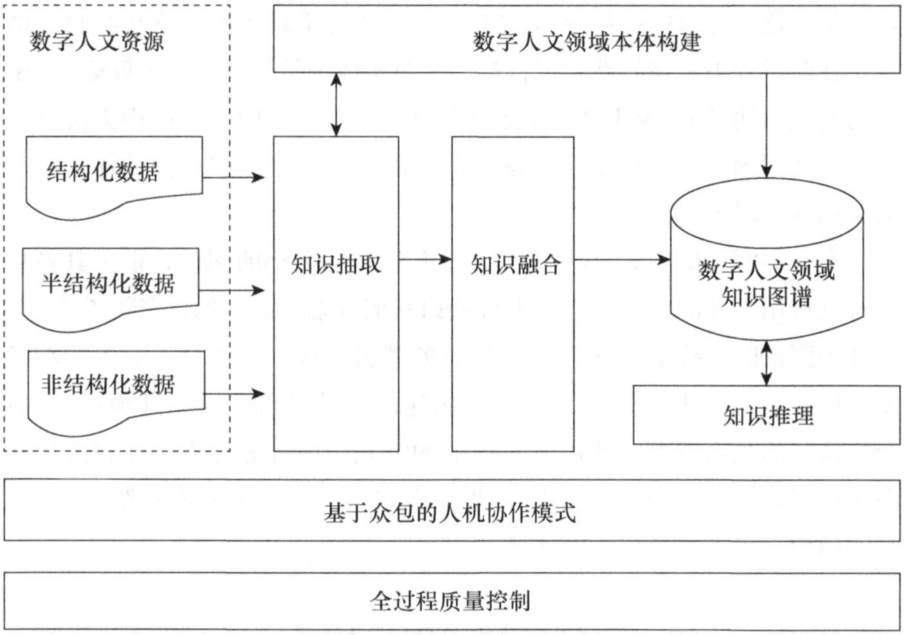

图 3-3　数字人文领域知识图谱构建方法

的，不一定能够一次性地将符合实际应用的本体模型构建出来，也可以将自顶向下、自底向上的两种方式结合起来，即上下结合的本体构建。一方面，依据已有的顶层本体，构建初步的领域本体模型；另一方面，从现有数据出发，抽取并归纳领域核心概念，对应到上述领域本体模型中，在无法匹配的情况下，考虑向领域本体中添加新的类和关系。如是，通过上下结合的方法，在反复迭代中构建并完善本体模型，该模型将在知识图谱中用作模式层。

知识抽取是实现数字人文资源数据化的关键。与传统人文研究相比，数字人文研究对基础设施的需求最明显的一个变化是基于数据的细粒度管理[7]。人文数据不但有描述对象的元数据，还有依赖于语境的解释和人工理解的标注数据，更有意义表达的语义数据，既有单一属性的数据，也有事物整体描述的数据。对此，数字人文数据资源的组织应当紧密围绕研究人员的需求，对相关资源进行抽取，将不同层次、不同角度的碎片化知识加以整合，从而形成统一的知识表示与知识图谱，实现数字人文资源的重构。对于结构化数据、半结构化数据和非结构化数据有不同的知识抽取方法，非结构化数据的知识抽取最为复杂。目前的发展趋势是基于机器学习的方法，在本章后面的部分中，重点介绍了基于机器学习的方法，具体来说是基于深度学习的方法。在第 4 章的真实数据实验中，也可以看到在本研究所用的数据上，基于深度学习的方法的效果优于基于规则的方法。所抽取到的信息还可以进一步抽取概念和关系，用于对本体进行更新。

知识融合是一种有效地完善和扩大知识图谱的方式。知识融合既有模式层的融合，也有数据层的融合。对不同来源的数据还需要进行模式层融合。不同的本体在描述一个领域时的覆盖范围不同、描述的详细程度不同，为了保证知识的共享、重用和互操作性，需要进行模式层的对齐，实现本体之间的交互。在数据层，进行实体对齐和冲突检验等，识别出分别存在于不同来源的两个实体实际上表示的是同一个实体，或者两个关系是同一种语义的关系，消除实体、关系、属性等指称项与事实对象之间的歧义，形成高质量的知识库。这二者是相辅相成的，模式层的融合可以用于辅助数据融合，提高数据融合的效率；数据融合中的一些方法同样对知识融合有借鉴作用。知识融合，不仅可以有效地完善和扩大知识图谱，也便于根据相互关联的事实进行综合判断和事实考证。另外，知识图谱中也不可避免地存在冲突和不一致，数字人文资源中本就可能存在文字错误、歧义或不一致的问题，在数字化和知识抽取的过程中也难免产生错误和不一致，进行知识融合也有助于发现和消除这些问题，不断提升知识图谱的质量。

知识推理是利用已知的知识去推断新知识，被用来对知识图谱进行补全和质量检测。知识图谱要全面覆盖所有的知识是不太可能的，它天生具有不完全性的问题，需要根据现有的事实去推断潜在的事实，对知识图谱进行补全。另外，在知识融合的过程中以及在构建起来的知识图谱中，有必要不断地发现和解决其中存在的冲突和不一致。这样来看，知识融合和知识推理没有完全清晰的界限，在知识融合中也需要使用包括知识推理在内的各种方法检测冲突和不一致的问题。在知识图谱补全的过程中，链接预测是典型的推理任务。在知识图谱的应用中（如智能问答），知识推理也扮演着重要的角色。

基于众包的人机协作模式是数字人文领域知识图谱构建区别于通用领域知识图谱构建的一个重要特征。对数字人文这一强调人类认知和文化积累的领域来说，数据和算法是很难取代人类的，构建数字人文领域知识图谱仍然需要人类的积极参与。总的来看，在数据源采集和数字化、本体构建、知识抽取和知识融合等多个环节，众包模式都能够为数字人文领域知识图谱构建带来很大的方便。通过众包和机器学习的有机结合，针对任务的特点开展人机协作，力求获得良好的效率和效果。另外，数字人文领域的问题和数据通常具有一定的专业性，需要进行科学有效的众包模式的设计，才能够取得较好的效果。

在数字人文领域知识图谱构建的过程中，质量是需要特别关注的因素。现有通用领域的知识图谱构建通常将质量评估的工作放在知识图谱构建的后期，如知识加工阶段。数字人文领域知识图谱构建涉及的环节多、周期长，数字人文资源的质量也是参差不齐，知识图谱的质量问题可能来源于从数据源到数据存储的各个环节，每个环节有其特定的问题，仅在知识加工或知识融合的环节进行质量控制难以从整体层面提升知识图谱的质量。一些在数字化、信息抽取等早期阶段出现的问题，有必要及时进行检查和改正，不应该在不断积累后再进行质量控制。对数字人文领域的知识图谱，有必要进行全过程的质量控制，对于在各个环节出现的问题及时发现和改正。比如，在知识抽取的过程中，将抽取得到的实体同开放知识库中的成熟实体进行比对，或者与行业数据集进行比对，或者由人工进行分析。对数字人文领域的知识图谱进行质量控制，需要在了解构建全过程和各环节的基础上，结合各个环节的特定问题，从更高的视角来发现和解决知识图谱构建过程中的质量问题，从而提高知识图谱构建的整体质量。

3.2 领域本体构建

本体用来描述和表示目标领域的知识，提供对该领域知识的共同理解，确定领域内共同认可的词汇，进而实现领域知识的重复使用，促进不同 Web 应用程序之间的互操作。构建本体需要有良好的标准和模板，否则难以保证所构建的本体的质量，更无法大规模地构建本体。人们根据本体构建的实际需要，总结了用于指导本体构建的原则，其中Gruber提出的五项基本原则获得了较为广泛的认可[12]。

- 明确性（clarity）：准确地传达所定义的术语的实际含义。应该客观地、形式化地定义本体概念，使用自然语言描述所有形式化的、客观的语义定义。
- 一致性（coherence）：本体的定义和公理在逻辑上应当是一致的，不应该有矛盾与冲突。
- 可扩展性（extendibility）：本体的基础设计能够满足可预见的任务的能力。在本体被进一步扩展去描述特定的应用领域时，不需要改变本体中现有的定义。
- 最小承诺（minimal encoding bias）：用户应当以和本体指定的理论相一致的方式使用词汇表。最小本体承诺是指应当尽可能少地对被建模对象做声明，从而使本体的使用更加自由，不限制潜在的用户。
- 最小编码偏差（minimal ontological commitment）：在“表示性选择纯粹是为了便于表示或实现”时，就会出现编码偏差。编码偏差应当最小化，以防止本体特定于某个（或某些）本体符号、语言规范或实现。

人们一直在具体实践中不断总结提炼行之有效的本体构建方法。由于本体有着各不相同的目的和用途、专业背景、数据格式和来源途径，也并不存在一套标准的本体构建方法。人们从不同的角度将本体构建方法加以分类。按不同的自动化程度，可以分成手动构建、半自动构建、自动构建。也有人归纳出自上而下和自下而上两种方式，自上而下的方式是先选择顶层本体、再结合领域知识构建本体，自下而上的方式是从领域信息中归纳核心概念、进而构建本体。手动构建方式常常是自上而下的，自动构建方式常常是自下而上的。

3.2.1 手动构建

常用的方法有骨架法、TOVE法、IDEF-5法、Methontology方法、七步法。它们的成熟度依次递增，其中以斯坦福医学院提出的七步法最为成熟和完善。顾名思义，七步法的基本流程包括七个步骤[13]。

（1）确定本体的专业领域和范畴。可行的方法是为目标本体列举出基于本体的知识库应该能够回答的问题，即能力问题（competence question）。比如，本体是否包含足够的信息来回答这些问题，回答这些问题是否需要特定程度的细节或特定领域的表示，等等。

（2）考虑重用现有本体。本体重用也称本体复用，是根据当前的本体应用目标，对现有本体进行合理的选择或加以集成，以减少开发成本及避免重复建设。直接导入的话容易造成信息冗余和一定的语义偏差[14]。Noy 和 Musen[15] 提出了一个统一的框架，用于比较、对齐和合并本体，在不同本体形式之间进行翻译。该方法简单易行，但是可能含有知识冗余。按照 Grau 等人[16] 的方法可以从本体中抽取模块进行重用，在一定程度上保证重用模块的封闭性和安全性，不过这个方法只能从一个单个本体中抽取重用模块。

（3）列出本体中的重要术语。列出重要术语清单，这些术语都需要进行详细解释和说明。术语清单要求尽可能完整全面，不需要考虑它们所表达的概念、关系和属性是否重复。

（4）定义类和类的分类层次（hierarchy）。这项任务可以自顶向下进行，即从抽象的概念入手，不断将其细化成具体概念；也可以自底向上进行，从具体的概念开始，把它们泛化形成更有概括性的概念；还可以把上述两者结合起来，先定义顶层的抽象概念和底层的具体概念，分别细化和泛化，逐渐扩展到同一个中间概念为止；或者从中间层概念出发，扩展成若干同层、上层、下层的概念。最后一种方法通常被认为是最有效的，因为中间层的“核心”概念往往反映了目标领域中的重要信息[17]。

（5）定义类的属性（properties）。定义了类之后，需要定义用于描述类的属性，包括内部属性、外部属性、部分与其他类的关系。子类的属性通常可以继承父类的属性，属性应当定义在拥有该属性的最高层的类上。

（6）定义属性的分面（facets）。一个属性可以包括不同的特征，比如值类型、允许的值、基数数量等。

（7）创建实例。为类创建个体实例，并添加属性值。

手动构建的本体通常比自动构建或半自动构建的本体具有更高的质量，但是需要领域专家的参与，对构建者的领域知识水平有一定的要求，更适用于小领域的本体构建，对于大规模本体的构建来说不现实。

3.2.2 半自动构建

利用现有叙词表、分类表、专业词典等资源，或复用已有的顶层本体，可以获得领域的概念及关系，这可以作为本体构建的基础，使用计算机进行抽取。同时，也有必要将人工参与和计算机辅助相结合，由领域专家对计算机抽取的概念及关系进行甄别和筛选，这种方法就是半自动构建。

叙词表是一种包含叙词和非叙词的语义词典，包含领域内相对比较完整的术语概念和语义关系，在表达知识结构上与本体有天然的联系，因此基于叙词表构建本体是可行的。在将叙词表转换到本体时，可以直接用本体表示语言（如XML、RDF、OWL）表示叙词表中的词汇和关系[18,19]。考虑到传统叙词表语义关系的不确定性和不严格性，也可以将叙词表进行调整后再进行转换[20]，如Lauser等在将Agrovoc叙词表进行转换时探讨了虚词概念及语义关系的转换规则[21]。在将叙词表转换到本体时，应根据词表的规模、词表的规范化、语义关系的严格性等来选择适当的方法[22]。

半自动本体构建充分利用领域的现有资源，为本体构建提供极大的便利。但是，这种方式也存在一些局限。比如，在一些领域缺少可利用的资源，一些资源（如顶层本体、叙词表）尚需要加以改造和规范化才能加以利用，而且这种改造可能需要大量的投入。另外，还需要考虑语义是否一致的问题，比如本体复用时进行不同本体的匹配。

3.2.3 自动构建

自动本体构建使用自然语言处理、机器学习等方法，从各种数据源中抽取本体构建所需要的概念及其之间的关系，实现自动的本体构建。与手动构建方法依赖领域专家筛选领域概念的做法不同，这种方法自动分析和抽取文本中的信息，在减少了人力投入的同时，也大大提高了本体构建的速度。随着各种可用资源尤其是互联网各种非结构化数据的快速增长，基于非结构化文本等资源自动构建本体受到越来越多的关注。国外已经出现了一批面向英文资源的本体构建系统，如ASIUM、Doodle Ⅱ、Hasti、Svetlan、Syndikate、Text2Onto、WebKN 等，同时提出了本体学习的概念[23]。

本体学习是一个循序渐进的过程，处理流程主要分为预处理、概念抽取、关系抽取、本体生成等阶段。在本体学习中，基于语言学的方法通常是根据词语的词性、词根及词语所在的上下文内容，使用浅层文本分析，将概念与语法规则进行最大匹配抽取概念。这种方法所需的计算量不高，却有较高的概念抽取准确率，只是建立相关规则并不容易，且规则通用性不强。统计方法是对文本进行统计分析，得到概念的统计特征（如词频、TF-IDF），按设定的阈值抽取领域概念。这种方法能够获得高频词语，但是并不能保证是构建本体所需的领域概念，同时无法抽取出那些在选定文本中出现频率不高的概念。机器学习的方法是基于标注好的语料进行特征工程和模型训练，获得分类器从文本中进行实例抽取。这种方法缺乏必要的语义逻辑基础，所获得的概念关系松散，且不能保证可信度。

Asim 等[24] 将本体学习技术分为语言、统计和逻辑三类（如图 3 - 4 所示），他们认为这些方法是应用在本体构建的不同层面上的。首先，使用词性标注、句法分析、词性还原等语言学技术进行文本预处理，之后抽取相关的术语。这一阶段用到自然语言处理的各种技术，以及统计分析的一些技术。除了获得概念聚类外，还需要这些概念之间的分类关系和非分类关系。接下来，使用归纳逻辑编程（ILP）生成公理。最后，进行本体的评价。

对于中文文本来说，其语言句式更加复杂，并且文本中包含的信息不够规范和结构化，抽取出的信息常常还需要依赖外部词典等工具进行规范和分类，因此，面向中文文本的本体学习的工作更加具有挑战。

值得注意的是，不论使用上述哪种方法，本体构建都不是一次性就可以完成的，而是一个反复迭代的过程。在本体构建出来以后，还需要不断地进行评价和排错，直到达到令人满意的程度。为了及时反映领域的变化或满足对最新信息的查询的要求，仍需要随着时间和环境的变化进行本体的动态更新，包括增加一些新的概念、对过时的概念术语进行删除或对概念关系进行变更。新概念的获取以及如何将新概念加入本体是本体进化研究的重要问题。这一反复迭代的过程贯穿于本体的整个生命周期。

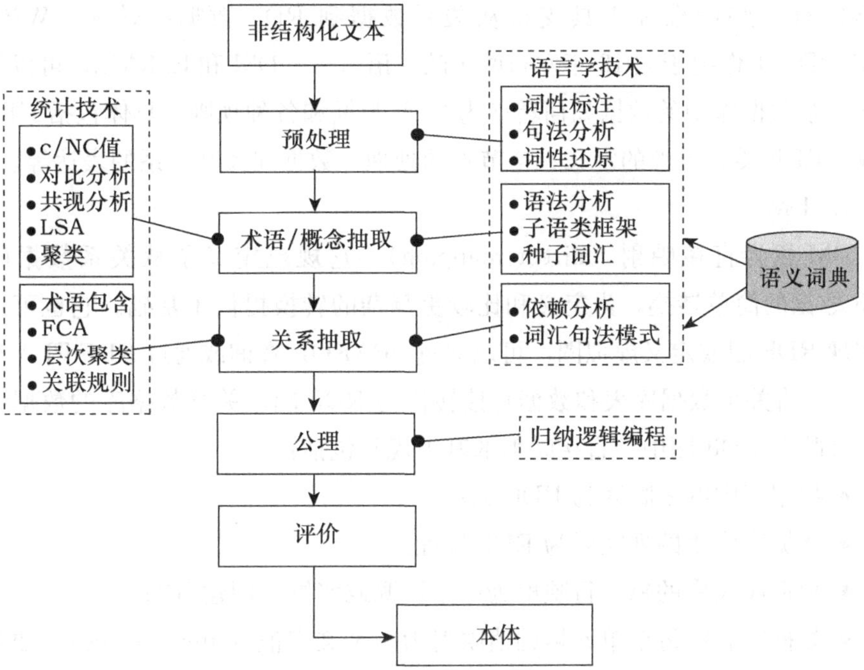

图 3-4　本体学习的方法论[24]

3.3　知识抽取

知识抽取是从各种来源、各种类型的数据中抽取出实体、关系、属性等知识要素，是构建知识图谱过程中的重要技术。面对大规模的数字人文资源，依赖人力或简单规则获得其中的信息和知识是相当有挑战的，研究高效、自动的知识抽取方法是非常必要的。数字人文领域的数据资源有结构化的，也有半结构化、非结构化的，以下分别对这三类资源的知识抽取技术进行介绍。

3.3.1　结构化数据的知识抽取

结构化数据通常是存储在关系数据库中，也是一项重要的数据来源。目前已经有一些标准和工具支持从关系数据到 RDF 数据的转换。W3C 的 RDB2RDF 工作组于 2012 年发布两个映射语言——DM 和 R2RML，可以用于定义关系数据库中的数据如何转换为 RDF 数据和各种规则，具体包括 URI 的生成、RDF 类和属性的定义、空节点的处理、数据间关联关系的表达等。

1. DM

DM 意为直接映射（direct mapping），它规范定义了从关系数据库到 RDF 数据的简单转换，为定义和比较更复杂的转换提供了基础。它也可以用于实现 RDF 图或定义虚拟图，可以通过 SPARQL 查询或通过 RDF 图 API 访问。DM 将关系数据库表和数据直接转换为 RDF 图，关系数据库的数据结构直接反映在 RDF 图中。直接映射的基本规则包括：

- 数据库中的表映射为 RDF 类；
- 数据库中表的列映射为 RDF 属性；
- 数据库表中的每一行映射为一个资源或实体，创建 IRI；
- 数据库表中每个单元格的值映射为一个文字值（literal value），如果单元格的值对应一个外键，则将其替换为外键值指向的资源或实体的 IRI。

2. R2RML

R2RML 是表示从关系数据库到 RDF 数据集的自定义映射的语言。这种映射提供了在 RDF 数据模型下查看现有关系型数据的能力，并且可以基于用户自定义的结构和目标词汇表示原有的关系型数据库。在数据库的直接映射中，生成的 RDF 图的结构直接反映了数据库的结构，目标 RDF 词汇直接反映数据库模式元素的名称，结构和目标词汇都不能改变。然而，通过 R2RML，用户可以在关系数据上灵活定制视图。每个 R2RML 映射都针对特定的数据库模式和目标词汇量身定制。R2RML 映射的输入采用符合该模式的关系数据库，输出是采用目标词汇表中谓语和类型描述的 RDF 数据集。

R2RML 映射通过逻辑表（logic tables）从数据库中检索数据，逻辑表是数据库中一个表、视图或有效的 SQL 查询。每个逻辑表通过三元组映射到 RDF 数据，三元组映射是可以将逻辑表中每一行映射为若干 RDF 三元组的规则。逻辑表突破了关系数据库表的物理结构的限制，为不改变数据库原有的结构而灵活地按需生成 RDF 数据提供了基础。

三元组映射的规则主要包括两个部分，一个主语映射和多个谓语—宾语映射。主语映射从逻辑表生成所有 RDF 三元组中的主语，通常使用基于数据库表中的主键生成的 IRI 表示。谓语—宾语映射的过程与主语映射相似，包含谓语映射和宾语映射。

3.3.2　半结构化数据的知识抽取

半结构化数据是构建领域知识图谱时重要的数据来源，如网页数据、科技文献和其他文档类[25]。半结构化数据包括一些标签等标记，是有结构的，但是又不像关系数据有严格的形式表示，不便模式化。从半结构化数据中进行知识抽取应当充分利用数据的特点。

从网页数据进行抽取时，通常需要使用包装器，即将数据从 HTML 页面中抽取出来，并将它们还原为结构化数据的软件程序。包装器的生成有手工方式、包装器归纳、自动抽取三种[26]。手工方式是在人工查看网页结构和代码后编写相应的 XPath 表达式、CSS 选择器表达式等。包装器归纳的方式是基于监督学习从预先标注的样例中学习信息抽取的规则，然后对相同模板的网页进行抽取。这种方法依赖大量的人工标注工作，且可移植性较差。自动抽取则是利用无监督学习，对网页进行聚类，通过挖掘同一组中相似网页的重复模式生成该组的包装器。这种方式无须人工标注数据，可以方便地应用于大规模的信息抽取。

一类重要而特别的网页资源是百科全书（如维基百科），为知识图谱的构建提供了良好的基础。百科类页面通常包括词条标题、摘要、跨语言链接、分类、信息框等元素，具有一定的结构，是典型的半结构化数据。以 DBpedia 从维基百科的抽取为例，其中最有价值的信息是从信息框中抽取到的。信息框的抽取有两种方式，一般抽取和基于映射的抽取。一般抽取是直接将信息框中的信息转换为 RDF 三元组，主语由 DBpedia 的 URI 前缀和词条名称相连组成，谓语由信息框属性 URI 前缀和属性名相连组成，宾语基于属性值创建，可以是实体的 URI 或者数据类型的值。这种方式忽略了信息框中的属性名和信息框模板同义异名问题，因此抽取得到的三元组可能存在数据不一致的问题。基于映射的抽取将信息框的模板、属性映射到预定义的本体中的类型和属性，然后采用本体中的词汇描述抽取出结构化信息，获得的三元组数据质量更高。

科技文献的形式多样，如问卷、学术期刊等，可根据不同科技文献的特点抽取相应的知识。比如，可以利用知识点在大百科条目文本中的转移规律以及知识点的词特征分布来判断每个句子的知识点类别[27]，也可以使用规则和词频统计等对学术期刊中的学术定义进行抽取[28]。

3.3.3 非结构化数据的知识抽取

数字人文资源的大部分是以非结构化的形式存在的，因此非结构化数据的知识抽取是非常重要的任务。在讨论非结构化数据的知识抽取时，信息抽取（information extraction，IE）是一个常见的术语，有时也与知识提取混用。两者在方法上是十分类似的，但是知识抽取常常不仅限于抽取得到结构化信息，还需要重用现有的形式知识（如本体）或根据源数据生成模式。

从20世纪60年代中期开始，研究人员就已经开始探索从自然语言文本中获取结构化信息。到了20世纪80年代左右，信息抽取的研究更加蓬勃地发展起来，一大批学术会议（如消息理解会议MUC、文本检索会议TREC、自动内容抽取会议ACE）也不断推动着相关技术的发展。MUC陆续增加了实体关系抽取、实体属性抽取、命名实体识别以及指代解析等任务。MUC定义的信息抽取任务的各种规范以及确立的评价体系在使用上达成了共识，成为信息抽取研究领域的标准。

3.3.3.1 命名实体识别

信息抽取的两个基本的子任务是命名实体识别（named entity recognition，NER）和关系抽取。命名实体识别旨在发现非结构化文本中提到的命名实体，并按预定义的类别分类，如人名、组织、位置、时间等。命名实体识别也是自然语言处理中最基本的一项任务，其效果直接影响到下游任务的效果。关系抽取用于进一步发现实体之间的语义关系。根据关系将抽取的实体连接起来，可以构建出目标领域的知识的图表示。根据对这两个子任务的处理方式的不同，可以分为流水线和联合学习两大类。传统的流水线方式先进行命名实体识别，再对识别出来的实体进行两两组合并进行关系分类，获得实体关系的三元组，即两个子任务是独立的模型。

命名实体识别用于抽取文本中的原子信息，如人名、地名、机构名、时间、日期、货币和百分比，或者特定领域中的各种实体类型。比如，下面的这句话涉及了时间实体（9月29日晚）、机构名（北京国安、上海上港）、地名（北京）。

> 9月29日晚（时间），中超联赛第24轮北京国安（机构名）和上海上港（机构名）的焦点战役在北京（地名）进行。

命名实体识别的常用方法包括基于规则的方法、机器学习方法或两者混合的方法。基于规则的方法主要是利用定义的规则或现有的词典从文本中抽取人名、地名、机构名、时间等实体，在早期的有限范围内的实体抽取中应用普遍[29]。但是构建规则费时费力，且覆盖的范围有限，可移植性差。随后，出现了许多使用机器学习的方法进行命名实体识别的工作，并且在学术界普遍被认为是解决信息抽取问题的最佳选择[30]。机器学习的方法主要是从上下文中抽取有用的信息作为特征，然后训练分类器用于分类。基于统计机器学习的方法主要包括隐马尔可夫模型（hidden Markov model，HMM）、最大熵（maxmium entropy，ME）、支持向量机（support vector machine，SVM）、条件随机场（conditional random field，CRF）等。CRF在进行标注的过程中能够充分利用内部及上下文信息，得到了越来越广泛的应用。总的来说，这些方法依赖于对该项任务有影响的各种特征，主要做法是通过对训练语料所包含的语言信息进行统计和分析，从训练语料中挖掘出特征。近年来，深度学习使用词的分布式表示作为神经网络的输入，用神经网络自动抽取特征，降低了对特征工程的依赖。研究人员将双向长短期记忆网络模型（BiLSTM）结合CRF的BiLSTM-CRF模型用于命名实体识别任务中[31]。该模型的效果在之后的许多研究和实践中都得到了验证。这些方法属于监督学习方法，半监督学习有助于解决标注语料不足的问题，也正受到越来越多的关注。半监督学习是从一个种子集来开始学习，根据上下文特征和一些其他的规则找出其他实体，并通过多次的重复不断扩大种子集进行搜索。无监督学习通常是通过聚类，根据文本相似度得到不同的簇，表示不同的实体类别。

3.3.3.2 关系抽取

在完成命名实体识别后是关系抽取的任务。相关方法可以分为基于模板的方法和机器学习的方法。

早期主要使用基于模板的方法，基于语言学知识和语料的特点编写模板，从文中匹配具有特定关系的实体。这种方法可以在小规模、限定领域的数据上取得较好的效果，但是可移植性差，在处理不同领域的数据时需要重新构建模板。

随后，出现了机器学习的方法。关系抽取主要是判断两个实体是哪种关系，不妨把没有关系看作其中一种分类，那么这一问题本质上是多分类问题。在预定义关系类型之后，基于标注数据训练分类模型（如 ME、SVM），进行关系抽取[32]。监督学习如能抽取有效的特征，在准确率和召回率上将有不错的表现，因此监督学习对特征工程十分依赖。近年来研究人员越来越多地使用深度神经网络（如卷积神经网络、长短期记忆网络）进行关系抽取，不再需要人工构建各种特征[33,34]。

监督学习依赖人工标注的训练数据，深度神经网络模型的优化更是依赖大量的训练数据。在训练数据不足时，可以考虑弱监督学习方法。其中一类是使用远程监督的方法，从知识图谱中抽取存在目标关系的实体对，从非结构化数据中抽取含有实体对的句子作为训练样例，用于模型训练[35]。远程监督的方法能够减少对人工标注的工作量，但是也会引入噪声、引发语义漂移的现象。采用带有注意力机制的深度学习模型及强化学习来解决训练样例标注错误的问题[36]。另一类可行的方法是 bootstrapping 方法，利用少量的实例作为初始种子集合，在种子集合上学习获得关系抽取的上下文特征等，再利用这些特征抽取更多实例，不断迭代获得关系的实例[37]。由于 bootstrapping 方法以少量的标注数据为输入，学习成本低，适合大规模的关系抽取任务，并且具备发现新关系的能力。尽管该方法有对种子集较为敏感、存在语义漂移、准确率低于监督学习模型的问题，但就其较低的成本来说，仍然值得关注。

对于关系重叠的问题，Hoffmann 等[38] 曾使用多示例学习的概率图模型来处理重叠的关系。也曾有研究设计了有向图对实体和关系进行解析，来表达重叠的关系[39]。有研究引入注意力机制，提出一个关注位置的序列标注方法，用来抽取重叠关系[40]。循环神经网络（RNN）和图卷积网络（GCN）被用来进行命名实体和关系的联合学习，在预测重叠关系上也有不错表现[41]。还有研究改进标签方案，可以给单词分配重叠的标签，以帮助建立大规模、高质量的自动训练数据集[42]。

3.3.3.3 基于深度学习的联合抽取

流水线的处理方式忽略了命名实体识别和关系抽取两个子任务之间的相关性，可能导致实体识别的错误传递到关系抽取部分等问题。基于深度学习的联合抽取是未来的发展趋势。联合学习有效地整合了实体和关系的信息，同时完成命名实体识别和关系抽取两个子任务，从而表现出更好的性能。

信息抽取的两个子任务可被转化为序列标注任务来解决，然后通过端到端的神经网络模型将输入语句映射到标签序列[43]。Zheng 等[43] 通过一种新的标注策略将联合抽取转化为序列标注问题，然后通过使用 BiLSTM 对输入语句进行编码，使用带有偏损失的 LSTM 生成标记序列，从而得到关系实体三元组。其实验结果表明，该方法优于大多数流水线和联合学习方法。输入的语句包含若干个字符，每个字符对应一个标签，即一条数据被映射到等长的标签序列。通过在标注数据上进行训练，对于给定的数据可以预测对应的标签序列，并在此基础上可以得到所涉及的实体和关系。

常见的标签是三元组的形式或者是“O”，前者对应着信息抽取任务中一个有意义的字符，后者则对应不会被抽取出来的字符。三元组的组成是这样的：首先是实体中词的位置信息，使用 B、I、E、S 分别表示在实体开始、在实体内部、在实体结尾、单个实体；第二部分是关系类型信息，根据预先定义的关系类型进行编码；第三部分是实体角色信息，使用 1 和 2 分别表示（二元）关系的两个角色。如图 3－5 所示，United 和 States 共同构成了一个实体，这个实体与 Trump 存在关系 Country-President；类似地，Apple Inc 和 Steven Paul Jobs 存在关系 Company-Founder。

在编码步骤中，LSTM 及其变体凭借其学习短期依赖和长期依赖关系的优势得到了广泛使用[44]。在解码步骤中，常使用 CRF、LSTM 等模型来产生序列[43,45]。图 3－6 给出了 BiLSTM-CRF 模型。

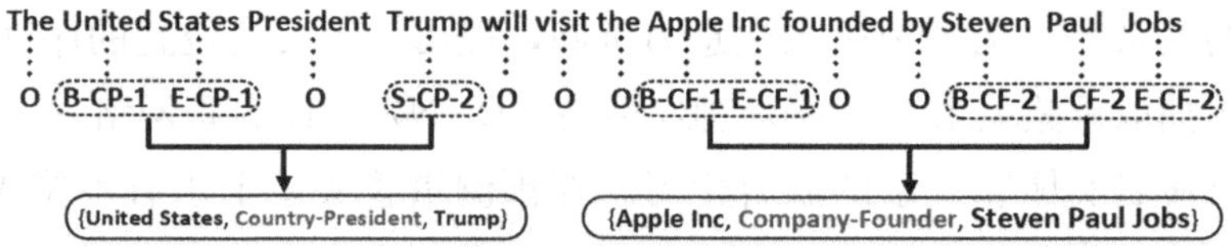

图 3-5 标注策略举例

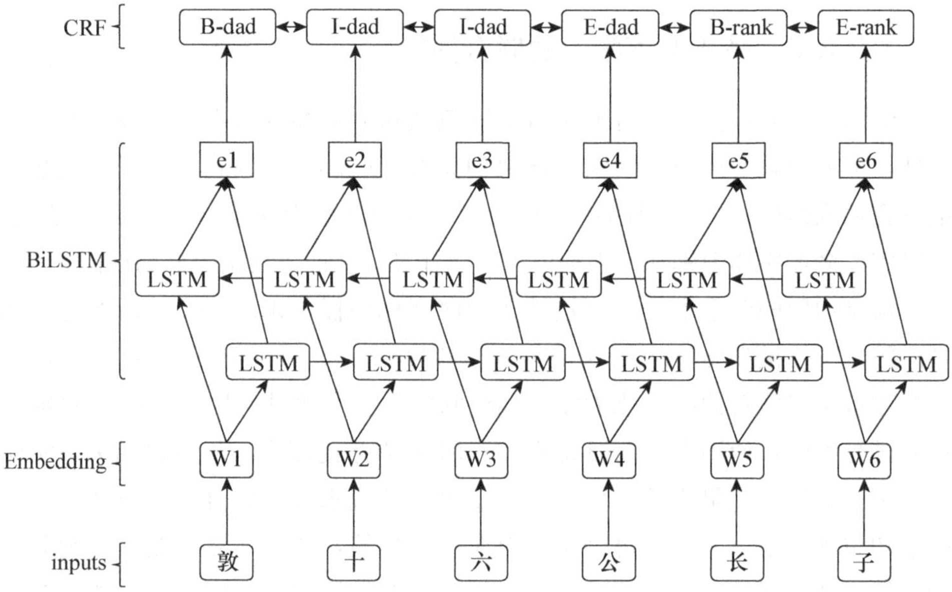

图 3-6 BiLSTM-CRF 模型

模型的第一层是向量层，将输入的每个字符都使用向量来表示，即把字符投影到一个连续的向量空间，一个字符在该向量空间的位置是根据它在文本中周围的字符学习得来的。

第二层是编码层，使用 BiLSTM 模型有效地利用上下文信息，自动抽取上下文特征。BiLSTM 模型包括前向的 LSTM 层、后向的 LSTM 层和连接层。LSTM 模型包括一系列记忆单元，每个时间步作为一个记忆单元。BiLSTM 模型的编码层的记忆单元用来计算当前的隐向量 h_t，使用前一步的隐向量 h_{t-1}、前一个 cell 向量 c_{t-1} 和当前的输入字向量 w_t。具体请参见如下公式：

$$i_t=\sigma(W_{it}W_t+W_{hi}h_{t-1}+b_i) \quad (3.1)$$

$$f_t=\delta(W_{wf}w_t+W_{hf}h_{t-1}+b_f) \quad (3.2)$$

$$z_t=\tanh(W_{wc}w_t+W_{hc}h_{t-1}+b_c) \quad (3.3)$$

$$c_t = f_t c_{t-1} + i_t z_t \tag{3.4}$$

$$o_t = \delta(W_{wo} w_t + W_{ho} h_{t-1} + b_o) \tag{3.5}$$

$$h_t = o_t \tanh(c_t) \tag{3.6}$$

此处 i、f、o 分别表示输入门、遗忘门、输出门，c 和 h 分别表示细胞向量和隐向量，b 表示偏置项，$W(\cdot)$ 是参数。对于每个字符 w_t，前向 LSTM 层根据字符 w_1 到 w_t（即 $\overrightarrow{h_t}$）的上下文信息对 w_t 进行编码，后向 LSTM 层根据 w_n 到 w_t（即 $\overleftarrow{h_t}$）的上下文信息对其进行编码，两个编码连接起来作为 w_t 的表示，记为 $h_t = [\overrightarrow{h_t}, \overleftarrow{h_t}]$。

最后一层是 CRF 层，对于 BiLSTM 输出的序列进行标注。CRF 模型可以对输出的标签加以约束，避免出现不合规定的标签。例如 B-R-1 可以后接 I-R-1 或者 E-R-1，但是不能出现 S-R-1、I-Q-1、E-R-2 等标签。

模型的目标是使输入 x 对应正确的序列 y 的概率最大。概率函数的定义如公式 3.7 所示，P 是给定隐向量 h 和参数 W、b 时，标签序列为 y 的概率。

$$P(y \mid h; W, b) = \frac{\prod_{i=1}^{n} \varphi_i(y_{i-1}, y_i, h)}{\sum_{y' \in Y(h)} \prod_{i=1}^{n} \varphi_i(y'_{i-1}, y'_i, h)} \tag{3.7}$$

目标函数如公式 3.8 所示，其中 W 和 b 是权重向量和偏置项。

$$L(W, b) = \sum_{i=1}^{n} \log P(y_i \mid z_i; W, b) \tag{3.8}$$

训练时调整参数 W 和 b，使用极大似然估计，使得目标函数 $L(W, b)$ 最大化。在进行序列预测时，选择概率最大的序列作为最终的标签序列。

3.4 知识融合

早在数据库时代就已出现对模式集成和数据集成的关注，这一问题在大数据时代愈加突出。将不同但相关的知识图谱加以融合，是一种有效地完善和扩大知识图谱的方式。知识融合既有模式层的融合，也有数据层的融合。在模式层，不同的本体在描述一个领域时的覆盖范围不同、描述的详细程度不同，为了保证知识的共享、重用和互操作性，需要进行模式层的对齐，实现本体之间的交互。在数据层，进行实体对齐和关系对齐，判断来自不同知识图谱的两个实体实际上表示的是同一个实体，或者两个关系是同一种语义的关系，消除实体、关系、属性等指称项与事实对象之间的歧义，形成高质量的知识库。模式层的融合和数据层的融合是相辅相成的，模式层的融合可以用于辅助数据融合，提高数据融合的效率；数据融合中的一些方法同样对知识融合有借鉴作用。

3.4.1 模式层融合

本体有利于实现领域知识的共享和重用，但是在各自的应用实践中使用不同的方法开发本体，不同的开发人员在理解上也存在差异。因此，即便是面向同一领域的本体也存在程度不一的差异。为了保证知识的共享、重用和互操作性，需要进行模式层的对齐，实现本体之间的交互，帮助提高后续的数据融合的效率。研究人员围绕本体的异构问题开展了大量研究，于是出现了本体集成、本体合并、本体对齐、本体映射等诸多概念。在相关文献中，本体集成包括了合并（merge)、使用（use)、映射（mapping)、对齐（alignment)、扩展（extending)、翻译（translation)、统一视图（unified views）等多种含义，这些概念有时也被作为同义词互换使用[46,47,48]。也有学者认为本体映射是实现本体集成的基础性任务，本体对齐和本体合并是本体集成的目标[49]。本体对齐是指根据本体实体之间的语义关系，在需要对齐的本体实体之间建立映射的集合以达成本体之间的互操作，并不生成新的本体。本体合并是指在原有本体的基础上根据应用的需求生成新的本体。

Wache 等[50] 将非破坏性的（即不破坏本地的本体或参考的本体）本体集成分为三种方式：单一本体、多本体和混合式（如图 3－7 所示)。单一本体使用具有共享语义的全局本体，该本体提供统一的语义规范和共享词汇。多本体方式使用非破坏性的本体映射。混合式使用一个共享词汇表，它只包含主题域的基本术语。与开发大型的整体本体相比，使用松散的耦合来维护原始本体，具有更好的灵活性，并且更容易重用。除此以外，在应用程序中使用多个本体也可以认为是更低级别的本体集成。这种集成只是使用一些现有的概念，并没有以某种方式修改现有的本体。

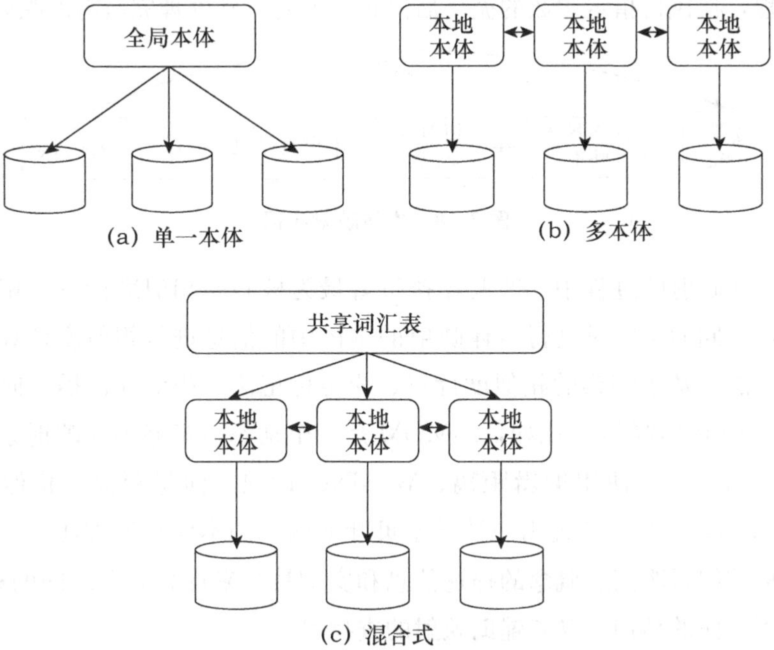

图3-7　三类本体集成

本体映射是在本体之间建立映射规则，实现不同本体之间共享和交流。按本体映射的应用范围来看，有面向通用本体的映射[51] 和面向领域本体的映射[52] 两种。面向通用本体的映射用于实现不同领域的本体进行映射，面向领域本体的映射具有较强的针对性和较高的准确率，更适合解决数字人文领域的本体互操作。通常是针对数字人文领域的本体映射需求，利用各种领域知识施加约束，包括数字人文领域的具体规则、启发式学习或者是背景知识。

不同的本体映射系统在功能设计上各有不同，但是本体映射的流程大体上类似。图3-8是常见的本体映射流程，包括选取特征、搜索备选映射、相似度计算、整合结果、确定映射状态[53]。在选取特征步骤，主要是抽取在本体中对概念名称、属性名称、概念实例等用于映射操作的各种特征。在搜索备选映射步骤，在源本体和目标本体中分别选择概念为映射做好准备。相似度计算步骤是这一流程的核心步骤，一般是使用各种匹配器（matcher）

来完成。在整合结果步骤，将基于各种相似度指标得到的相似度结果加以综合考虑，得到一个合理的相似度。最后，确定映射状态，可以使用阈值（threshold）、松弛标记法（relaxation labeling）等。这几个步骤构成一个迭代的流程，在执行指定次数的循环后停止，或者直到处理完所有的映射。

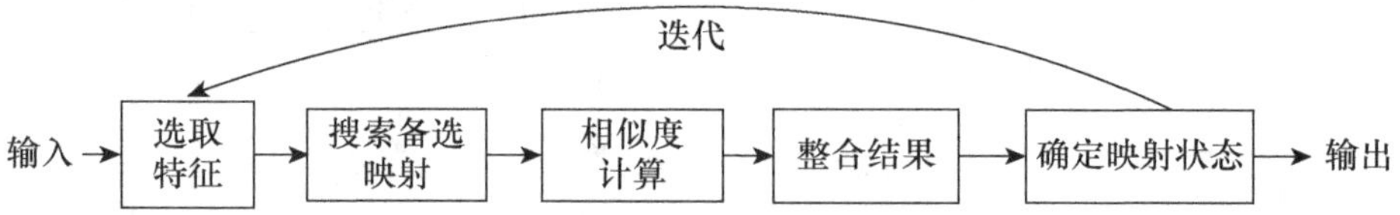

图 3-8 本体映射流程

在本体映射的过程中，匹配器执行着最为核心的相似度计算。相关方法和测度从不同的角度对进行本体映射的本体中的信息进行相似度计算，包括编辑距离法、基于词典的相似度计算、松弛标记法、相似性传播、向量距离法、Jaccard 指标等[54]。比如，RiMOM 是一个动态多策略本体映射系统，在计算概念相似度时使用编辑距离、WordNet 词典、向量距离、相似性传播等[55]。又如，张凌宇等提出一种基于贝叶斯网络的本体映射方法，其中使用概念名称的编辑距离、概念的描述信息和实例特征来计算概念之间的相似度，最后使用本体的结构信息来辅助映射的查找[56]。

研究人员围绕本体映射开发了多种方法和工具，而且随着新技术的发展而不断更新。本体映射的方法可以分为基于约束的方法、统计学方法、机器学习的方法。基于约束的方法通过定义启发式规则等进行本体映射，比如“直接超类或所有的超类相似”“直接子类或所有的子类相似”。在具体领域，还可以根据领域知识定义约束。这类方法的效果依赖于领域专家所定义的约束的质量，可移植性较差。考虑到一个概念的多个实例在取值上的相互依赖关系，也可以使用统计学方法，根据实例属性值所表现出来的统计特征进行本体映射。这类方法对源本体和目标本体的可量化的统计指标有一定的要求，而且所使用的本体的规模越大，方法的效果越好。上述两种方法的时间复杂度和空间复杂度会随着本体规模的增大而提高，也缺乏灵活性。机器学习的方法代表了本体映射的发展趋势，将本体映射问题看作分类问题，为某个元素选择最优映射即是对其进行分类[57]。通常利用已知映射结果的数据集进行训练，所得到的分类器可以用来预测给定的每对元素是否匹配。常用到的方法有支持向量机、形式化概念分析、贝叶斯学习、神经网络等。机器学习的方法的效果依赖于训练集的质量和规模，一般来说，训练集的规模越大、质量越高，方法的效果越好。

本体映射方法有基于概念的方法、基于实例的方法、基于结构的方法。基于概念的方法是基于本体中的概念之间的相似度进行映射，通常将概念名称、概念描述、属性、概念之间的关系作为映射算法的输入[58]。这类方法可用于数字人文不同子领域的本体之间的映射，常用到外部知识库，而且通常需要对概念进行预处理，消除概念之间在表达上的差异。当然，概念级的映射也不仅仅依赖于可见的属性，更需要基于潜在的语义进行匹配[59]。基于实例的方法是使用两个本体的所有元素及其对应实例的属性值，一般采用机器学习的方法对不同的实例集进行学习[60]。这类方法在实例数据足够多、实例的文本足够长时，能够取得较高的准确率。基于结构的方法则是利用本体概念之间的结构关系进行相似度传递，或者利用结构约束关系计算本体概念之间的相似度，这类方法需要较为完整和全面的概念体系，因此更适合通用本体之间的映射。

在现有的映射系统中，常运用多种映射方法来分别进行映射，然后对每种方法的结果进行合并，得到最终的映射结果[61,62]。这就是混合的方法，充分考虑了不同方法的优势，比单纯采用某种映射方法的系统的准确率高，但是在时间和空间上成本很高。动态多策略的本体映射方法也是在实际中常见的，其充分考虑本体和数据的特点，动态地选择恰当的策略[63]。比如，如果在本体映射时缺乏实例信息，那就不需要基于实例的本体映射方法，可以考虑在其他方法中做选择。

3.4.2 数据层融合

数据层的融合是将分散的、碎片化的数据相联系，将关于实体的多源描述信息融合起来，最大限度地提升大数据的价值。数据层的融合与模式层的融合有相似之处，但是具有更大的挑战。比如，解决方案的时间复杂度和空间复杂度很高，匹配结果的质量难以令人满意，以及缺乏先验对齐数据等。著名的 Cyc 工程使用本体专家和人机交互式的半自动方法，历经 15 年的时间才完成从 SENSUS、WordNet 和 UMLS 等本体到 Cyc 的映射工程[64]。

在将从知识抽取得到的新知识插入知识图谱时，需要将知识抽取得到的实体链接到知识图谱的相应实体上，即实体链接（entity linking），在有些研究中也称为记录链接（record linking）或实体匹配（entity matching）。实体链接的思想是识别输入文本中的指称项（mention），并将它们链接到知识图谱中的相应条目，链接结果为：有包含实体的条目，或者没有包含实体的条目。名称变化、一词多义等现象普遍存在，给实体链接的任务增加了挑战。一方面，命名实体可以有多种表面形式（surface form，以下简称为表形），例如“中国人民大学”常被简称为“人民大学”或“人大”，还有英文名称的缩略表示 RUC。实体链接就是要将各种表形的指称项正确链接到知识图谱的实体上。另一方面，一个实体的指称项可能表示不同的实体，例如“人大”可能指中国人民大学，也可能指全国人民代表大会。实体链接还要根据上下文消除实体歧义，即实体消歧。

实体链接的任务可以这样描述：对于包含一组实体的知识图谱 E 和一组命名实体指称项的集合 M，实体链接的目标是将 M 中每个文本指称项映射到 E 中的实体上[65]。某些文本指称项 $m \in M$ 可能无法在给定的 E 中找到相应的实体，则称其为无法链接（unlinkable），将其标记为 NIL。实体链接通常包括三个模块：候选实体生成、候选实体排序、预测不可链接的指称项。候选实体生成是对每个指称项 $m \in M$ 检索生成一个候选实体集合 E_m，其中的实体是 m 可能参考的。候选实体集合通常包含不止一个实体，需要对这些候选实体进行排序，找出最恰当的映射实体。对于那些无法链接的问题，要验证排名靠前的实体是不是 m 所参考的。

3.4.2.1 候选实体生成

候选实体生成的常用方法有基于名称词典的方法、表形扩展的方法、基于搜索引擎的方法。

1. *基于名称词典的方法*

基于名称词典的方法很常用。维基百科便提供了若干用于生成候选实体的功能，例如实体页、重定向页、消歧页、第一段中的粗体短语及维基百科文章中的超链接。利用这些功能，可以在各种名称及其可能的映射实体之间建立名称词典。基于该词典，可以使用键值列中的名称与表形之间的精确匹配或者部分匹配，比如实体名称完全包含或包含在实体表形中，实体名称与表形中所有单词的首字母完全匹配，实体名称与表形有几个共同的词，实体名称与表形名称有很强的字符串相似性。

2. *表形扩展的方法*

考虑到某些表形是缩写词或者是全名的一部分这种情况，可以在文本中找出其他可能的扩展，进而使用这些扩展生成候选实体的集合。表形扩展可以使用启发式的方法，就首字母缩略词来说，首字母缩略词的表形和其扩展通常会使用到括号，如 Renmin University of China（RUC）、RUC（中国人民大学）。表形扩展也可以使用 n-Gram 的方法，从表形所在的文档中检查是否存在 n 个连续词的首字母与缩略词字符相同，这些被认为是首字母缩略词的扩展形式[66]。鉴于启发式方法不能识别某些复杂缩略语的扩展形式（如 Tsinghua University：THU），可以使用监督学习方法，使用预定义的策略从文档中识别出可能的候选扩展，将每对首字母缩略词及其一个候选扩展形式生成一个特征向量（包括词性特征、首字母缩略词与扩展形式的对齐信息），训练 SVM 分类模型应用于每个候选缩略语扩展对，输出置信度，给每个首字母缩略词选择置信度得分最高的候选作为其扩展形式[67]。

3. *基于搜索引擎的方法*

基于搜索引擎的方法通过搜索引擎获得网络信息来识别候选实体。一些研究表明谷歌在一些有难度的表形和实体之间映射的识别上非常有效。可以将实体表形及其简短上下文提交到谷歌 API，将返回的维基百科的实体页面，可以作为候选实体[68]。维基百科也同样值得探索，在基于关键字匹配检索候选实体时，可以返回相关维基百科实体页的列表，可以帮助生成不常出现的候选实体[69]。

3.4.2.2 候选实体排序

候选实体集合通常包含多于一个的实体，因此需要对候选实体进行排序，并从中选择合适的实体作为映射实体。候选实体排序方法大致分为基于监督学习的排序和基于无监督学习的排序两类，前者依赖于带注释的训练数据来学习如何对候选实体排序，后者不需要任何人工标注的语料库来训练模型。

1. 基于监督学习的排序

基于监督学习的排序是使用已经标注的数据来学习如何找到实体指称项最适合的映射实体。其训练数据集通常包含一组示例，示例中每个实体指称项都已被手工标注其映射实体。

二分类的方法是针对给定的一对实体指称项和候选实体 $<m, e_i>$，对实体指称项是否能链接到候选实体进行分类。常用的模型有 SVM、logistic 回归、朴素贝叶斯和 KNN。该类方法通常面临着样本不均衡的问题，毕竟在候选实体中只有唯一的实例作为映射实体（即大部分是负样本）。另外，如果一个实体指称项有不止一个的候选实体被标记为正，需要再进一步选择最可能的一个，可以使用置信度计算或如下的排序学习方法等。

排序学习方法考虑了候选实体之间的关系，它根据训练数据集自动构建排序模型，要求正确的映射实体应该排在最高位置[70]。Ranking SVM 是其中使用较多的算法[71]。例如，Linden[72] 通过对四个特征进行线性组合实现对每个实体指称项的候选实体进行排序，然后采用最大边际技术学习获得特征权重。所使用的四个特征分别是实体流行度、语义关联性、语义相似性、全局主题一致性。该方法在 TAC-KBP2009 数据集实现了 84.3% 的准确率。

概率方法也比较常用。比如，Kulkarni 等人[73] 利用文档内的实体有“主题连贯性”的特点，其系统首先使用基于 SVM 的局部上下文相似度监督学习器，然后采用概率图模型对候选实体的成对文档级主题一致性进行建模，并采用近似法和启发式方法来解决这一问题。该优化模型的计算量较大且耗时。Han 和 Sun[74] 提出的生成概率模型考虑了流行性知识（实体出现在文档中的可能性）、名称知识（实体的可能名称以及一个名称指向特定实体的可能性）和上下文知识（实体出现在特定上下文中的可能性），指称项要链接的每个实体都被建模为通过三步生成的样本。

基于图的方法是构建以实体指称项和候选实体为节点的图（ME 图）。Han 等人[75] 构建了 ME 图，然后以上下文的文本相似性以及实体映射的一致性作为实体间的关系，最后利用 PageRank 算法得到最终的候选实体。该模型在 IITB 数据集上得到了 73%的 F1 的值。Hoffart 等人[76] 将实体流行度、文本上下文相似性以及映射实体间的一致性三个特征组合到 ME 图中，ME 边通过实体流行度特征和文本上下文相似性特征的组合进行加权，EE 边通过基于维基百科超链接结构的一致性进行加权。这个 ME 图的目标是计算一个密集的子图，其中每个实体指称项只包含一个 ME 边。Hoffart 等提出了贪心算法来解决这一 NP 难题。

研究人员也将模型组合策略用于实体链接任务，一方面克服单个模型的缺点，另一方面争取取得比单个模型更好的预测性能[77]。Zhang 等[78] 分别开发了基于信息检索的系统、基于排序学习的系统和二分类系统，并使用 SVM 分类器来判断上述三个系统哪一个是可信的。实验结果表明，组合系统的性能优于各个单独的系统。Chen 和 Ji[79] 使用简单的复合函数（多数表决和加权平均）整合了 4 种监督方法和 4 种无监督方法，结果表明组合模型在最佳基准方法上的绝对准确度都有进一步提升。

监督排序方法的一个问题是需要训练数据，而引用知识库规模较大，实体链接的标注成本通常较高且非常耗时。一些研究手动创建包含数千个标记的小数据集作为训练数据，一些使用维基百科文章中的超链接来构建训练数据。有学者提出了自动生成大规模标注数据的方法，比如将文档集合中仅与一个实体相关联的实体指称项替换为其模糊名称变体以创建更多的训练数据[80]，或者利用维基百科文档通过领域适应方法提供额外信息从文档中生成标记实例[81]。

2. 基于无监督学习的排序

监督学习排序的表现通常是不错的，但是进行监督学习需要训练数据，而完成示例注释任务的成本很高。无监督学习恰恰可以避免这一问题。

基于向量空间模型（VSM）的方法是计算实体指称项与候选实体的向量表示之间的相似性，选择相似性得分最高的候选实体作为指称项的映射实体[82]。不同的方法在向量表示和向量相似度计算的方法上有所不同。比如，Chen 等人[83] 从实体的上下文及其相关属性中抽取词袋，为实体指称项和候选实体生成向量，利用 TF-IDF 来计算向量之间的相似度。Han 和 Zhao[84] 首先从实体指称项和候选实体文章的上下文中检测出所有维基百科的概念，再通过计算实体指称项向量中的维基百科概念和候选实体之间的所有语义相关性的加权平均值得到向量相似度。

基于信息检索的方法将每个候选实体索引为一个单独的文本，由实体指称项产生查询，查询可以来自实体指称项本身，也可以来自实体的上下文。

最后，将查询提供给候选实体索引，选择得分最高的候选实体作为实体指称项的映射实体。Gottipati 和 Jiang[85] 利用局部上下文语境和全局知识扩展了实体指称项语言模型，再选择得分最高的候选实体。该系统在 TAC-KBP2010 数据集上的准确率达到 85.2%。

除了上述分类方法，还有研究人员按照是否考虑实体指称项之间的关联，将相关方法分为独立排序（independent ranking）、集体排序（collective ranking）、协作排序（collaborative ranking）。独立排序主要是利用实体表形所在的文本和与候选实体所在的文本之间的上下文相似性；集体排序方法在排序时考虑了一个文档中实体指称项之间的相互依赖关系（“主题一致性”）；协作排序则是利用了其他文档中扩展的上下文信息。像上文提到的基于图的方法就是集体排序方法[86]。

3.4.2.3 预测不可链接的指称项

在某些情况下，实体指称项并没有相应的候选实体，称其为不可链接的指称项。可以采用启发式方法预测不可链接的指称项[87]。如果在候选实体生成阶段生成的指称项候选实体集合为空，则预测指称项是不可链接的，并返回 NIL。也可以找到最高的得分，如果该得分小于阈值，则预测其为不可链接的[88]。这个阈值通常从数据中习得。另外，也可以考虑监督学习的方法。比如利用二分类法，把每个指称项和实体对表示为一个特征向量，把排名最高的候选实体是不是指称项的正确映射实体作为二分类问题来解决[89,90]。

也有研究人员把这一过程加在候选实体排序的过程中。比如在候选实体集中添加一个 NIL 实体，如果 NIL 在候选实体进行排序时排名最高，则该实体指称项被认为是不可链接的[91,92]。

3.4.2.4 数据融合方法小结

值得注意的是，近年来深度学习的发展也推动了实体链接研究的进步，神经网络和注意力机制可以对文本中的上下文进行编码。比如，把深度学习与图模型、概率实体图等传统方法相结合，提高实体链接的性能[93]。或者借助上下文感知的表形向量表示、实体向量表示等实现端到端的实体链接[94,95]。

围绕数字人文领域开发实体链接系统，有着广阔的发展空间。一个重要方向是开发出能够在保持高精度的同时保证系统效率和可扩展性的技术，这对于实际的大规模应用程序来说是极其重要的。此外，对于社交媒体上的推文等开展实体链接的研究已经开始出现，但是在这些方面仍有必要继续探索[96]。

3.5 知识推理

知识推理就是利用已知的知识去推断新知识。一方面，知识推理能够根据现有的事实去推断潜在的事实，对知识图谱进行补全。毕竟知识图谱要全面覆盖所有的知识是不太可能的，它天生具有不完整性。另一方面，知识图谱中也不可避免地存在冲突和不一致，知识推理可以对其进行不一致性检测，从而提高知识图谱的质量。在知识图谱中，知识推理主要围绕关系的推理展开，进行链接预测，以及基于现有数据识别冲突和不一致性。研究人员对知识图谱的推理方法进行了不同的分类，比如王昊奋等[26] 将知识推理方法分为基于演绎的方法和基于归纳的方法两大类，Chen 等[97] 将知识推理方法分为基于逻辑规则的知识推理、基于分布式表示的知识推理、基于神经网络的知识推理。本小节按照基于逻辑规则的知识推理、基于图结构的知识推理、基于分布式表示的知识推理、基于神经网络的知识推理四类依次进行介绍。

3.5.1 基于逻辑规则的知识推理

基于逻辑规则的推理是模仿人类进行推理的模式，使用谓词逻辑、描述逻辑等将在现实中验证过的规则符号化，依托知识图谱中的事实集合进行推理。

最早的推理是基于一阶谓词逻辑（first-order logic）规则。通过搜索知识库中所有关系，获取每个关系的 Horn 子句集作为预测对应关系是否存在的特征模式，再利用机器学习的方法得到关系判别模型。描述逻辑作为一阶谓词逻辑的子集，具有良好的知识表达能力和完备的推理机制，因此也被用于知识推理。描述逻辑的基本要素是概念、角色、实例、构造算子，它们构成了描述逻辑的知识库（包括 TBox 和 ABox）。TBox 是关于概念和角色的蕴含断言集合，描述概念和角色的一般属性；ABox 是有关个体的实例断言集合，描述的是个体与概念之间的实例关系或者两个个体之间的角色关系。研究人员针对 ABox 断言、TBox 断言或描述逻辑的模糊扩展等提出了多种推理方法。

另外，也可以应用简单的规则或统计特征进行推理。用机器语言对规则进行描述，IF-THEN 规则是专家系统中常见的形式。规则包括 IF 和 THEN 两部分，表示如果条件集合成立，则触发规则。这种表示方法格式固定，规则之间可以相互独立，没有复杂的计算，适合处理比较简单的问题。

基于本体的推理方法主要使用更抽象的频繁模式、约束或路径进行推理。RDFs 和 OWL 等本体语言常被用来表示规则。比如推理引擎 F-OWL 使用基于框架系统与 OWL 本体进行推理[98]。OWL-DL 推理机 Pellet 通过重用前面步骤的推理结果来增量更新过程，从而实现针对动态知识图谱的增量推理[99]。这类方法可以扩展到大规模的知识图谱，研究人员提出了面向大规模知识图谱的 OWL 本体推理框架或系统，注重提高推理的可扩展性和效率[100,101]。

这些逻辑推理规则往往是根据现实的规则固化下来，推理的效果通常取决于规则库中规则的完备性。需要注意的是，这些规则需要由经验丰富的专家来制定，在带来较高的人力成本的同时，也不可避免地带来了个人的主观性。基于逻辑规则的知识推理的发展趋势是从手工规则转向自动挖掘和学习规则。比如 NELL 系统的推理组件学习概率规则，在人工筛选后实例化该规则，再从其他已知的关系实例中推断新的关系实例[102]。一些方法将人工定义的逻辑规则与各种概率图模型相结合，然后通过基于构建的逻辑网络进行知识推理。Markov 逻辑网（MLN）被认为是较完美地结合了一阶谓词逻辑和概率图模型的复杂性和不确定性问题的表示和处理方法，也得到了广泛的关注[103,104]。

基于逻辑规则的推理方法的局限之一是计算复杂度高、可扩展性差。另外，知识图谱中绝大多数实体和关系出现的频率较低，只有少数实体和关系出现较多，这对推理的性能有很大影响。并且，逻辑模型在处理多跳推理问题上面临更大挑战。

3.5.2 基于图结构的知识推理

基于图结构的知识推理把图结构信息也作为推理依据，将图中的节点和边分别与实体关系相对应，借鉴图结构中的路径发现算法等，以此来判断一个关系 r 在实体对（h, t）之间是否存在。这类方法的代表是路径排序算法 PRA[105]。它是通过图中两个实体间的多跳路径结合关系路径中蕴藏的信息，实现实体对之间的语义关系的预测。它的具体步骤是这样的：第一步，PRA 为实体对寻找一系列的连接边作为特征路径，为此，PRA 在图上执行路径约束随机游走，找到那些从 h 开始到 t 结束的有限长度的路径；第二步，对于节点对（h, t）和路径 π，计算随机游走概率 $\mathrm{p}(t \mid h, \pi)$，将每一条特征路径转化为相应的特征值，构成每个样例的特征向量；最后，训练逻辑回归模型用于预测实体对之间的关系是否成立。PRA 模型不仅具有较高的准确率和良好的可解释性，而且计算效率显著提高，为在大规模的图上的推理提供了有效的解决方案。

围绕随机游走出现了许多扩展性的工作。一部分研究使用了不同的策略，用以提高性能。比如，仅生成对任务有潜在用途的路径，从而获得少量的关系路径为推理提供方便[106]。Lao 等[107] 提出路径约束随机游走模型，结合已解析文本中的句法模式和背景知识中的语义模式，来提高性能。Gardner 和 Mitchell[108] 提出在局部子图上进行特征抽取，获得每个实体对的特征向量，来提高性能。Wang 等[109] 使用多任务机制进行推理，自动发现高度相关的关系并耦合这些关系的学习，从而提高推理性能。还有一些研究针对随机游走中的一些问题提出了解决方案。比如 Gardner 等[110] 针对特征稀疏性问题，将向量相似性结合到随机游走中。Wei 等[111] 提出目标导向的算法，在随机游走的每一步采用特定的推理目标作为方向，并在每一步动态地估计每个邻居的潜力，从而更倾向于遍历有助于推断目标和防止转移到噪声结构的结构。

3.5.3 基于分布式表示的知识推理

表示学习技术的发展也影响着知识推理技术的发展。与前述方法不同，这类方法不再显式地定义推理所需的特征和规则，而是把实体、关系和属性投影到连续向量空间中，获得分布式表示，使得知识推理能够通过向量空间表示之间的计算自动实现。这类方法对数据稀疏性不敏感，扩展性更强。基于分布式表示的知识推理包括基于张量分解的知识推理、基于距离的知识推理和语义匹配模型。

基于张量分解的知识推理将知识图谱看作一个大的张量，使用张量分解将知识图谱降低维数，减少计算规模，且保留了原始数据的特征。这类方法的代表是 RESCAL 模型[112]。它将高维多关系数据分解为三维张量，$X_{ijk}=1$ 表示三元组（第 i 个实体、第 k 个谓词、第 j 个实体）存在，相反是未知或不可见的则将张量值设为 0。张量分解的目的在于将知识图谱中的每个三元组对应的张量值分解为实体和关系的表示，使得该张量值尽可能地与三元组中的两个实体向量和关系矩阵的乘积接近。

基于距离的模型以 TransE 模型[113] 为代表。TransE 模型利用低维向量空间中向量的平移不变性，将知识图谱中三元组实例向量化，通过不断调整头实体和关系向量的表示，使得 $h+r\approx t$。在训练过程中尽可能让正确三元组与错误三元组区分开来。其评分函数定义为距离向量的 l_1 或 l_2 范数。

$$f(h,r,t)=\| h+r-t \|_{l_1/l_2} \tag{3.9}$$

相比传统的训练中的三元组建模的方法，TransE 模型的参数较少，计算复杂度低，在大规模稀疏知识库上也具有良好的性能与可扩展性。后续的一系列模型在 TransE 的基础上进行了部分改进，用于表达更加丰富的关系语义。KG2E 模型将不确定性信息融入知识推理，能够有效地对知识推理过程中实体和关系的不确定性进行建模[114]。

基于语义匹配的知识推理使用向量表示实体和关系，只是各种方法在实体和关系的刻画上有所差别。比如语义匹配能量（SME）模型使用语义匹配能量函数对实体和关系之间的相关性进行建模[115]。隐语义模型（LFM）利用基于关系矩阵的双线性变换，刻画实体和关系之间的二阶联系[116]。Nickel

等[117]提出知识图谱的合成向量空间表示，通过使用相关性作为合成算子，可以捕捉丰富的相互作用，又能实现有效的推理，同时易于训练。

3.5.4　基于神经网络的知识推理

神经网络的提出即是被用来模仿人脑进行感知和认知。它可以通过非线性变换将输入数据的特征分布从原始空间转换到另一个特征空间，自动学习特征表示。研究人员试图利用神经网络强大的学习能力来表示知识图中的三元组，从而获得更好的推理能力。

神经网络已经在知识推理中得到了应用。比如单层模型（SLM）[118]通过标准单层神经网络的非线性来隐式地连接实体向量，用于推理两个实体之间的关系。表达式神经张量网络模型（NTN）用双线性张量层代替了标准的线性神经网络层，通过平均单词向量来初始化每个实体的表示，提高了推理的性能[119]。ProjE 模型将候选对象投射到由输入向量通过预先定义的组合运算符生成的目标向量上，并计算投影相似度，从而显著减少了推理方法的参数量，提高了用于大规模知识图谱的潜力[120]。

近年来兴起的深度神经网络也被引入知识推理领域，包括卷积神经网络和递归神经网络。DKRL 模型通过 CBOW 模型和深度卷积神经网络来表示实体描述的语义，充分利用了实体描述所蕴含的语义信息[121]。ConMask 模型通过全卷积神经网络有选择地利用文本信息抽取目标实体的向量，并与候选对象比对，用于推断新的实体[122]。多任务神经网络（MT-KGNN）模型包括关系网络和属性网络，关系网络对知识图谱的结构和关系进行建模，属性网络对实体和相应的属性进行建模[123]。Path-RNN 模型则融合了关系路径和递归神经网络，使用 PRA 算法为每种关系类型找到不同的路径，然后将路径中二元关系的向量表示作为输入，最后为路径的头尾两个实体之间的关系输出一个向量表示[124]。Das 等[125]提出的模型在所有目标关系中共享关系类型表示和递归神经网络的组成矩阵，有效地减少了模型参数数量，提高了大规模知识库中推理的准确性和实用性。Wang 等[126]提出了多跳推理问题的注意力机制，在发现实体间的关联路径后，根据关注度将这些路径的向量表示聚合成一个，并基于组合的向量表示来推断它们之间的关系。

对于一些复杂的问答问题，推理的过程是一个连续的决策问题，可以使用强化学习的技术。比如强化学习框架 DeepPath，是第一个使用强化学习方法解决多跳推理问题的框架[127]。推理被看作在寻找一条能连接已知头实体和尾实体的路径，这一过程被作为序列决策问题，并利用基于策略梯度的强化学习方法求解。另一个重要的模型是 MINERVA，它使用 LSTM 对过去做出的决策历史进行编码，展示了其学习长链推理的能力[128]。

尽管目前基于神经网络的推理方法研究并不多，但是神经网络强大的表现能力毕竟为知识推理提供了更多的可能性，基于神经网络的知识推理仍然值得进一步探索。

3.6 基于众包的人机协作模式

在之前的章节中，主要看到了计算机技术在自动构建领域知识图谱方面的进展，这些技术为快速高效地构建大规模知识图谱提供了支撑。但是，单凭技术是无法构建高质量的知识图谱的，尤其是在数字人文领域，构建知识图谱宜采用基于众包的人机协作模式。

3.6.1 人机协作

计算机技术在构建领域知识图谱中扮演着重要的角色，使快速高效地构建大规模知识图谱成为可能。但是，机器、数据和模型是不可能取代人类的，尤其是在数字人文这一强调人类认知和文化积累的领域，构建数字人文领域知识图谱仍然需要人类的积极参与，才能把任务推动下去、把工作质量提高上来。更重要的是，这里的人类参与不仅是对领域专家的依赖，而是使用众包的方式，充分发挥大众的力量。从目前来看，在数据源采集和数字化、本体构建、知识抽取和知识融合等多个环节，众包模式都能够为数字人文资源的建设和开发利用带来很大的方便。但是，单凭人工处理也会耗费大量的人力、物力，在构建大规模知识图谱时有一定困难。基于众包的人机协作模式是数字人文领域知识图谱构建的发展趋势。

基于众包的人机协作不是说把知识图谱构建的任务交给大众来完成，而是将众包和机器学习有机结合，针对数据和任务的特点开展人机协作，力求获得良好的效率和效果。对于一些规模较小、数据形式自由多变、任务复杂或不便统一处理的工作，由人来完成有更好的效果。对于一些规模大、数据形式相对统一或有规律可循、任务明确且复杂程度不高的工作，由机器来完成有更高的效率。当然，机器的自动处理通常需要人（专家、算法工程师）预先进行规则的设定、模型的训练，或者需要人（众包人员）预先提供训练数据，以及需要人（众包人员）在机器完成任务后进行抽检、校对等。此时的众包与一般性的众包应用有所不同，并不是将需要完成的任务直接交给大众处理，而是将一部分（通常是很小的一部分）任务或者是一种任务的变形交给大众，此处任务的变形是形式不同但与原任务相关、为机器自动完成原任务做准备而设计出来的。这种众包应用称为智能众包。随着机器学习和自然语言处理、图像识别等技术在数字人文研究中的应用和普及，将会出现更多的智能众包应用。智能众包的目的是为机器学习算法构建训练数据，最终使用模型来自动地、高效率地完成任务。在数字人文领域知识图谱构建过程中，需要针对不同的任务类型选择添加人工或机器的处理方式，通过人机协作高效地完成知识图谱构建。

3.6.2 众包应用

目前众包在数字人文领域有越来越广泛的应用。观察这些众包应用，可以进一步将它们划分为不同的类型。Simon[129] 将数字人文的众包项目划分为贡献型（contributory）、协作型（collaborative）、共创型（co-creative）和托管型（hosted）。Oomen 等[130] 将数字人文众包的任务归纳为：修正及抄录（correction and transcription）、语境化（contextualisation）、补充收集（complementing collection）、分类（classification）、联合保管（co-curation）、众筹（crowdfunding）。李书宁等[131] 归纳出数字人文领域众包的典型应用场景是数字馆藏的征集与整理、数字化资源OCR的纠错、数字资源组织描述。从数字人文领域的知识图谱构建来看，众包可以在多个阶段发挥作用，目前较多地应用于资源采集和数字化、资源组织和描述，这与数字人文目前所处的发展阶段也是有关系的。

在资源采集方面，主要是向大众征集特定的资源，可以是数字化的形式，也可以是非数字化的形式、由机构来完成数字化。这一阶段的众包应用非常之多，比如“欧洲 1914—1918”数字馆藏建设项目向大众征集未出版过的与战争相关的信件、照片、纪念品、人工制品、文件，或者其数字化版本。在丹麦哥本哈根，现代丹麦建筑归档馆藏建设项目也向各地的大众征集高质量的现代丹麦建筑摄影作品。

在资源数字化方面，主要是由大众对资源进行标引、抄录、审核等，以方便对内容进行管理。比如，英国伦敦大学学院的哲学家杰里米·边沁手稿录入项目便是以众包模式完成的，在专门设计的网站上发布边沁未发表的约 6 万页的手稿的图片，大众在浏览手稿图片的同时进行手动录入[132]。又如，著名的 FamilySearch 项目也是邀请大众参与录入来自全球 110 个国家和地区的 240 万张缩微历史文献图片的信息，大众需要从项目的网站上下载图片，并将在图片上读到的内容录入到指定的软件中并提交，已经获得的记录超过 10 亿[133]。在我国，上海图书馆采用了众包模式对盛宣怀档案进行抄录、注释，中华书局的数字化整理平台使得大众用户有机会参与古籍审校。

在数字化资源的组织描述中，也可以使用众包模式，包括元数据方案的制定、基本编目类组织描述、标签类组织描述，充分反映多样化的用户需求。比如，新加坡南洋理工大学图书馆在构建中国旗袍特色数据库时，由众包人员在预先定义的元数据集合中挑选对其最重要和最不重要的元数据，再对用户投票数进行排序，从而生成中国旗袍的元数据方案[134]。又如，美国国会图书馆将馆藏的部分历史照片、新闻图片发布在 Flickr 上，接受大众的标签标记和评论，再使用 Flickr 的 API 将这些标注和评论数据下载导入到本地系统中[135]。

在知识抽取方面，已有学者开始相关的众包探索。除了把知识抽取的任务直接交由大众处理，也有相关的智能众包的应用出现。具体来说，是将知识抽取所需的数据标注的任务以人工的形式来完成，这部分处理后的数据将被用于训练模型，最终目的是为了使用机器学习自动地进行知识抽取。Hong 等人[136] 在构建唐诗知识图谱时，提出以人机合作的方式实现高质量、可扩展的知识抽取，通过把主动学习与按类别进行众包任务分配相结合，使领域专家对由机器自动抽取的知识进行标注和验证（如图 3-9 所示）。

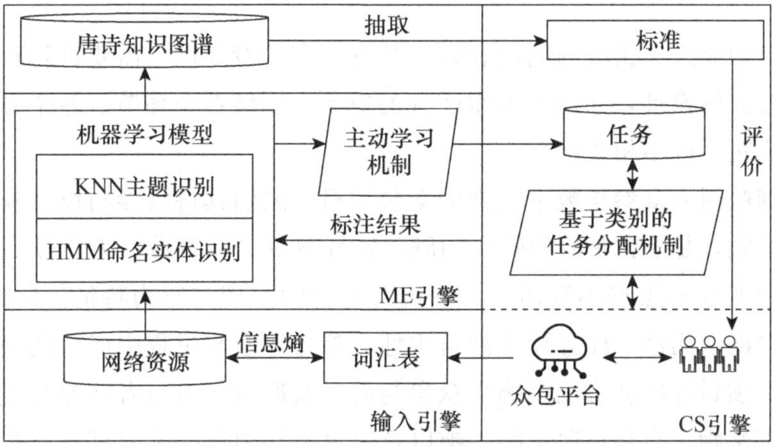

图 3-9　合作众包框架[136]

在本书第 4.4 小节所述的数据标注中也可以看到智能众包，它是为了进行自动化的家谱信息抽取，以众包的方式获得指定形式的数据标签。可以看到，所标注过的数据将被用于机器学习算法的训练，最后生成的模型可以进行家谱信息的自动抽取；也可以将标注的小规模数据作为种子集，用于待标注数据的自动标注，以便生成更大规模的标注数据。智能众包的目的是为机器学习构建训练数据集，最终使用训练出来的模型进行自动化的、高效率的处理。随着机器学习和自然语言处理、图像识别等技术在数字人文研究中的应用和普及，将会出现更多的人工智能众包应用。

在知识融合方面，鉴于实体对齐、实体消歧等任务具有一定的难度，机器难以高质量完成，也有使用众包的模式来完成任务的尝试。Sarasua 等[137]将微任务众包（microtask crowdsourcing）思想引入知识融合过程，通过构建 CROWDMAP 模型将实体对齐任务以微任务形式在众包平台中发布，以人机协作方式提升实体对齐的质量。实验结果表明，将微任务众包模式应用于实体对齐工作，能够以快速、可扩展、低成本的方式显著提高实体对齐精度，为知识融合质量问题提供解决方案。

总的来看，众包模式在数字人文领域知识图谱构建有越来越多的应用，且围绕智能众包也开始出现相关探索。

3.6.3 众包设计

鉴于数字人文领域的问题和数据具有一定的专业性，需要进行科学有效的众包模式的设计，才能够取得较好的效果，围绕各个环节、各个方面的设计问题出现了许多相关研究。

如何吸引大众参与数字人文的众包项目、激励其持续参与以及获得良好的任务绩效，是非常重要的研究问题。张轩慧等[138] 对数字人文项目参与者进行问卷调查和焦点小组访谈，分析参与者的心理与行为特征。研究发现，项目平台的易用性、任务设置的自主性、参与者参与过程中产生的使命感是数字人文项目冷启动阶段影响大众参与的主要原因，参与者在参与过程中收获的外部奖励、自身对项目的兴趣以及通过参与项目得到的满足感影响着参与者的持续参与。激励可以是物质激励的形式，设置奖金或周边产品；也可以是精神激励的形式，如在用户积分达到一定标准后发放成就证书，或赋予其专家头衔及相应的任务审核权限。设置积分排行榜，引入游戏化元素，增加趣味性，也是新式的吸引大众参与的好办法。芬兰国家图书馆的数字报纸项目就专门设计了游戏，使用户在玩游戏的同时，核对影像图片文本化的结果——在 OCR 待识别内容和正确内容建立关联，或者正确地拼写出待识别内容。这个项目在短期内就吸引了大量公众的注册和参与，取得了很好的效果。还有一种隐式众包的形式是使用户无意识地参与进来。比如，上海图书馆的众包项目借鉴了卡内基梅隆大学 reCAPTCHA 项目，将文本抄录任务嵌入在用户登录的界面上，用户在登录上海图书馆的账户时填写验证码，就是在进行无意识的文本抄录任务[139]。

任务绩效受到任务复杂度、参与者的领域知识水平及二者的交互作用的影响[140]。在任务设计上，注重设计趣味性强、难度低的任务，有利于获得良好的任务绩效。可以对众包任务进行形式上的变化或引入游戏化的元素，提高任务的趣味性，保证用户的参与；对于有难度的任务，宜按步骤、角色等进行任务分解，降低任务难度，有利于用户保持积极性、保证任务绩效。在参与者的领域知识水平方面，尽管某些项目可能在初期很难吸引到一定规模的参与者，但是这也并不意味着参与数字人文项目的“零门槛”。数字人文类众包任务常对参与者有一定的要求，比如古籍相关的众包任务要求参与者具有认识繁体字、理解古汉语的能力。在人员招募上，有必要结合具体项目的特点，明确对参与者的领域知识水平的要求，对参与者的知识水平进行审核，在必要时开展形式灵活的培训。Finin 等[141] 通过设定众包标注原则以达到提升任务绩效的目的。在任务设计阶段统一了标注标签格式，规定了基本原则，并引入“黄金标准”数据集开展培训和测试，选择了一批高质量的参与者完成众包任务，有效地提升了任务绩效。此外，任务复杂度与领域知识水平的匹配是影响众包任务绩效的重要因素[140]。应当设计科学的任务匹配机制，使参与者获得与其兴趣、能力、特长相匹配的工作任务。可以先将参与者的领域知识水平进行量化建模或推理，将任务合理分配给更加擅长该领域的参与者[142,143]。将任务复杂度较低的任务分配给领域知识水平一般的参与者，鼓励领域知识水平较高的用户接受复杂度较高的任务，更有利于高质量地完成任务。

在任务执行阶段，还需要设计有效的机制监督指导参与者工作。Liu 等[144] 提出众包数据分析系统的设计，通过搭建质量敏感应答模型，监督指导众包任务执行过程。该系统由预测模型与验证模型两部分组成，在众包任务执行过程中，有效筛选出参与者回答中的最佳答案，从而达到有效地指导众包工作的目的。

3.7 全过程质量控制

本小节首先讨论了全过程质量控制的必要性，从整体上介绍了全过程质量控制的方法设计，而后分别从质量控制目标、质量控制方法去讨论各个阶段的质量控制。

3.7.1 概述

数字人文领域知识图谱的目标是更好地支撑数字人文研究，因此在知识图谱的构建中质量问题是需要特别关注的。现有通用领域的知识图谱构建通常将质量评估的工作放在知识图谱构建的后期，如知识加工阶段。在数字人文领域知识图谱构建中采用这种方式可能会出现问题。毕竟知识图谱构建涉及的环节多、周期长，数字人文资源的质量也是参差不齐，从数据源到知识图谱存储的各个环节都可能出现质量问题，而且每个环节的问题还是不同的，仅在知识加工阶段进行质量控制难以从整体层面提升知识图谱的质量。一些在数字化、信息抽取等早期阶段出现的问题，有必要及时进行检查和改正，不应该在不断积累后再进行质量控制。对数字人文领域的知识图谱，有必要进行全过程的质量控制，对于在各个环节出现的问题及时发现和改正。

数据质量并没有公认的定义，如果数据适合其在数字人文研究的预期用途和需求，并且数据正确地代表了它所指的真实世界结构，则应当被认为是高质量的。对数字人文领域的知识图谱进行全过程质量控制，需要从更高的视角来观察整个过程和各具体环节，结合各个环节的特定问题，确定质量控制目标，明确质量控制的方法，确定质量评估的指标，以切实有效地提高整体知识图谱构建质量。

质量控制不是等待问题出现后进行识别和解决，而应当遵循“事前预防、事中控制、事后检验”的原则，把质量控制的工作尽量做在事前。由于在数字人文知识图谱构建的全过程中涉及了众多不同的任务，上述原则不是对整个知识图谱构建工程而言的，而是对各个阶段的任务而言的，在每个阶段中都应按照“事前、事中、事后”去考虑质量控制的问题。在事前，识别相关的质量问题，明确质量控制目标；在事中，使用恰当的质量控制方法识别和解决质量问题；在事后，按照设定的质量评估指标去进行检验。

这一全过程质量控制同样可以采用人机协作的模式来完成。事前的识别问题、明确质量控制目标应该由人（专家）来完成；事中的质量控制，可以按照任务的复杂度将任务分成可以由机器自动完成的部分和需要人（大众）完成的部分；事后的检验和评估，也可以由机器完成能够自动处理和比对的工作，由人（众包人员）完成需要更加复杂的判断的工作。当然，对于质量评估的维度是由人（专家）来分析确定的。一般来说，知识图谱质量评估的维度包括准确性、一致性、完整性、时效性[145]。结合数字人文领域的需求特点，在对人文资料中的知识的比较、分析、归纳整理中，准确性、一致性是非常重要的，并且数据一致性随着图谱规模的增加也愈加重要，而对时效性的要求没有那么高。并且，每个评估维度在不同的阶段发挥作用。比如，就数据源而言，原始资料收集应当使用完整性进行评估，原始资料数字化应当使用准确性进行评估。

3.7.2　数据资源的质量控制

数字人文领域的数据资源的质量是参差不齐的。人文学科所需的研究资料通常是经过长时期累积而成，相关资料在质量、体量题材、记录方式、详略程度上往往有差异，且在人文研究的手动检索、整理、编辑、分析过程中难免产生遗漏、偏差以及进一步的错误传播。从源头上进行数据资源的质量控制是十分必要的。

1. 资源采集

数字人文作为一个跨学科领域，研究中所涉及的范围十分广泛。互联网时代资源采集渠道更加多样，除了图书馆、档案馆、博物馆中已有的古籍和文献等馆藏资源，通过互联网知识平台也可以获得相关资源。同时，随着互联网应用的发展和众包模式的不断成熟，利用众包平台向公众征集资源也是当前资源采集的重要途径之一。这些新的渠道使数字人文资源有更加广泛的来源，但是也给质量控制带来更多问题。比如，一些资源的质量参差不齐，真实性和可信度需要考证，资源的完整性也难以保证，可能因年代久远存在缺失和字迹不清。借助众包平台获取的资源可能还会出现上传不完整、上传格式不规范、与目标要求不符或不相关等问题。

数字人文资源采集应当按照资源采集的目标和要求，设定具体、明确的质量控制目标。一般来说，需要保证原始资料的完整性和相关性，对于典籍等资源还应注重其真实性、可靠性等。数字人文资源采集的质量控制主要是对资源的质量和价值进行把关，宜采用人工为主的方式完成，通常由人工（专家）制定方案、确定标准，以及由人工（众包人员）完成审查、与外部知识源进行比对等工作。在此过程中可以使用机器执行一些可以批量性、自动化完成的任务，辅助人工检查，起到提高效率的作用。

事前：由专家根据资源采集需求确定采集范围和采集方式，明确资源验收标准，以便采集到符合要求的、质量合格的原始资料。

事中：选择具有相应知识背景的众包人员并合理分配任务，对资源进行审查，根据资源验收标准，确定其是否符合采集需求，是否存在错误、遗漏等，将存在的问题及时做好记录，必要时联系资源提供方进行补充完善。

事后：由专家根据质量审查的结果进行确认，对满足要求的资源优先推进下一步工作。

2. 资源数字化

资源数字化也是数字人文领域一项常见的工作，常用的技术如扫描、拍摄、采样、捕捉、3D 建模、OCR 等。由于技术所限以及在使用过程中的操作不当等原因，经数字化转换后得到的数字资源可能与原始资料有偏差、遗漏等问题，无法准确地反映原文信息。对于众包采集，有些是由机构组织完成的，也有些是大众在资源采集过程中完成的。这些任务也有通过相关软件自动完成的，也有通过众包方式完成的。比如古籍数字化可能使用 OCR 软件完成，也可以由众包人员来完成。不管采用哪种方式，如何确保原始资料在经数字化之后能够准确地表达原始信息，是资源数字化过程中需重点关注的问题。

资源数字化的质量控制目标通常是获得准确的数字化结果，确保原始资料经数字化后能够准确地表示原始信息。资源数字化的质量控制宜采用人工的方式完成，通常由专家选择或推荐合适的技术和工具，由众包人员完成校对、查漏补缺等工作。在此过程中可以使用计算机辅助完成可以自动化完成的任务，以提高效率。

事前：对于自动的数字化方式，应当由专家选择或推荐数字化技术和软件工具，或机构按照需求自主设计和改进相关软件工具。必要时在小规模资源上对其效果进行测试，以及对数字化人员进行必要的技能培训，确保其能够顺利完成数字化工作。对于众包模式，可以从人员培训、任务设计等方面进行质量控制（参见本书 3.6.3 部分）。

事中：对于自动化的数字化方式，此时需要确保数字化工具的正确操作。对于众包模式，需要注意进行合理的任务分配，对众包人员的工作有一定的反馈和指导，适当地给予人员激励，保证、提高众包人员的工作效率与任务绩效。

事后：由众包人员对数字化结果进行全面校对或抽查，对数字化结果的准确性进行评估；并对发现的错误、遗漏之处进行改正和完善，批量性的错误可以使用计算机辅助改正，进一步提高数字化结果的准确性。

3.7.3　本体构建的质量控制

数字人文领域具有一定的专业性，需要具备一定程度的知识才能准确把握人文资料中的含义。同时相关资料以非结构化数据为主，在本体构建中对机器识别与处理的技术要求较高。因此在数字人文领域知识图谱的构建可以采用手动构建或半自动化构建方式，也可以将自顶向下、自底向上的两种方式结合起来，进行上下结合的本体构建。一方面，依据已有的顶层本体，建设初步的领域本体模型；另一方面，从现有数据出发，抽取并归纳领域核心概念，对初步的领域本体模型加以完善和微调。尽管目前本体学习的技术不断发展，但是在数字人文领域知识图谱构建中仅仅依赖自动构建是行不通的，可以将自动构建作为辅助。

本体构建的质量控制目标是获得高质量的本体模型，使本体能够成为实现领域内不同主体之间交流与知识共享的形式化规范说明。本体的质量没有统一的定义，但是从 Gruber 提出的本体的构建原则中可窥见一斑，即明确性、一致性、可扩展性、最小编码偏差、最小本体承诺（参见 3.2 部分）。除了本体本身的质量，当然也包括本体在特定环境或应用中表现出来的质量。比如，根据具体应用需求来评判，如果本体适合目标应用的需求，也可以被认为是高质量的。

数字人文领域本体构建通常需要领域专家的参与，本体构建的质量控制也是如此，以人工方式为主，通常由专家选择可以复用的本体，选择合适的技术和工具，进行本体构建，以及进行本体的评价和改进。在此过程中可以在某些环节上使用计算机辅助完成部分任务，以提高效率。

事前：由专家选择适当的本体构建方法和本体评价方法，考察可以复用的本体。

事中：由专家按照规范的本体构建方法进行本体构建。

事后：由专家按照预先设定的本体评价方法对本体模型进行评价，根据反馈的问题进一步完善本体模型。在一些评价方法上可以实现部分的自动化评价，比如将本体模型与外部知识库进行匹配度或覆盖度的计算。

需要说明的是，本体构建并没有明显的事前、事中、事后之分，毕竟本体构建是一个反复迭代的过程，不论使用哪种构建方法，都不可能一次性完成本体构建，而是在构建、评价、修正的迭代中，使本体逐渐达到令人满意的程度。

另外，在这里还有必要再具体介绍一下研究人员提出的各种本体评价方法。这些方法可以归纳为基于黄金标准的评价、数据驱动的评价、基于标准的评价、基于应用的评价四大类[146,147]。

基于黄金标准的评价是指把本体与高水平的标准进行比较。例如，以专家组意见作为黄金标准来评价本体[148]，当然本体也可以作为标准[149]。这类方法的局限在于所需要的标准有时是难以获得的，另外在标准选择不恰当、比较的方法不恰当时评价结果也会受影响[150]。

数据驱动的评价将本体与特定数据源进行比较[150]。例如，选用特定的语料库，从中自动抽取术语，并计算本体与语料库之间相同的术语的数量。相同的术语越多，说明就这一语料库而言本体的质量越高；相反，则说明本体还需改进。这类方法适合度量本体的覆盖范围[147,151]，对评价本体的正确性、清晰性、有用性、适用性不太适合。

基于标准的评价使用一套标准来评价本体[152]。这类方法可用于验证本体的内容和设计。它与 Brank 等人[146] 提出的人工评价类似，但是更加通用和灵活。这类方法要求使用恰当的、有效的标准和评价指标，在文献中有各种各样的评价本体的标准。例如，Gruber[12] 提出的本体构建的原则被广泛采用，这些原则包括明确性、一致性、可扩展性、最小编码偏差、最小本体承诺。表 3-1 归纳了常见的标准及其含义。

表 3-1　常见的本体评价标准

标准	对应英文	含义
明确性	clarity	明确性指准确地传达所定义的术语的实际含义。应该客观地、形式化地定义本体概念，使用自然语言描述所有形式化、客观的语义定义。
一致性	coherence	一致性是指本体的定义和公理在逻辑上应当是一致的，不应该有矛盾与冲突。

可扩展性	extendibility	可扩展性指本体的基础设计还能够满足可预见的任务的能力。在本体被进一步扩展去描述特定的应用领域时，不需要改变本体中现有的定义。
最小编码偏差	minimal encoding bias	在“表示性选择纯粹是为了便于表示或实现”时，就会出现编码偏差。编码偏差应当最小化，以防止本体特定于某个/某些本体符号、语言规范或实现。
最小本体承诺	minima lontological commitments	用户应当以和本体指定的理论相一致的方式使用词汇表。最小本体承诺是指应当尽可能少地对被建模对象做声明，从而使本体的使用更加自由，不限制潜在的用户。
简洁性	conciseness	本体的简洁体现在：本体不存储任何不必要或无用的定义；定义之间不存在显式冗余；冗余不能使用附加在其他定义上的公理推断出来；定义本身不冗余。
完整性	completeness	本体或其单独的定义是否完整是难以判断的，但是可以检测出可能不完整的定义或缺少一个定义。
覆盖范围	coverage	覆盖范围可以指对领域中确定的概念的覆盖，也可以指对领域中实例的覆盖。有时也使用语料库代表领域，覆盖度则是指本体对语料库表示的领域的覆盖。
正确性	correctness	正确性是指实体及其属性的建模时所做的表示是否与真实世界中的实体相关联。可通过专家访谈、文献研究等验证真实世界中概念的建模的正确性。
敏感性	sensitiveness	敏感性指本体定义的局部改动对其他已经定义好的属性的影响的程度。敏感性水平需要一个标准测量工具。

基于应用的评价是在特定应用中使用本体并对结果进行评价。这类方法可以用于评价本体在特定应用中的可用性、适用性。Brank 等人[146] 提出的基于任务的评价与此类似，通过测量本体实现目标任务的能力来评价本体。这类方法非常适合评价本体满足目标（如决策支持）的能力，但它没有考虑对本体内容和设计的质量验证。另外，这类方法应当对每项任务、应用单独使用，因为不同任务和应用的评价结果可能不适合相互比较[147]。

在本体的评价中，也可以将上述评价方法组合起来使用。比如 Haghighi 等人[153] 根据他们所设计的本体的目标，选择了基于标准的评价和基于应用的评价两种方法，以及适合该本体的目标的 8 个标准（明确性、一致性、简洁性、可扩展性、正确性、完整性、最小本体承诺、覆盖范围)。

3.7.4 知识抽取的质量控制

不管是自动的知识抽取，还是基于众包模式进行的知识抽取，都会存在知识抽取的错误和遗漏问题。自动的知识抽取技术为从非结构化数据中抽取可用的知识单元、形成高质量的事实表达提供了可能，但是离实现自动阅读理解还有距离，就更不用说数字人文领域的古籍、文献资料了——它们比一般的自然语言语料更具挑战。基于众包模式的知识抽取也需要众包人员有一定的阅读理解能力与文化底蕴。

知识抽取的质量控制目标是完整地、准确地获得资源中所包含的概念、实体、属性、关系。由专家根据数据的特点和知识抽取的需求选择恰当的方式方法，是自动的知识抽取方式、还是基于众包的抽取方式。对于结构化数据和半结构化数据，知识抽取相对简单、模式化程度较高，可以由专家定义抽取规则或方法由机器完成抽取任务；如果数据是非结构化的形式，且数据规模较大，表达形式有一定规律，可以由专家设计方法进行自动抽取；如果数据是非结构化的，且表达自由多变，抽取任务复杂程度较高，可使用众包进行抽取。也可以把自动抽取和众包抽取结合起来，曾有研究人员针对鸟类图像识别提出人机混合的图像分类方法，简单的鸟类图片使用机器识别，复杂的图片的识别需要由具有一定鸟类知识的人加以辅助，从而在一定程度上提升了信息抽取质量[154]。

对于自动的知识抽取，通常由专家选择、设计合适的模型和工具，使用模型进行自动抽取，并对模型进行优化；对于基于众包模式的抽取，要由专家设计任务和选择众包平台，由众包人员进行阅读理解和抽取，在抽取过程中采用恰当的激励机制保障任务完成的质量。在抽取任务完成后，由众包人员完成校对、查漏补缺的工作，及时总结经验和教训。可见，知识抽取的质量控制应是以人工为主的方式，在此过程中的部分环节（如对结构化数据进行自动转换）可以使用计算机辅助进行质量检查的任务，用来提高效率。

事前：由专家根据数据特点与项目需求确定是采用自动抽取还是基于众包的抽取。对于自动抽取，选择合适的方法、模型、工具，视所选用的方法决定是否进行数据标注以及在小规模数据上开展测试；对于基于众包的知识抽取，要由专家进行任务设计、选择或搭建众包平台，可以从人员培训、任务设计等方面进行质量控制（参见本书3.6.3部分）。

事中：在自动化的抽取中，使用所选择的方法自动执行知识抽取任务，主要是需要专家进行方法优化，比如增加标注数据、优化模型等，来提升抽取的准确率和完整性。在基于众包模式的抽取中，需要注意进行合理的任务分配，对众包人员的工作有一定的反馈和指导，适当地给予人员激励，保证和提高众包人员的工作效率与任务绩效。

事后：对抽取结果进行全面检查或抽查，对知识抽取进行准确性评估。对于结构化数据和半结构化数据的抽取结果，可以使用计算机辅助检查；对于非结构化数据的抽取结果，通常由众包人员进行校对或抽查，在存在第三方知识库、行业数据集的情况下，也可以由计算机将抽取得到的实体和关系同知识库中的成熟实体和关系进行比对。在众包模式下，也可以使用计算机辅助定位到更有可能产生错误的实体和关系上，优先进行处理，提高人工校对的效率。对发现的错误、遗漏之处及时改正和完善，进一步提升结果的质量。对于个别问题可以直接手动修改，对于成批出现的问题则需要借助计算机进行批量性处理，并检查数据、方法中的问题，重新构建训练数据、改进方法。

3.7.5　知识融合的质量控制

在知识融合过程中，会遇到知识抽取结果中未消除的错误。而且，由于知识的来源更为广泛，彼此之间可能存在冲突，知识不一致的问题变得更加显著。实体和关系所具有的动态演化性也容易带来数据不一致的问题，这也对知识融合提出了更高的要求。知识融合中常见的任务包括实体对齐、冲突检验等工作。完美地解决这些任务是更具挑战性的，常需要结合背景知识才能理解其含义，做出正确的判断。

知识融合的质量控制目标是整合知识抽取获得的结果概念、实体、属性与关系，使之准确地表达领域知识，消除数据中的歧义和不一致。准确性和一致性是这部分质量控制的关注点。为实现该目标，宜采用人机结合的方式，根据数据的特点将相关环节按自动方式或者基于众包的方式去完成。对于相对简单、模式化程度较高的任务，可以由专家设计规则、选择或设计方法、工具，充分地利用知识图谱中的推理能力，进行自动的处理；对于复杂程度较高、机器难以高质量完成的任务，需要使用众包的模式，由众包人员完成。

事前：由专家根据数据的具体情况明确所要完成的任务的形式，发现数据中存在的冲突和不一致的问题，并根据任务的特点分为自动部分和众包部分。对于自动部分，选择合适的方法、模型、工具；对于众包部分，由专家进行任务设计、选择或搭建众包平台，可以从人员培训、任务设计等方面进行质量控制（参见本书 3.6.3 部分）。

事中：在自动部分，使用所选择的方法执行实体对齐、冲突检验等任务，并由专家定义和调整规则、进行方法优化等，不断提升知识图谱的准确率和一致性。在基于众包模式的抽取中，注重对众包人员的工作有一定的反馈和指导，适当地给予激励，保证和提高其工作效率与任务绩效。

事后：对实体对齐的结果及知识图谱进行检查或抽查，对知识抽取进行准确性和一致性的评估。以众包方式为主，由众包人员进行检查，找出尚存在的实体对齐的错误和知识图谱中的不一致。对发现的错误、不一致及时改正和完善，进一步提升知识图谱的质量。对于个别问题可以直接手动修改，对于成批出现的问题则需要借助计算机进行批量性处理。在人工工作量较大时，可以使用计算机辅助定位到更有可能的错误上，优先进行处理，提高众包工作的效率。

当然，知识融合也是一个不断发现问题、解决问题的过程，在事前、事中、事后的迭代过程中，逐步提高知识图谱的质量。

3.7.6 知识推理的质量控制

知识推理关注从现有知识中发现新知识，经过机器推理挖掘实体间的新关联、丰富实体的属性值、完善本体的概念层次关系等，消除其中的错误和不一致，不断提高知识图谱的质量。尽管知识推理的技术有很大的突破，但是仍然在处理多跳推理等问题上存在局限，难免出现推理结果错误的问题。将这些错误的推理结果加入到知识图谱中，会对知识图谱的质量造成不良影响。

知识推理的质量控制目标是获得正确、有效的推理结果。在知识推理的质量控制中，需要充分发挥知识图谱自动推理的能力，采用 Pellet、Racer 等本体推理机，使用自定义的 SWRL 规则或 Jena 规则，执行具体推理任务；人的作用体现在由专家制定推理规则或设计推理方法，以及由众包人员进行推理结果的检查。知识推理也是一个不断发现问题、解决问题的过程，这种反复迭代的过程贯穿知识图谱整个生命周期。

事前：由专家根据推理问题或存在的不一致，选择恰当的知识推理方法、模型、工具。

事中：由专家定义和调整规则、进行方法优化等，由机器执行具体的推理任务。

事后：由众包人员检查推理结果是否正确，检查知识图谱中是否存在重要链接缺失和不一致，对知识推理的正确性进行评估。对发现的错误、缺失、不一致及时改正和完善，不断提升知识图谱的质量。在人工工作量较大时，可以使用计算机辅助定位到错误概率较高的地方，优先进行处理，提高众包工作的效率。

与其他阶段一样，知识推理部分也需要进行质量控制；有所不同的是，知识推理技术本身就在质量控制中发挥作用。正是凭借知识推理的能力，知识图谱能够不断地补全链接、消除不一致，具备了不断进化的能力。

注释

[1] 孙建军. 大数据时代人文社会科学如何发展 [N]. 光明日报，2014-07-07 (11).

[2] 安妮·伯迪克，约翰娜·德鲁克，彼得·伦恩费尔德，等. 数字人文：改变知识创新与分享的游戏规则 [M]. 马林青，韩若画，译. 北京：中国人民大学出版社，2018.

[3] MARTIN-RODILLA P，GONZALEZ-PEREZ C. Metainformation scenarios in digital humanities：characterization and conceptual modelling strategies [J]. Information systems，2019，84：29-48.

[4] PARK J R，CHILDRESS E. Dublin core metadata semantics：an analysis of the perspectives of information professionals [J]. Journal of information science，2009，35(6)：727-739.

[5] BORGMAN C L. The digital future is now：a call to action for the humanities [J].

Digital humanities quarterly，2009，3：233.

[6] ESCHENFELDER K R，CASWELL M. Digital cultural collections in an age of reuse and remixes [C]. Proceedings of ASIST 2010，Oct 22 - 27，2010. Pittsburgh，PA，USA.

[7] 刘炜，谢蓉，张磊，等. 面向人文研究的国家数据基础设施建设 [J]. 中国图书馆学报，2016，42 (5)：29-39.

[8] 刘峤，李杨，段宏，等. 知识图谱构建技术综述 [J]. 计算机研究与发展，2016，53 (3)：582-600.

[9] 杨玉基，许斌，胡家威，等. 一种准确而高效的领域知识图谱构建方法 [J]. 软件学报，2018，29 (10)：2931-2947.

[10] 向军毅，胡慧君，刘宇，等. COVID-19 物资知识图谱的构建 [J]. 武汉大学学报（理学版），2020，66 (5)：409-417.

[11] 李新鹏，徐建航，郭子明，等. 调度自动化系统知识图谱的构建与应用 [J]. 中国电力，2019，52 (2)：70-77，157.

[12] GRUBER T R. Toward principles for the design of ontologies used for knowledge sharing [J]. International journal of human-computer studies，1995，43：907-928.

[13] NOY N F，MCGUINNESS D L. Ontology development 101：a guide to creating your first ontology [R]. Stanford knowledge systems laboratory，2001.

[14] GHILARDI S，LUTZ C，WOLTER F. Did I damage my ontology?：a case for conservative extensions in description logics [C]. Proceedings of the 10th international conference on principles of knowledge representation and reasoning，2006：187-197.

[15] NOY N F，MUSEN M A. The prompt suite：interactive tools for ontology merging and mapping [J]. International journal of human-computer studies，2003，59 (6)：983-1024.

[16] GRAU B C，HORROCKS I，KAZAKOV Y，et al. Ontology reuse：better safe than sorry [C]. Proceedings of the 2007 international workshop on description logics (DL2007)，Brixen-Bressanone，Italy，June，8-10，2007.

[17] ROSCH E. Principles of categorization [J]. Concepts：core readings，1999 (1)：189-206.

[18] QIN J，PALING S. Converting a controlled vocabulary to ontology：the case of GEM [J]. Information research，2001，6 (2)：94-97.

[19] EMAN J V. Owl Exports from a full thesaurus [J]. Bulletin of the American society for information science and technology，2005，32 (1)：22-26.

[20] 贾君枝. 《汉语主题词表》转换为本体的思考 [J]. 中国图书馆学报，2007 (4)：

41-44.

[21] LAUSER B, SINI M, LIANG A, et al. From AGROVOC to the agricultural ontology service/concept server. An OWL model for creating ontologies in the agricultural domain [C]. Proceedings of Dublin core conference, 2006.

[22] 贾君枝，卫荣娟. 叙词表转换为本体的方法分析 [J]. 情报科学，2009，27 (9)：1363-1366.

[23] SHAMSFARD M, BARFOROUSH A A. The state of the art in ontology learning: a framework for comparison [J]. The knowledge engineering review, 2003, 18 (4): 293-316.

[24] ASIM M N, WASIM M, KHAN M U G, et al. A survey of ontology learning techniques and applications [J]. Database, 2018: 1-24.

[25] 丁玉飞，王曰芬，刘卫江. 面向半结构化文本的知识抽取研究 [J]. 情报理论与实践，2015，38 (3)：101-106.

[26] 王昊奋，漆桂林，陈华钧. 知识图谱：方法、实践与应用 [M]. 北京：电子工业出版社，2019.

[27] 许勇，宋柔. 基于HMM的百科辞典文本中句子的知识点分类 [J]. 计算机工程与应用，2005 (4)：35-37，133.

[28] 刘一宁，郑彦宁，化柏林. 学术定义抽取系统实现及实验分析 [J]. 情报理论与实践，2011，34 (12)：15-19.

[29] CHINCHOR N, MARSH E. MUC-7 information extraction task definition [C]. Proceedings of the 7th Message Understanding Conf. Philadelphia: linguistic data consortium, 1998: 359-367.

[30] CHITICARIU L, LI Y Y, REISS F R. Rule-based information extraction is dead! long live rule-based information extraction systems! [C]. Proceedings of EMNLP, 2013: 827-832.

[31] HUANG Z, XU W, YU K. Bidirectional LSTM-CRF models for sequence tagging [J/OL]. arXiv preprint, 2015, arXiv: 1508.01991.

[32] KAMBHATLA N. Combining lexical, syntactic and semantic features with maximum entropy models for extracting relations [C]. Proceedings of the 42nd association for computational linguistics. Stroudsburg, PA: ACL, 2004: 1-22.

[33] ZENG D J, LIU K, LAI S W, et al. Relation classification via convolutional deep neural network [C]. Proceedings of COLING, 2014: 2335-2344.

[34] ZHOU P, SHI W, TIAN J, et al. Attention-based bidirectional long short-term memory networks for relation classification [C]. Proceedings of ACL, 2016 (2):

207-212.

[35] ZENG D J, LIU K, CHEN Y B, et al. Distant supervision for relation extraction via piecewise convolutional neural networks [C]. Proceedings of EMNLP, 2015: 1753-1762.

[36] JI G L, LIU K, HE S Z, et al. Distant supervision for relation extraction with sentence-level attention and entity descriptions [C]. Proceedings of the 31th AAAI conference on artificial intelligence. AAAI Press, 2017: 3060-3066.

[37] CARLSON A, BETTERIDGE J, KISIEL B, et al. Toward an architecture for never-ending language learning [C]. Proceedings of 24th AAAI conference on artificial intelligence, 2010: 1306-1313.

[38] HOFFMANN R, ZHANG C L, LING X, et al. Knowledge-based weak supervision for information extraction of overlapping relations [C]. Proceedings of ACL, 2011: 541-550.

[39] WANG S L, ZHANG Y, CHE W X, et al. Joint extraction of entities and relations based on a novel graph scheme [C]. Proceedings of the IJCAI, 2018: 4461-4467.

[40] DAI D, XIAO X Y, LYU Y J, et al. Joint extraction of entities and overlapping relations using position-attentive sequence labeling [C]. Proceedings of AAAI-19, 2019: 6300-6308.

[41] JIA S B, E S J, XIANG Y. Neural open relation extraction via an overlap-aware sequence tagging scheme [J]. arXiv: 1908. 01761v2 [cs. CL].

[42] Fu T J, Li P H, Ma W Y. GraphRel: modeling text as relational graphs for joint entity and relation extraction [C]. Proceedings of the 57th annual meeting of ACL, 2019: 1409-1418.

[43] ZHENG S C, WANG F, BAO H Y, et al. Joint extraction of entities and relations based on a novel tagging scheme [C]. Proceedings of ACL, 2017: 1227-1236.

[44] HOCHREITER S, SCHMIDHUBER J. Long short-term memory [J]. Neural computation, 1997, 9 (8): 1735-1780.

[45] ZHANG J T, LIU J. Concurrent entity recognition and relationship extraction from unstructured text [J]. Advanced science and technology letters, 2016, 121 (80): 440-444.

[46] SHVAIKO P, EUZENAT J. Ontology matching: state of the art and future challenges [J]. IEEE transactions on knowledge and data engineering, 2013, 25 (1): 158-176.

[47] ZHAO L, ICHISE R. Ontology integration for linked data [J]. Journal on data semantics, 2014, 3 (4): 237-254.

[48] KEET C M. Aspects of ontology integration [R]. Napier University, 2004.

[49] 王效岳，胡泽文，白如江，等. 本体集成：概念、过程、工具与方法综述 [J]. 图书情报工作，2011，55 (16)：119-125.

[50] WACHE H, VÖGELE T, VISSER U, et al. Ontology-based integration of information: a survey of existing approaches [C]. Proceedings of IJCAI 2001 workshop on ontologies and information sharing, 2001.

[51] 叶范波，唐任仲，王正肖，等. 基于通用本体的本体映射变换技术 [J]. 浙江大学学报（工学版），2009，43 (12)：2274-2280.

[52] 陈宏，胡宁静，宋艳. 领域本体映射框架探讨 [J]. 湖南科技学院学报，2009，30 (12)：58-62.

[53] HOOI Y K, HASSAN M F, SHARIFF A M. A survey on ontology mapping techniques [C]. Proleedings of advances in computer science and its applications. Springer Berlin Heidelberg, 2014: 15-33.

[54] 王顺，康达周，江东宇. 本体映射综述 [J]. 计算机科学，2017，44 (9)：1-10.

[55] LI J, TANG J, LI Y, et al. RiMOM: a dynamic multistrategy ontology alignment framework [J]. IEEE transactions on knowledge & data engineering, 2008, 21 (8): 1218-1232.

[56] 张凌宇，马宗民，严丽. 一种基于贝叶斯网络模型及多策略计算的本体映射方法 [J]. 小型微型计算机系统，2012，33 (11)：2385-2391.

[57] SPOHR D, HOLLINK L, CINIANO P. A machine learning approach to multilingual and cross-lingual ontology matching [J]. Semantic web-ISWC 2011, Pt Ⅰ, 2011, 665-680.

[58] SANTOS E, FARIA D, PESQUITA C, et al. Ontology alignment repaire through modularization and confidence-based heuristics [J]. Plos one, 2015, 10 (12): e0144807.

[59] KULKARNI S, SRINIVASA S, KHASNABISH J N, et al. Sortinghat: a framework for deep matching between classes of entities [C]. Proceedings of the 30th IEEE int conf on data engineering workshops (ICDEW). Pisctaway, NJ: IEEE, 2014: 90-93.

[60] KHIAT A, BENAISSA M. Approach for instance-based ontology alignment: using argument and event structures of generative lexicon [J]. Metadata and semantocs research, 2014, 478 (2): 120-127.

[61] FANG A, HONG N, WU S, et al. An integrated biomedical ontology mapping strategy based on multiple mapping methods [M]. Web information systems engineering-WISE 2013 workshops. Springer Berlin Heidelberg, 2013: 373-386.

[62] DO H H, RAHM E. COMA: a system for flexible combination of schema matching approaches [C]. Proceedings of the VLDB, 2002: 610-621.

[63] LI J, TANG J, LI Y, et al. RiMOM: a dynamic multistrategy ontology alignment framework [J]. IEEE transactions on knowledge & data engineering, 2008, 21 (8): 1218-1232.

[64] REED S L, LENAT D B. Mapping ontologies into Cyc [C]. Proceedings of AAAI, 2002.

[65] SHEN W, WANG J, HAN W. Entity linking with a knowledge base: issues, techniques, and solutions [J]. IEEE transactions on knowledge and data engineering, 2015, 27 (2): 443-460.

[66] ZHANG W, SIM Y C, SU J, et al. NUS-I2R: learning a combined system for entity linking [C]. Proceedings of TAC 2010 workshop, 2010.

[67] ZHANG W, SIM Y C, SU J, et al. Entity linking with effective acronym expansion, instance selection and topic modeling [C]. Proceedings of IJCAI, 2011: 1909-1914.

[68] DREDZE M, MCNAMEE P, RAO D, et al. Entity disambiguation for knowledge base population [C]. Proceedings of COLING, 2010: 277-285.

[69] ZHANG W, SU J, TAN L, et al. Entity linking leveraging automatically generated annotation [C]. Proceedings of COLING, 2010: 1290-1298.

[70] LIU T Y. Learning to rank for information retrieval [J]. Foundations and trends in information retrieval, 2009, 3 (3): 225-331.

[71] HERBRICH R, GRAEPEL T, OBERMAYER K. Large margin rank boundaries for ordinal regression [C]. Advances in Large Margin Classifiers, Cambridge, MA: MIT Press, 2000: 115-132.

[72] SHEN W, WANG J, LUO P, et al. LINDEN: linking named entities with knowledge base via semantic knowledge [C]. Proceedings of WWW' 12, 2012: 449-458.

[73] KULKARNI S, SINGH A, RAMAKRISHNAN G, et al. Collective annotation of Wikipedia entities in web text [C]. Proceedings of SIGKDD' 09, 2009: 457-466.

[74] HAN X, SUN L. A generative entity-mention model for linking entities with knowledge base [C]. Proceedings of ACL' 11, 2011: 945-954.

[75] HAN X, SUN L, ZHAO J. Collective entity linking in web text: a graph-based method [C]. Proceedings of SIGIR' 11, 2011: 765-774.

[76] HOFFART J, YOSEF M A, BORDINO I, et al. Robust disambiguation of named entities in text [C]. Proceedings of EMNLP' 11, 2011: 782-792.

[77] ADEVA G J J, CERVINO U C, CALVO R A. Accuracy and diversity in ensembles of text categorisers [J]. CLEI electronic journal, 2005, 8 (2): 1-12.

[78] ZHANG W, SIM Y C, SU J, et al. NUS-I2R: learning a combined system for entity linking [C]. Proceedings of TAC 2010 workshop, 2010.

[79] CHEN Z, JI H. Collaborative ranking: a case study on entity linking [C]. Proceedings of EMNLP, 2011.

[80] ZHANG W, SU J, TAN C L, et al. Entity linking leveraging automatically generated annotation [C]. Proceedings of COLING' 10, 2010.

[81] DAUME H Ⅲ. Frustratingly easy domain adaptation [C]. Proceedings of ACL' 07, 2007: 256-263.

[82] SALTON G, WONG A, YANG C S. A vector space model for automatic indexing [J]. Communications of ACM, 1975, 18 (11): 613-620.

[83] CHEN Z, TAMANG S, LEE A, et al. CUNY-BLENDER TAC-KBP2010 entity linking and slot filling system description [C]. Proceedings of TAC 2010 workshop, 2010.

[84] HAN X, ZHAO J. NLPR KBP in TAC 2009 KBP track: a twostage method to entity linking [C]. Proceedings of TAC 2009 workshop, 2009.

[85] GOTTIPATI S, JIANG J. Linking entities to a knowledge base with query expansion [C]. Proceedings of EMNLP' 11, 2011: 804-813.

[86] RAMA-MANEIRO E, VIDAL J C, LAMA M. Collective disambiguation in entity linking based on topic coherence in semantic graphs [J]. Knowledge-based systems, 2020, 199: 105967.

[87] NEMESKEY D, RECSKI G, ZSEDER A, et al. BUDAPESTACAD at TAC 2010 [C]. Proceedings of TAC 2010 workshop, 2010.

[88] LI Y, WANG C, HAN F, et al. Mining evidences for named entity disambiguation [C]. Proceedings of SIGKDD' 13, 2013: 1070-1078.

[89] ZHANG W, SU J, CHEN B, et al. I2R-NUS-MSRA at TAC 2011: entity linking [C]. Proceedings of TAC 2011 workshop, 2011.

[90] RATINOV L, ROTH D, DOWNEY D, et al. Local and global algorithms for disambiguation to Wikipedia [C]. Proceedings of ACL, 2011: 1375-1384.

[91] DREDZE M, MCNAMEE P, RAO D, et al. Entity disambiguation for knowledge base population [C]. Proceedings of COLING, 2010: 277-285.

[92] MCNAMEE P. HLTCOE efforts in entity linking at TAC KBP 2010 [C]. Proceedings of TAC 2010 workshop, 2010.

[93] GANEA O-E, HOFMANN T. Deep joint entity disambiguation with local neural attention [C]. Proceedings of EMNLP' 17, 2017.

[94] KOLITSAS N, GANEA O E, HOFMANN T. End-to-end neural entity linking [C]. Proceedings of CoNLL' 18, 2018.

[95] MULANG I O, SINGHK, VYAS A, et al. Encoding knowledge graph entity aliases in attentive neural network for Wikidata entity linking [C]. Proceedings of WISE' 20, 2020.

[96] LIU X, ZHANG S, WEI F, et al. Recognizing named entities in tweets [C]. Proceedings of ACL' 11, 2011 (1): 359-367.

[97] CHEN X J, JIA S B, XIANG Y. A review: knowledge reasoning over knowledge graph [J]. Expert systems with applications, 2020 (141): 112948.

[98] ZOU Y, FININ T, CHEN H. F-OWL: an inference engine for semantic web [C]. International workshop on formal approaches to agent-based systems, 2004: 238-248.

[99] SIRIN E, PARSIA B, GRAU B C, et al. Pellet: a practical owl-dl reasoner [C]. Web Semantics: science, services and agents on the World Wide Web, 2007, 5 (2): 51-53.

[100] SOMA R, PRASANNA V K. Parallel inferencing for owl knowledge bases [C]. Proceedings of 37th international conference on parallel processing, 2008: 75-82.

[101] MARX M, KRÖTZSCH M, THOST V. Logic on MARS: ontologies for generalized property graphs [C]. Proceedings of AAAI ' 17, AAAI Press, 2017: 1188-1194.

[102] MITCHELL T, COHEN W, HRUSCHKA E, et al. Never-ending learning [C]. Proceedings of the AAAI'15, 2015: 2302-2310.

[103] CHEN Y, WANG D Z. Knowledge expansion over probabilistic knowledge bases [C]. Proceedings of the 2014 ACM sigmod international conference on management of data, ACM, 2014: 649-660.

[104] KUŽELKA O, DAVIS J. Markov logic networks for knowledge base completion: a theoretical analysis under the MCAR assumption [C]. Proceedings of the 35th conference on uncertainty in artificial intelligence, UAI: 2019, 2019.

[105] LAO N, COHEN W W. Relational retrieval using a combination of path-constrained random walks [J]. Machine learning, 2010, 81 (1): 53-67.

[106] LAO N, MITCHELL T, COHEN W W. Random walk inference and learning in a large scale knowledge base [C]. Proceedings of the EMNLP' 11, 2011: 529-539.

[107] LAO N, SUBRAMANYA A, PEREIRA F, Cohen W W. Reading the web with learned syntactic-semantic inference rules [C]. Proceedings of the EMNLP' 12, ACL, 2012:

1017-1026.

[108] GARDNER M, MITCHELL T. Efficient and expressive knowledge base completion using subgraph feature extraction [C]. Proceedings of the EMNLP' 15, 2015: 1488-1498.

[109] WANG Q, LIU J, LUO Y, et al. Knowledge base completion via coupled path ranking [C]. Proceedings of the ACL' 16, Vol 1: Long papers, 2016: 1308-1318.

[110] GARDNER M, TALUKDAR P, KRISHNAMURTHY J, et al. Incorporating vector space similarity in random walk inference over knowledge bases [C]. Proceedings of the EMNLP' 14, 2014: 397-406.

[111] WEI Z, ZHAO J, LIU K. Mining inference formulas by goal-directed random walks [C]. Proceedings of the EMNLP'16, 2016: 1379-1388.

[112] NICKEL M, TRESP V, KRIEGEL H P. A three-way model for collective learning on multi-relational data [C]. Proceedings of ICML' 11, 2011: 809-816.

[113] BORDES A, USUNIER N, GARCIA-DURAN A, et al. Translating embeddings for modeling multi-relational data [C]. Advances in neural information processing systems, 2013: 2787-2795.

[114] HE S Z, LIU K, JI G, et al. Learning to represent knowledge graphs with gaussian embedding [C]. Proceedings of the 24th ACM international on conference on information and knowledge management, 2015: 623-632.

[115] BORDES A, GLOROT X, WESTON J. A semantic matching energy function for learning with multi-relational data [J]. Machine learning, 2014, 94 (2): 233-259.

[116] JENATTON R, ROUX N L, BORDES A. A latent factor model for highly multi-relational data [J]. Advances in neural information processing systems, 2012: 3167-3175.

[117] NICKEL M, ROSASCO L, POGGIO T. Holographic embeddings of knowledge graphs [C]. Proceedings of the AAAI' 16, 2016.

[118] SOCHER R, CHEN D, MANNING C D, et al. Reasoning with neural tensor networks for knowledge base completion [C]. Advances in neural information processing systems, 2013: 926-934.

[119] SOCHER R, CHEN D, MANNING C D, et al. Reasoning with neural tensor networks for knowledge base completion [C]. Advances in neural information processing systems, 2013: 926-934.

[120] SHI B, WENINGER T. ProjE: embedding projection for knowledge graph com-

pletion [C]. Proceedings of 31st AAAI conference on artificial intelligence, 2017.

[121] XIE R, LIU Z, JIA J, et al. Representation learning of knowledge graphs with entity descriptions [C]. Proceedings of 30th AAAI conference on artificial intelligence, 2016.

[122] SHI B, WENINGER T. Open-world knowledge graph completion [EB/OL]. arXiv:1711.03438, 2017.

[123] TAY Y, TUAN L A, PHAN M C, et al. Multi-task neural network for non-discrete attribute prediction in knowledge graphs [C]. Proceedings of the 2017 ACM on conference on information and knowledge management, 2017: 1029-1038.

[124] NEELAKANTAN A, ROTH B, MCCALLUM A. Compositional vector space models for knowledge base inference [C]. Proceedings of 2015 AAAI spring symposium series, 2015.

[125] DAS R, NEELAKANTAN A, BELANGER D. Chains of reasoning over entities, relations, and text using recurrent neural networks [C]. Proceedings of the 15th conference of the European chapter of the association for computational linguistics: volume 1, long papers, 2017: 132-141.

[126] WANG Z K, LI L J, ZENG D D, et al. Attention-based multi-hop reasoning for knowledge graph [C]. Proceeding of 2018 IEEE international conference on intelligence and security informatics (ISI), 2018: 211-213.

[127] XIONG W, HOANG T, WANG W Y. Deeppath: a reinforcement learning method for knowledge graph reasoning [C]. Proceedings of the EMNLP' 17, 2017: 564-573.

[128] DAS R, DHULIAWALA S, ZAHEER M, et al. Go for a walk and arrive at the answer: reasoning over paths in knowledge bases using reinforcement learning [C]. Proceedings of ICLR 2018, 2018.

[129] SIMON N. The participatory museum [M]. Santa Cruz, California: Museum 2.0, 2010.

[130] OOMEN J, AROYO L. Crowdsourcing in the cultural heritage domain: opportunities and challenges [C]. Proceedings of the international conference on communities and technologies, ACM, 2011: 138-149.

[131] 李书宁，曾姗. 国外图书馆数字馆藏众包建设实践调查与分析 [J]. 图书情报工作，2014，58 (23)：83-90.

[132] Transcribe Bentham [EB/OL]. [2021-01-23]. https://blogs.ucl.ac.uk/transcribe-bentham/.

[133] FamilySearch indexing [EB/OL]. [2021-01-23]. https://www.familysearch.

org/indexing/about.

[134] CAI Y D, THENG Y L, CAI Q M, et al. Crowdsourcing metadata schema generation for Chinese-style costume digital library [C]. Proceedings of the international conference on asian digital libraries 2012, Berlin: Springer, 2012: 97-105.

[135] SPRINGER M, DULABAHN B, MICHEL P, et al. For the common good: the library of congress flickr pilot project [EB/OL]. (2008-10-30) [2021-01-23]. https://www.loc.gov/rr/print/flickr_report_final.pdf.

[136] HONG L, HOU W J, WU Z H, et al. A cooperative crowdsourcing framework for knowledge extraction in digital humanities-cases on Tang poetry [J]. Aslib journal of information management, 2020, 72 (2).

[137] SARASUA C, SIMPERL E, NOY N F. CrowdMap: crowdsourcing ontology alignment with microtasks [C]. Proceedings of international semantic web conference, Springer, Berlin, Heidelberg, 2012: 525-541.

[138] 张轩慧，赵宇翔，宋小康. 数字人文类公众科学项目持续发展阶段的公众参与动因探索：基于盛宣怀档案抄录案例的扎根分析 [J]. 图书情报知识，2018 (3): 4, 16-25, 77.

[139] 贺晨芝，张磊. 图书馆数字人文众包项目实践 [J]. 图书馆论坛，2020, 40 (5): 3-9.

[140] 韩文婷，宋士杰，赵宇翔，等. 数字人文类众包抄录平台中任务绩效的影响因素研究：基于任务复杂度与领域知识视角 [J]. 图书与情报，2019 (3): 73-84.

[141] FININ T, MURNANE W, KELLER N, et al. Annotating named entities in twitter data with crowdsourcing [C]. Proceedings of the NAACL HLT 2010 workshop on creating speech and language data with Amazon's mechanical Turk, 2010: 80-88.

[142] ZHENG Y D, LI G L, CHENG R. DOCS: a domain-aware crowdsourcing system using knowledge bases [J]. Proceedings of the VLDB endowment, 2016, 10 (4): 361-372.

[143] JIN Y, CARMAN M, ZHU Y, et al. A technical survey on statistical modelling and design methods for crowdsourcing quality control [J]. Artificial intelligence, 2020: 287.

[144] LIU X, LU M, OOI B C, et al. CDAS: a crowdsourcing data analytics system [J]. Proceedings of the VLDB endowment, 2012, 5 (10): 1040-1051.

[145] 肖仰华. 知识图谱：概念与技术 [M]. 北京：电子工业出版社，2020.

[146] BRANK J, GROBELNIK M, MLADENIC D. A survey of ontology evaluation

techniques [C]. Proceedings of SiKDD 2005, Ljubljana, Slovenia, 2005.

[147] YU J, THOM J A, TAM A. Ontology evaluation using Wikipedia categories for browsing [C]. Proceedings of the sixteenth ACM conference on conference on information and knowledge management, ACM, Lisbon, Portugal, 2007: 223-232.

[148] ABRAMOWICZ W, VARGAS-VERA M, WISNIEWSKI M. Axiom-based feedback cycle for relation extraction in ontology learning from text [C]. DEXA Workshops, 2008: 202-206.

[149] MAEDCHE A, STAAB S. Measuring similarity between ontologies [C]. Proceedings of 13th international conference on knowledge engineering and knowledge management ontologies and the semantic web, Springer, 2002: 251-263.

[150] BREWSTER C, ALANI H, DASMAHAPATRA S, et al. Data driven ontology evaluation [C]. Proceedings of international conference on language, resources and evaluation, Lisbon, 2004.

[151] YU J, THOM J A, TAM A. Evaluating ontology criteria for requirements in a geographic travel domain [C]. Proceedings of international conference on ontologies, databases and applications of semantics, 2005.

[152] GRÜNINGER M, FOX M. Methodology for the design and evaluation of ontologies [C]. IJCAI' 95, Workshop on basic ontological issues in knowledge sharing, 1995.

[153] HAGHIGHI P D, BURSTEIN F, ZASLAVSKY A, et al. Development and evaluation of ontology for intelligent decision support in medical emergency management for mass gatherings [J]. Decision support systems, 2013 (54): 1192-1204.

[154] BRANSON S, WAH C, SCHROFF F, et al. Visual recognition with humans in the Loop [C]. Proceedings of computer vision-ECCV 2010, 11th European conference on computer vision, part IV, Heraklion, Crete, 2010: 438-451.

第4章

家谱知识图谱构建实践

在梳理了数字人文领域知识图谱构建方法后，让我们将目光转向家谱这一数字人文领域中的典型资源。家谱是中华民族文化遗产中的一种宝贵资源，目前基于文献的管理方式无法支撑对内容和知识的自由探索，也无法充分发掘和释放资源的研究价值。要实现现有家谱数字资源的高效利用，需要从基于文献的管理转向基于内容的管理，借助知识图谱技术从家谱文本中抽取出人物及关系，构建结构化、网络化的表示，进而推动家谱资源的深度挖掘和开发利用。本章首先介绍了家谱相关的研究和实践，并具体地介绍了我们依托浙江高迁的吴氏西宅宗谱数字资源开展的家谱知识图谱构建的一系列探索。在介绍了相关数据及预处理之后，具体介绍了包括家谱本体构建、基于深度学习的家谱信息抽取及其针对小规模标注数据的优化、知识融合在内的各方面工作。并且在这一过程中使用了基于众包的人机协作模式，并进行了全过程质量控制。

4.1 家谱资源组织现状

随着人类对追根寻源的社会需求的日益增长以及诸多领域的研究需求的增加，家谱成为备受瞩目的数字人文研究领域之一。与此同时，信息技术的快速发展也不断为家谱资源的建设注入新的活力。

4.1.1 家谱数字化资源建设

家谱，又称族谱、家乘、宗谱、公谱、祖谱、谱书、家牒、族牒。它是一个家族的起源、郡望、繁衍、名人、播迁以及发展历史的原始记录，涵盖姓氏源流、族规家训、礼俗仪式等内容。中华家谱文化源远流长，据称是起源于商、周时期，先人们开始以文字记载其家族成员信息，一般是记在青铜器皿或动物甲骨上。至秦、汉时期，中华家谱文化不断发展，在内容和体例、记事详尽方面都不断提高。魏晋时期，家谱成为不可或缺的史料，专门成立了管理部门负责修订和保存工作。至宋代，家谱文化有了进一步的发展，其整编修改的工作也传播到了寻常百姓家，政治色彩也开始慢慢淡化，著名的欧式、苏式家谱体例也随之产生。到明代以后，家谱逐渐地脱离了欧、苏的小宗谱法，扩大了记事范围，内容变得更加丰富，体例也日趋完备。在清代，修谱成了宗族生活中最隆重的活动之一，这一时期的家谱的体例日益完善，记事范围不断扩大，家谱形式多种多样。曾有研究人员研究了清代族谱内容，将其分为18项，具体包括序跋、凡例、目录、修谱名目、像赞、诰敕、源流、世系、字辈、仕宦录、传记、族规家训、祠堂、坟墓、著述、五服图、余庆录和领谱字号[1]。

中华家谱的数量可观，仅官方机构收藏的家谱就有数万种，散落在民间的家谱更是难以计数。这些家谱是全世界华人寻根问祖的重要线索。不仅如此，家谱也是一种民间档案、一手的历史资料，家谱的价值在于借助家族历史可以观察到整体历史，是对正史和地方志文化的重要补充。家谱对于历史、社会、文化、经济、宗教、伦理、遗传学等领域的研究来说，都是重要的资料。家谱的社会实用价值和学术研究价值正得到越来越多的社会认可。

近年来，以图书馆为代表的文化机构利用信息技术实现家谱馆藏资源的数字化。通过对纸质家谱文献进行扫描和OCR识别，转化成计算机可读的数字符号，建设家谱书目数据库或家谱全文数据库，提供网络浏览或检索服务，达到保护和利用家谱资源的目的。在国内，出现了一批家谱网站，如上海图书馆的“中国家谱知识服务平台”、国家图书馆的“中华寻根网”、北京爱如生数字化技术研究中心的“中国谱牒库”。家谱的数字化不仅有利于这些文化遗产的保存、整理和修复，还方便大众和研究人员更加便捷灵活地查询、利用这些资源，促进家谱资源的传播和传承。

建设家谱数据库的首要工作是家谱信息著录，而著录需要有一定的标准规范。早期的家谱书目数据库建设主要使用MARC数据格式，后来开始使用DC元数据标准，对资源的文献特征和少量内容特征作标引[2]。周秋芳等[3]在《家谱描述元数据规范》中提出了家谱元数据的结构，对家谱元数据规范术语的属性进行了定义，并对每一术语的属性都进行了详细的说明。该方案复用了DC元数据和古籍著录规则的部分内容，由核心元素、资源类核心元素、个别元素三部分组成。在国家图书馆馆藏家谱元数据规范和著录规则中，明确了家谱元数据每一元素的著录内容、取值范围，制定了在家谱著录过程中可能遇到的特殊事项的著录原则，亦具有重要的参考价值[4]。与大量的数字人文资源一样，数字化家谱数据是非结构化文本，相关实践依据元数据这样的结构化数据去进行管理，缺少对非结构化数据的信息抽取，忽略了对内容的管理。

相应地，在家谱信息著录的基础上，家谱书目数据库可以提供基于字段关键词（如题名、纂修者、版本、谱籍地、堂号、先祖）的检索（如图 4－1 所示），全文的开放则一般是以图片形式供用户阅览。这些检索功能可以帮助用户快速、便捷地定位到相关信息，但是，要获得所需要的信息仍然需要一一浏览和搜索。对于分散在各种不相关的网页和数据库中的信息无法自动查询。可以说，以字段检索和全文检索为主的功能仍然无法把用户从繁重的手动检索和浏览中彻底解脱出来。究其原因，这仍然是基于文献的管理方式，面向文献特征而不能深入揭示内容[5]。不能支撑对内容的自由探索，也就无法充分发掘和释放资源的研究价值。要实现家谱资源的高效组织和检索，需要从基于文献的管理转向基于内容的管理，对家谱的内容进行抽取和结构化的表示，实现计算机可读和可处理。

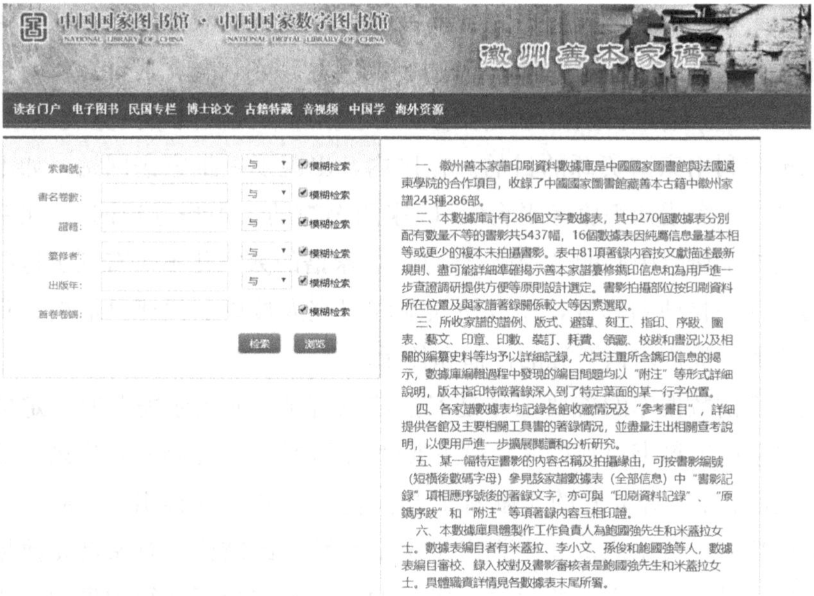

图 4－1　国家图书馆家谱检索示例

上海图书馆围绕家谱资源的组织和存储等方面进行了积极探索，建立家谱资源的关联数据集，提供数字人文服务[6]。家谱是上海图书馆的特色资源，上海图书馆的家谱原件收藏量居世界公藏机构首位，其中大部分进行了数字化加工和编目整理。在特色资源库建设的同时，上海图书馆在家谱资源的重组、存储、服务方面进行了积极的探索。自 2014 年起，上海图书馆将数字化影像资源、书目数据、全文文本和专家研究成果整合，建设华人家谱总目——中国家谱知识服务平台[7]。平台建设中，注重采用已有的标准规范，例如家谱知识库系统是基于 BIBFRAME 数据模型，该模型是美国国会图书馆研制的书目数据格式标准，也是对图书馆界 RDA 模型的一种应用，在格式中也大量复用了业界成熟本体中的许多元素。同时，注重将能够提供同行借鉴的做法设计成标准，例如规范数据的发布命名规则等。

该平台展示现有的已著录家谱数据集的馆藏。平台用户可根据谱名、姓氏、谱籍地、堂号、家谱责任者、先祖/名人、摘要关键词、馆藏地、撰修朝代、撰修时间、索书号等字段来检索家谱文献资料。该平台使用关联数据技术进行家谱数字资源的组织，关注家谱的内容信息，提供基于人、土地、撰修时间、堂号等多方面的浏览（如图 4－2 所示）。

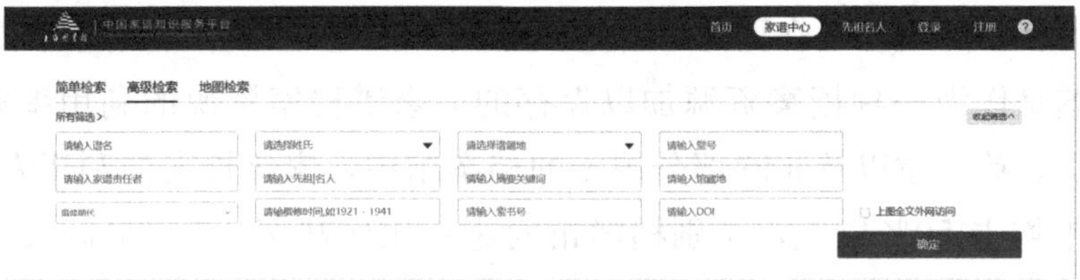

图 4－2　中国家谱知识服务平台高级检索界面

尽管已经使用关联数据技术在宏观上对海量家谱数据进行了整合，在平台上进行检索和查阅仍是以家谱扫描件的在线浏览为主（如图 4－3 所示）。那么，要获得所需要的信息仍然需要一一浏览和搜索，要检索不同家谱中的信息仍然有一定的挑战。对于基于内容管理的目标来说，还有很长的路要走。

为了进一步推动数字人文资源的建设，上海图书馆建设了众包平台，主要用于民间资源征集和馆藏的手稿、古籍、家谱图片等的文本化[8]。公众可以上传家谱、在线识谱、在线修谱，专家用户维护数据。在项目试运行阶段，相关专业的大学生受邀请参与平台试用，在项目发布后举办开放数据应用竞

图 4－3　中国家谱知识服务平台的家谱扫描件浏览

赛，吸引更多的人参与到数据建设与创新利用中来。该众包任务平台的建立不仅为数字人文领域研究提供了数据支持，还提供了新的研究思路。然而在项目开展过程中，仍然存在用户参与规模小、活跃度低、众包任务较难完成、成果质量无法保证等一系列挑战。家谱中蕴含着大量的人物及关系，仅靠众包模式抽取所有的人物关系需要耗费大量的时间成本，且质量难以保证。因此，如何自动或半自动地抽取出家谱人物和关系并尽可能地保证其质量是家谱知识图谱构建中的关键问题。

不论在东方，还是在西方，都可以看到人们追根寻源的强烈需求。在国外，家谱是作为一种档案资源加以保存的，家谱档案资源的利用率非常高，在美、加、英、意以及北欧部分国家的档案馆中，家谱档案的利用者在利用总人数中均占 50％以上，个别档案馆的这一比例甚至达到 75％～80％的水平[9]。相应地，国外也出现了许多用于寻根的网站，比如 FamilySearch、Ancestry、Archives、MyHeritage、Findmypast、Geni、GeneaNet。其中 FamilySearch 是非营利家谱服务平台的代表；Ancestry 是付费家谱服务平台的代表，有成熟的商业模式，还提供利用基因查找祖先的服务。

FamilySearch 是美国犹他州家谱协会创办的非营利家谱服务平台，和多家图书馆档案馆合作，依托于美国完善的数字化馆藏编目，建立了丰富的资源。另外，该平台为美国的教堂收集了大量原始的教堂记录和缩微胶片上的抄本。教会记录是证明出生、婚姻和去世的日期和地点以及家庭成员身份和关系的宝贵来源，尤其在各州开始保存出生证、结婚证和死亡证之前，这一记录尤为重要。

FamilySearch 支持用户用图形化界面构建自己的家谱树（如图 4 - 4 所示），功能完善，流程简单。从图 4 - 4 不难理解西方的家谱常被称为家族树（family tree）的原因。西方家谱的成员关系相对简单，符合现代人小家庭的观念。平台提供基于文献特征的字段关键词的检索，包括地点、姓氏、书名、作者、主题和关键字，也可以根据馆藏号和微卷/微缩平片进行检索。平台提供社交分享功能，鼓励用户记录自己的家族故事并分享。

FamilySearch 的现有纸质馆藏资源以扫描图片形式呈现，而不是以平台的家谱树形式呈现。另外，虽然平台也支持中文用户使用，也吸引了一大批华人用户，但是不能很好地支持中华历史流传下来的传统家谱。比如，缺少字和号的属性，不支持多娶、再娶的表示，不能表示过继、入赘等关系，不支持历史年号朝代的自动换算，等等。究其原因，是文化上的差异导致了这些网站设计上的不同。因此，尽管西方在线家谱平台在网站架构、可视化方面的技术上相对成熟，但是也无法直接用于中华传统家谱的展示和应用。

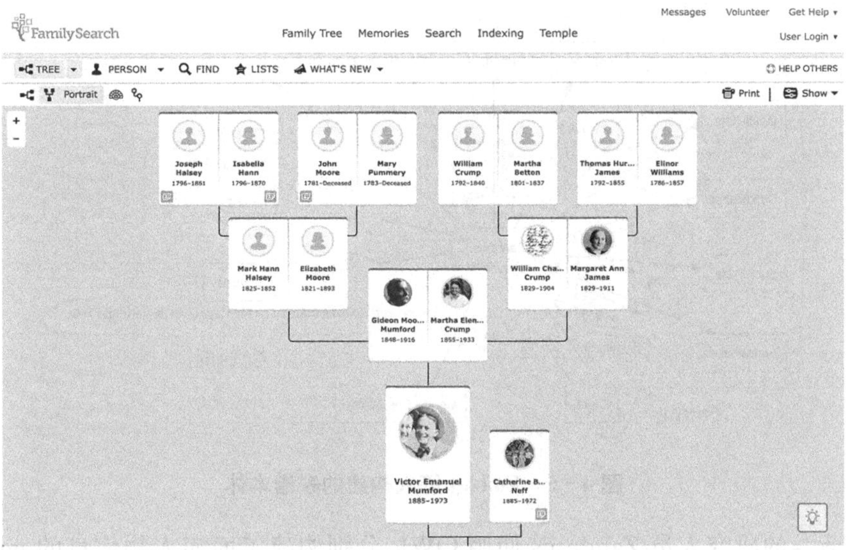

图 4 - 4　FamilySearch 创建个人家谱树界面

4.1.2 家谱本体

关联数据在一定程度上解决了数字人文资源的组织问题，但是它更强调不同 RDF 数据集之间的链接，没有很好地结合模式层面的技术。于是，研究人员开始结合本体等语义技术对家谱领域知识进行表示。

相关的本体可以分为两大类，分别是面向家谱文献的本体、面向人物信息的本体。面向家谱文献的本体是针对家谱资源特征对家谱进行建模。比如陈艳[10] 在家谱本体的研究中总结了中国家谱资源的六个基本词语：资源、世系、文献、地区、民族、版本及载体，其中资源、世系、文献是最重要的概念。面向人物信息的本体则更多地关注人物和关系。比如，美国杨百翰大学的研究人员在家谱信息抽取过程中设计了本体模型，他们从个人信息、配偶、子女三方面对人物和关系进行建模（如图 4－5 所示）[11]。于娟等人[12] 构建的本体中包括 Person 一种类和 15 种人物关系，图 4－6 是其本体模型的一个实例化展示。

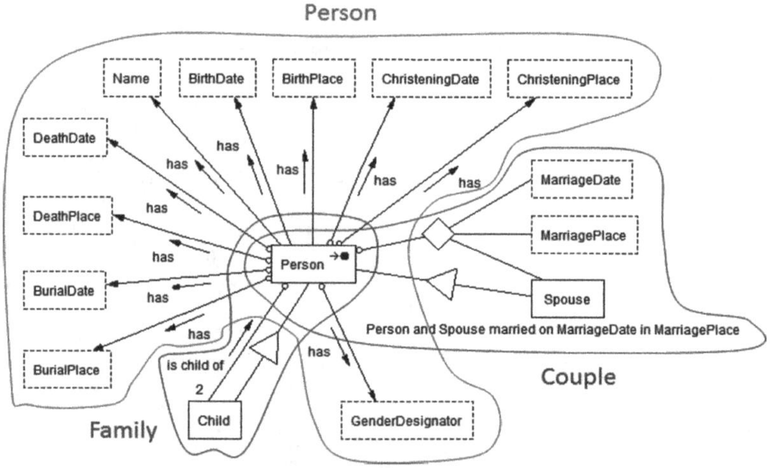

图 4－5 Embley 等人构建的家谱本体

荷兰的研究人员 Zandhuis 使用 OWL 分别构建了面向人物信息的 genont 本体和面向家谱档案的 srcont 本体[13]。genont 本体把人物分为男性和女性，人物属性有姓名、事件（出生、婚姻、去世）、与其他人物的关系（家庭亲戚）、职业、地址。srcont 本体通过知识库、档案名称、档案编号、档案标题以及日期引用原始的档案资料（家谱资料），通过作者、标题、版本说明以及

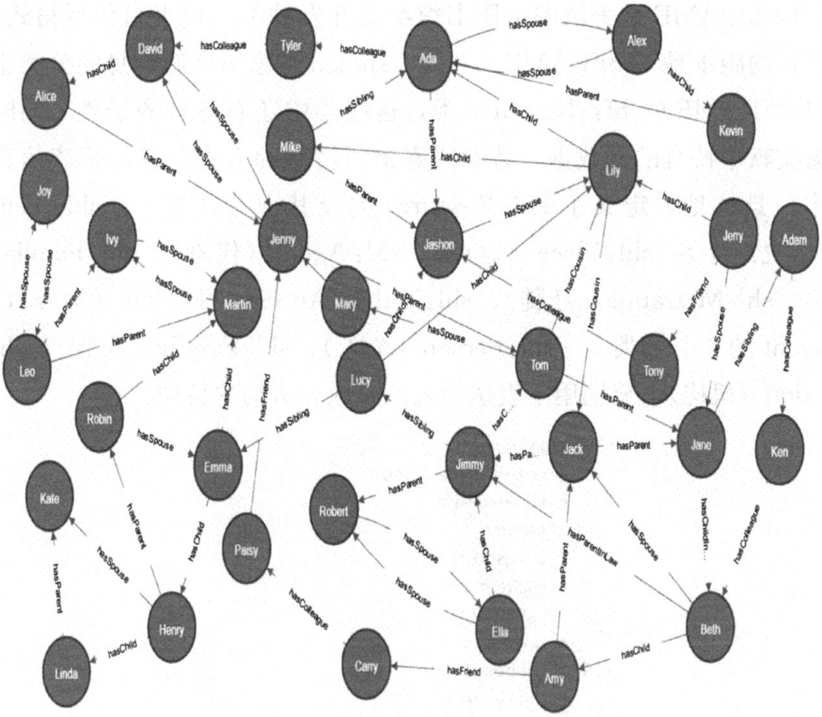

图 4-6　于娟等人构建的家谱本体的实例

页数来引用原始出版物，通过构建的 genont 本体引用人物的个人信息。genont 本体的基本实体类包括 Person（个人）、Name（姓名）、Event（事件）。Person 的属性包括性别、（亲生）父亲、（亲生）母亲。根据性别可将 Person 类划分成 male（男性）和 female（女性）两个子类，在性别未知时，可只使用 Person 类本身。Family-relations（家庭关系）被建模为 Person 的属性，包括 hasFather、hasMother、hasParent、hasChild。Name 的定义根据典型荷兰姓名结构来描述。Event 包括出生、死亡、婚姻、洗礼、葬礼，且包含空间和时间，空间引用地理单元来定义，时间则参考特定时期特定文化下的日期表示。不同 Event 之间的时间关系按期间、之前和之后来定义。

上海图书馆的家谱本体 shlgen 同时考虑了文献信息和人物信息。在 shlgen 在构建中尽量复用现有的通用本体，如图 4-7 所示，复用了 schema、rdfs、geo、time、foaf 的类和属性。尤其是考虑到家谱资源与其他图书资源存在相似的文献特征，因此，复用了 BIBFRAME（前缀 bf）的部分类和属性[5]。BIBFRAME是美国国会图书馆组织开发的下一代书目数据格式标准，当前最新的版本是BIBFRAME 2.0[14]。shlgen对家谱资源信息的分类主要在复用BIBFRAME的bf：Resource类，这些类中还有各自的子类。同时，结合家谱文献中特有的元数据，将我国家谱所特有的人物信息和家族信息等补充进来。具体地，定义了shl：Resource类及其6个子类——shl：Temporal（中国历史纪年）、shl：Place（地点）、shl：Agent（代理）、shl：FamilyName（姓氏）、shl：Migration（迁徙）、shl：TitleOfAncestralTemple（堂号），以及shl：Agent的3个子类——shl：Person（个人）、shl：Family（家族）、shl：Organization（机构），分别用于表达个人、家族和机构的特征。

- schema:Thing
    - schema:Organization
    - schema:Place
- rdfs:Resource
    - bf:Resource
    - shl:Resource
- geo:SpatialThing
    - gn:Feature
- time:TemporalEntity
    - time:Interval
    - time:Instant
- foaf:Agent
    - http://www.w3.org/ns/org#Organization
    - foaf:Person

图4-7　上海图书馆家谱本体构建中的复用

图4-8展示了上海图书馆家谱本体shlgen1.0中的shl：Person类的基本情况。左侧目录为家谱本体定义的类，右侧显示了Person类的属性（Property），包括父、子女、配偶、生于、字、卒于、谱名、字辈、迁徙、行、谥号、号、角色、性别，以及这些属性的标签（Lable）、定义域（Domain）和值域（Range）。可以看出该本体模型中的类和属性的定义来自多个命名空间：BIBFRAME（bf前缀）、FOAF（foaf前缀）、W3C的时间信息（time前缀）、W3C的地理本体（geo前缀）、上海图书馆家谱本体（shl前缀）等。

图4-9展示了上海图书馆家谱本体shlgen 1.0[15]，由于页面有限，通过调整详尽程度减少了部分高层类和子类及子类关系的显示。图中显示的类包括个人、家族、时间范围、中国历史纪年、地点、资源、代理、作品、机构和特征。

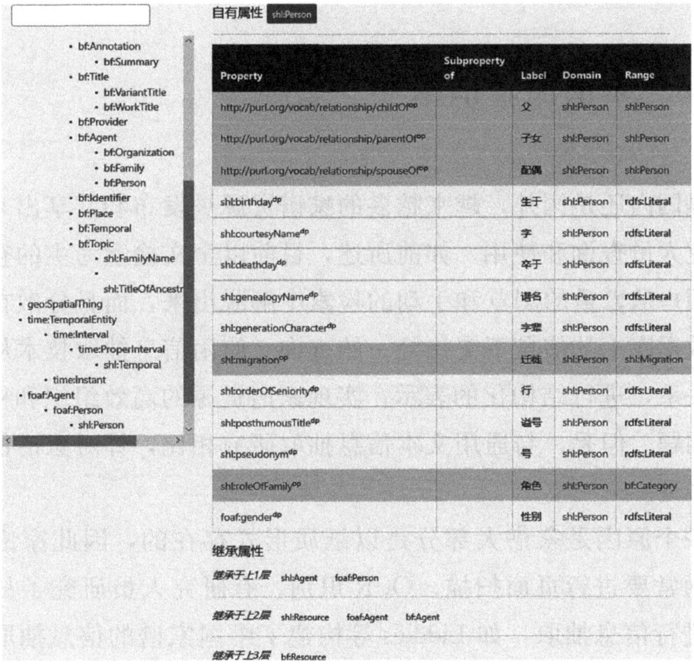

Property	Subproperty of	Label	Domain	Range
http://purl.org/vocab/relationship/childOf^op		父	shl:Person	shl:Person
http://purl.org/vocab/relationship/parentOf^op		子女	shl:Person	shl:Person
http://purl.org/vocab/relationship/spouseOf^op		配偶	shl:Person	shl:Person
shl:birthday^dp		生于	shl:Person	rdfs:Literal
shl:courtesyName^dp		字	shl:Person	rdfs:Literal
shl:deathday^dp		卒于	shl:Person	rdfs:Literal
shl:genealogyName^dp		谱名	shl:Person	rdfs:Literal
shl:generationCharacter^dp		字辈	shl:Person	rdfs:Literal
shl:migration^op		迁徙	shl:Person	shl:Migration
shl:orderOfSeniority^dp		行	shl:Person	rdfs:Literal
shl:posthumousTitle^dp		谥号	shl:Person	rdfs:Literal
shl:pseudonym^dp		号	shl:Person	rdfs:Literal
shl:roleOfFamily^op		角色	shl:Person	bf:Category
foaf:gender^dp		性别	shl:Person	rdfs:Literal

图 4-8　shl：Person 类

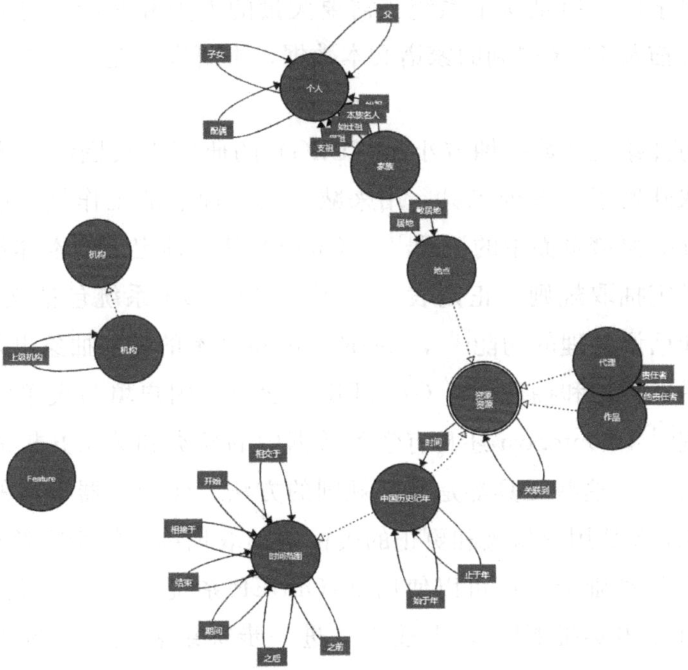

图 4-9　上海图书馆家谱本体模型 shlgen 1.0

4.1.3 家谱信息抽取

无论是国内还是国外，越来越多的家谱资源被发布和共享出来，供大众和专业研究人员查询和使用。如前所述，目前以全文检索为主的查询功能仍然不能把用户从繁重的浏览和手动的检索中解脱出来，而且分散在各种无关的网页、数据库上的信息不支持统一的查询。使用信息抽取技术从文本中抽取实体及关系，进行结构化的表示，实现家谱资源的高效组织和检索，是亟待探索的问题。但是，与通用文本信息抽取研究相比，针对家谱信息抽取的研究并不多见。

其中一个原因是家谱大部分是以纸质形式存在的，因此家谱的信息在抽取之前通常要进行页面扫描、OCR 识别。有研究人员研究了从家谱的扫描页面中进行信息抽取，如 Liddles 等构建了中国家谱的信息抽取的原型系统[16]，用户可以通过单击或以鼠标选择页面中的字符，将字符的 OCR 结果传输到表单字段，但是这个系统仍需要大量的人力和时间。更多的相关研究是围绕扫描及 OCR 得到的家谱文本数据，本研究也是聚焦在这种形式的数据上。

美国杨百翰大学数据抽取小组（DEG）的研究人员围绕家谱文本的信息自动抽取开发了一系列工具，用来减少人工抽取的工作量。这些工具包括：自动分隔家谱页面中的记录[17]，OntoES 基于预定义的本体抽取数据且允许用户设定抽取规则（正则表达式）[18]，LG-Soar 系统包括文本预处理、内容解析和话语处理的功能[19]，ListReader 将文本的特征抽象出来并按模式分组便于手动标记和抽取[20]，GreenFIE “学习”用户填写表单的记录来生成抽取规则[21]，OntoSoar 还具有学习数据中的新类和关系并扩展预定义的本体的能力[22]。这些工具都是基于规则的方法。作为机器学习的试验性工具，GreenDDA 从用户检查和更正的表格中抽取训练数据来训练分类器[23]。在信息抽取的基础上，还可以使用 FROntIER 系统对信息进行推理，根据一组规则进行事实推断[24]。上述工具进一步被组装成一套流水线的工具 Fe6 系统[11]。该系统可用于将家谱书籍扫描及 OCR 识别后的页面转换为家谱资源库中的已验证信息，大大提高数据采集的效率[25]。可见，上述方法中基于规则的方法占主导地位，通过发现表达家谱信息的文本的模式来帮助信息的抽取。但是，规则往往是因具体项目而异的，很难在不同项目之间转换；而且，对于难以模式化的数据，信息抽取可能会遇到一些问题。

值得注意的是，上述工具使用概念模型指导信息抽取的过程[11,17]。该文中称概念模型为本体，强调关于家庭和个人的存在的哲学本质。工具按照概念模型的定义来寻找和抽取有关家庭和个人的存在的事实，信息抽取的结果将结合概念模型来解释，以及按照概念模型的描述来进行更广泛的连接。

另外，具体到中文家谱信息抽取，还有必要关注古汉语的相关研究。目前，涉及中文的信息抽取研究主要集中在现代文上，针对古文语料的相关研究很少。古文的信息抽取研究主要关注命名实体识别，以人名识别为主，也涉及地名、官制、机构名等。相关方法包括基于规则的方法和机器学习及深度学习的方法。皇甫晶等[26]针对古人姓名的特点，采用基于规则的方法进行《三国志·蜀书》的姓名识别。汤亚芬[27]使用CRF在先秦语料库中进行人名识别。谢韬[28]使用LSTM-CRF进行宋词语料和史记语料中的命名实体识别，实验表明，LSTM-CRF模型的效果明显优于传统的CRF模型。但是，相关工作均未涉及关系的抽取。

在古汉语的研究中，还有一部分工作专注于古文分词和词性标注。早期主要是基于规则和语料库的方法，目前，基于机器学习或者两者混合的方法得到越来越广泛的应用，其中CRF的使用非常广泛[29,30,31]。近年来深度学习方法在许多应用领域带来了惊人的技术进步，也冲击了自然语言处理，尤其是现代文的自然语言处理。深度学习在中国传统家谱的信息抽取中的效果值得检验和进一步探索。

尽管相关研究不多，但是这方面研究的意义是毋庸置疑的。随着古文语料的数字化不断发展，古文的信息抽取研究会得到越来越多的关注。另外，使用机器学习进行古文信息抽取的尝试是非常有必要的，尤其是近年来兴起的深度学习。

4.2 家谱数据集

4.2.1 浙江高迁吴氏西宅宗谱

浙江高迁吴氏家族始于五代，绵延千年，是涌现多位精英人物的江南望族。唐高宗时期（650—683），季札六十一世孙吴原中进士，任处州青田县尉居青田，为青田吴氏始祖。后裔全智，于唐昭宗年间（889—904）迁居乐安下砾村，为乐安吴氏之始祖。全智传十一世孙桰、椿。桰为东宅（厚仁）始祖；椿迁居高迁为西宅始祖。这个家族拥有相当完整的 33 代世系族谱记载。该宗谱中还包括谱序、简介、世系图、世系小传、名人传记等内容。从世系图中可以获得从祖先到第 33 世所有吴氏西宅的男性的姓名和父子关系，在家谱知识图谱的构建中主要是使用世系小传。本研究使用的是浙江高迁吴氏西宅宗谱（1997 年印刷）的第 24 卷到第 36 卷，是吴氏西宅第 30 世到第 36 世的世系小传（第 34 世到第 36 世在记载和保存方面有缺失）。每个吴氏西宅宗族的人物用一个段落来记叙，主要包括该人物的父亲、名、号、生卒年月、居住地、“学历”、婚姻、墓葬位置与朝向、生子、女儿婚嫁等，有些记录中还会有赞美祖先美德和功勋的文字。

图 4－10 展示了吴氏西宅宗谱的页面示例。在图 4－10（a）的世系图中，可以看到全智为高迁吴氏祖；在图 4－10（b）的页面中，可以看到诗四十四、诗四十五、诗四十六的记载，可见在有限的篇幅内记载着丰富的人物关系事实。

不妨分三类来看世系小传所包括的信息，即家族成员类型、关系类型、人物属性。

家族成员类型又可分为家族男性成员、妻子、女儿及女婿。家族男性成员是家谱记录的对象，世系小传即是围绕每个家族男性成员展开。儿子还有

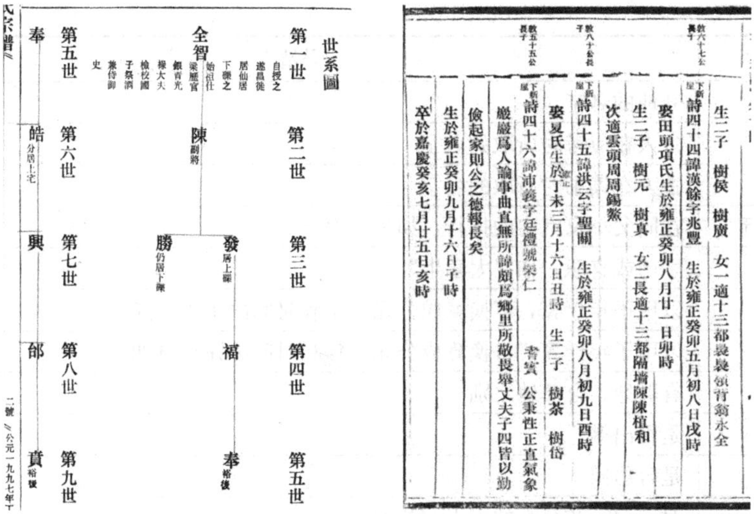

(a) 世系图　　　　(b) 世系小传

图 4-10　家谱页面举例

儿子、继子（出继）、义子之分。家族男性成员的妻子包括正房、填房和侧室，也会记录其籍贯、姓氏、生卒年月日、墓葬、生育子女的情况等。家族男性成员的女儿仅简单提及婚嫁地、女婿姓名（或姓氏）和住地，女儿、女婿的信息将在女婿的家谱中记载。

关系类型主要有夫妻关系、父子关系、母子关系。这些关系有单向的，也有双向的。

经人工检查数据，初步总结出该家谱资源中涉及的主要人物属性如表 4-1 所示。

表 4-1　吴氏西宅宗谱中涉及的人物属性

属性	详情
居住地	居住地，此处集中在“下新屋”“吴桥”等
姓	表明家族的字，此处均为吴
讳	古代不直接称呼祖先名字，曰“讳”
字	在本名以外所起的表示德行或本名的意义的名字
字辈	名字中表示家族辈分的字
族内排行	在同辈分世代成员中的排行
号	古人名、字之外的自称

续表

属性	详情
又名	其他的名字
考名	古人在应考时所取的名字
学名	古人在读书时所取的名字
家庭排行	在同父小家庭中的排行，如长、次
荣誉	学历或官职，如“太学生”
生	以甲子年计算，可换算成公元纪年和时间的出生日期
卒	以甲子年计算，可换算成公元纪年和时间的死亡日期
墓葬	有葬地、合葬地之别
出继	是否出继
出家	是否出家
事迹	对有德行或名誉的先人的歌颂，表达形式自由

4.2.2 数据校对及预处理

将收集的纸质家谱扫描成电子版，通过 OCR 获得 txt 文档，又经人工校对，形成本研究使用的文本。图 4-11 展示了图 4-10（b）中家谱页面的文本转换结果。为了阅读方便，图中的文本添加了标点，在后续基于深度学习的信息抽取中是不需要借助标点的。

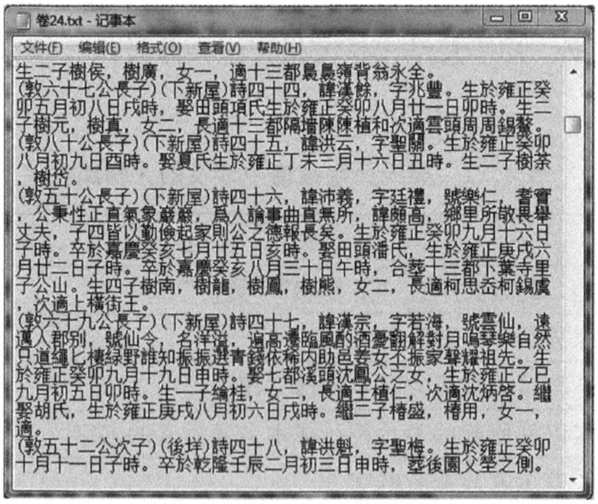

生二子樹侯，樹廣，女一，適十三都晨晨嶺背翁永全。
(敦六十七公長子)(下新屋)詩四十四，諱漢餘，字兆豐。生於雍正癸卯五月初八日戌時，娶田頭項氏生於雍正癸卯八月廿一日卯時。生二子樹元，樹真，女二，長適十三都隔墻陳陳植和次適雲頭周周錫鰲。
(敦八十公長子)(下新屋)詩四十五，諱洪云，字聖關。生於雍正癸卯八月初九日酉時。娶夏氏生於雍正丁未三月十六日丑時。生二子樹茶，樹岱。
(敦五十公長子)(下新屋)詩四十六，諱沛義，字廷禮，號樂仁，耆賓，公秉性正直氣象巖巖，爲人論事曲直無所，諱頗高，鄉里所敬畏舉丈夫，子四皆以勤儉起家則公之德報長矣。生於雍正癸卯九月十六日子時。卒於嘉慶癸亥七月廿五日亥時。娶田頭潘氏，生於雍正庚戌六月廿二日子時。卒於嘉慶癸亥八月三十日午時，合葬十三都下葉寺里子公山。生四子樹南，樹龍，樹鳳，樹熊，女二，長適柯思岙柯錫虞，次適上横街王。
(敦六十九公長子)(下新屋)詩四十七，諱漢宗，字若海，號雲仙，遠邁人郡别，號仙令，名洋溢，遍高邊臨風酌酒憂翻解對月鳴琴樂自然只道纏匕棲緑野誰知振振選青錢依稀内助邑姜女丕振家聲耀祖先。生於雍正癸卯九月十九日申時。娶七都溪頭沈鳳公之女，生於雍正乙巳九月初五日卯時。生一子綸桂，女二，長適王植仁，次適沈炳啓。繼娶胡氏，生於雍正庚戌八月初六日戌時。繼二子椿盛，椿用，女一，適。
(敦五十二公次子)(後垟)詩四十八，諱洪魁，字聖梅。生於雍正癸卯十月十一日子時。卒於乾隆壬辰二月初三日申時，塟後園父塋之側。

图 4-11 与图 4-10（b）世系小传对应的文本

数据校对及预处理是前期工作中花费时间最多的。对于 OCR 得到的文本，有 8 位同学先后参与了培训和校对工作。这些同学有一定的古文阅读能力，进一步针对家谱的内容进行了家谱版式体例、阅读、断句方面的培训。校对任务主要是针对图片和文本进行比对，在出现不一致的情况下以图片为准进行修改，同时按统一的要求添加标点。

数据中带有大量的错误和不一致，总结下来有如下三类问题：第一类问题是来自纸质家谱的错误，包括印刷疏漏、缺字漏字，简体繁体混用，以及包括各种异体字，记载不详、缺失和错误，标志词（如“讳”“字”“生于”）不全，等等；第二类问题是 OCR 过程中产生的错误，主要是字符被错误地识别为字形相近的异体字（如“清”识别成“淸”），生卒年份的天干地支的识别准确率均较低；第三类是人工校对和添加标点时因理解上的偏差和差异带来的错误、不一致。尽管对参与校对的同学进行了统一的培训，但是在古文断句的理解上难免存在个人差异和疏漏，这也带来了新的问题。

对于这些问题，在人工阅读和校对时，可以使用 Python 编写文本处理的代码加以辅助。一些常见错字和标点错误使用查找替换进行文本预处理，可以快速解决一部分问题，比如丸（实为九），谅（实为说），甘（实为廿），澧/恺/体（实为礼），自（实为百）。另外，编写代码进行基于规则的抽取，在抽取结果中也会发现不符合实际情况的地方，此时需要根据反馈再次校对文本或优化代码进行清洗。

4.3 家谱本体构建

本研究使用上下结合的方法构建家谱本体。首先考察了现有家谱本体，其中上海图书馆的家谱本体适用于古代家谱人物及家族的建模，于是，在复用 shlgen 本体的基础上，进一步结合本研究所用数据集的情况进行微调。同时，在后续面向信息抽取的数据标注时根据人工反馈对本体进行更新，从而使之既能符合领域的共识又能适应当前资源的描述和表示。

对于本研究所关注的家谱人物及其关系，构建以人物信息为主的本体模型，基本实体包括 Person（人物）、Time（时间）、Place（地点）、Resource（资源）四个大类。其中的 Person 类继承自 FOAF 本体的 Person，人物的属性有名、字、号、学名、考名、排行、继子、义子、出家、荣誉，当然这仅限于家族男性的记载。记载文字中未涉及性别，但是这可以根据上下文推出，并在后期处理时统一转换和存储。同一段落里涉及的相关人物包括中心人物的妻子、继娶、侧室、儿子、女儿、女婿，相应地有夫妻关系、父子（父女）关系、母子（母女）关系，那么 Person 类有夫妻、父子、母子三种自关系。Time 继承自 time 的 time:Instant，表示时间点，并定义子类 time:ganzhi 来表示中国古代干支纪年法格式的时间，天干地支纪年格式的时间可以在后期处理时统一转换得到公元纪年格式的时间。Person 和 time:ganzhi 之间有出生时间、死亡时间的关系。Place 使用了 schema 的 Place，Person 与 Place 之间有出生地、埋葬地、居住地、迁居地的关系。在 rdfs:Resource 上自定义了 genealogyBook（家谱书目），Person 与 genealogyBook 之间有 recordedin（记载于）的关系。此外，模型中还有子类关系，如 owl:Thing-has subclass-foaf:Person。

本研究使用 Protégé 本体编辑工具进行本体构建。Protégé 是一个开源的本体编辑器和知识获取系统，有易于操作的图形用户界面，提供详细的帮助文档，并支持模块化设计。在 Protégé 中构建本体模型，如图 4－12 所示。

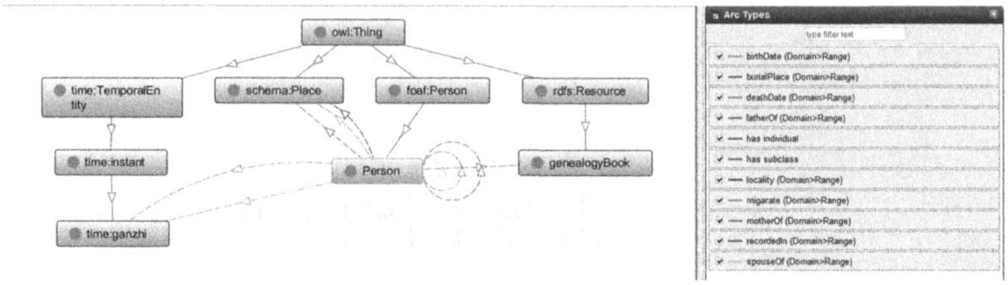

图 4－12　家谱本体模型

图 4－13 展示了本体模型中的类及其层次结构、对象属性（关系）以及数据属性（属性）的具体情况。

构建的本体模型（概念模型）将在知识图谱中用作模式层，用来描述家谱文本中的实体和关系，同时，也将作为家谱信息抽取过程中概念上的依据。在家谱的人物小传中，实体和关系高度密集，尤其是实体属于多个关系十分

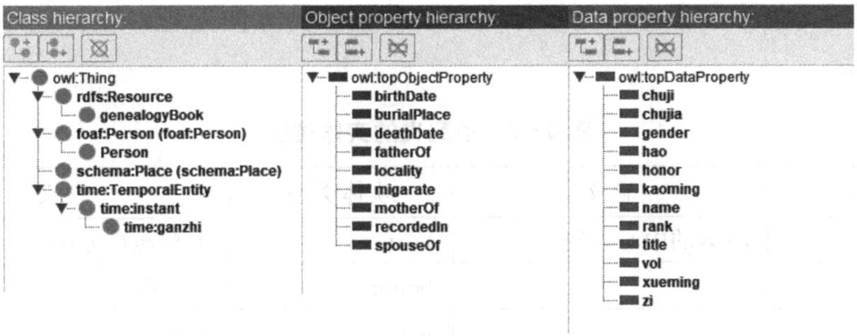

图4－13　本体中的类、关系和属性

常见。使用本体模型对所抽取的内容进行描述，有利于在信息抽取时定义标签，这将在下一小节中叙述。

在本研究采用的家谱数据的人物小传中，每一段落都有着明确的、唯一的中心人物，该段落是围绕该人物展开描述的。该段落中出现的其他人物实体均以相对于中心人物的不同角色出现，包括妻子（妻/续娶/侧室）、儿子、女儿、女婿，从中可以获得这些人物实体与中心人物之间的关系。图4－14所示的模型是对家谱本体的另一种展示，便于围绕带有人物小传的家族男性（即中心人物）说明其基本属性和人物关系。妻子、继娶妻子、侧室的实体类型和相关描述属性是基本相同的，为简洁起见，使用同一个实体类型表示。实体及其描述属性均使用矩形表示，在信息抽取部分的处理也是相同的，比如人的出生、死亡的时间在信息抽取中也称作时间实体。在图中所示的人物关系网络中，中心人物与父亲、妻子相关联，在缺少妻子的记载的情形下与儿子、女儿相关联。

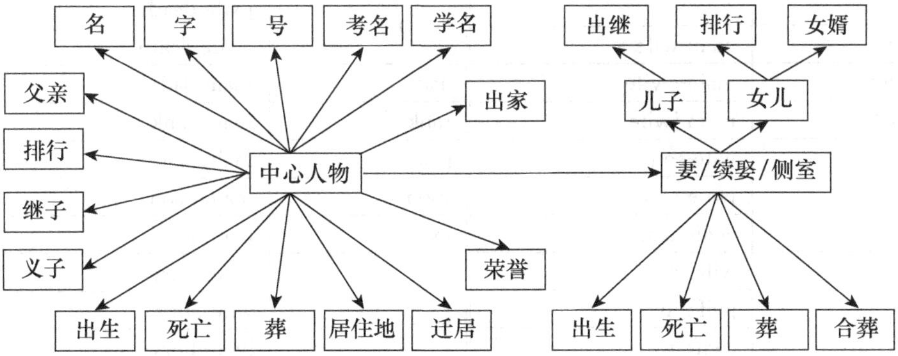

图4－14　家谱概念模型

表 4-2 展示了预定义的实体类型及含义。为方便处理，在标签中使用英文来表示。

表 4-2　预定义的实体类型

实体类型	含义	实体类型	含义
main	段落的中心人物	bury	下葬地点方向
zi	字	honor	荣誉称号
name	名字	wife	妻子
hao	号	cwife	侧室
kaoming	考名	jwife	续娶的妻子
xueming	学名	cobury	合葬地点方向
birth	出生时间	chujia	出家地点
death	去世时间	migrate	迁居地
dad	父亲	son	儿子
rank	排行	chuji	出继给谁
json	是否继子	nv	女儿
yson	是否义子	nv _ marry	女婿
loc	居住地		

图 4-14 中所涉及的均为二元关系，那么关系也根据双方参与实体的组合来命名。表 4-3 展示了预定义的关系类型。这些将在后续的家谱信息抽取中用到。

表 4-3　预定义的关系类型

实体类型	关系类型	实体类型	关系类型
main	/	death	jwife-death
wife	main-wife		cwife-death
cwife	main-cwife	dad	main-dad
jwife	main-jwife	rank	main-rank
son	wife-son	json	main-json
	jwife-son	yson	main-yson
	cwife-son	loc	main-loc
nv	wife-nv	bury	main-bury
	jwife-nv		wife-bury
	cwife-nv		jwife-bury
zi	main-zi		cwife-bury

续表

实体类型	关系类型	实体类型	关系类型
name	main-name	honor	main-honor
hao	main-hao	cobury	wife-bury
kaoming	main-kaomig		jwife-bury
xueming	main-xueming		cwife-bury
birth	main-birth	chujia	main-chujia
	wife-birth	migrate	main-migrate
	jwife-birth	chuji	son-chuji
	cwife-birth	nv _ rank	nv-nv _ rank
death	main-death	nv _ marry	nv-nv _ marry
	wife-death		

4.4 基于深度学习的家谱信息抽取

进行家谱信息抽取，需要关注的重点是古汉语。目前中文的信息抽取研究主要关注现代文，针对古汉语文本的信息抽取研究非常少。本研究使用深度学习进行家谱的信息抽取（命名实体识别和关系抽取），即将信息抽取的问题转换为序列标注任务，使用深度学习的模型解决序列标注问题，进行联合学习，同时解决命名实体识别和关系抽取两个子任务。针对家谱文本中实体和关系高度密集的特点，使用先前构建的家谱本体指导信息抽取的过程，包括根据概念模型描述的实体和关系设计标签方案，以及根据序列标注结果解读出实体和关系。在真实数据上检验了常用的深度学习模型的表现，结果显示，本研究所提出的方法能够有效地解决家谱文本的实体关系抽取问题，深度学习模型优于基于规则的模型，其中使用了 BERT 的 BiLSTM-CRF 模型表现最佳[32]。

4.4.1 序列标签设计

实体和关系的抽取通常被作为序列标注问题来解决。输入的每条数据包含若干个字符，每个字符对应一个标签，即一条数据被映射到等长的标签序列。给定一条数据 $s_i=(s_{i1},\cdots,s_{in})$，其中包括一系列字符 s_{ij}，本研究的目的是生成 s_i 对应的标签序列 $t_i=(t_{i1},\cdots,t_{in})$，在此基础上可以得到实体集合及关系集合。一条数据是对一个人的完整的描述，作为一个整体进行输入，模型的输出是与之等长的标签序列。

标签 t_{ij} 定义为二元组或者是 O，前者对应着信息抽取任务中一个有意义的字符，后者对应不会被抽取出来的字符。比如“字兆丰”中的“兆丰”会被作为“字”的值抽取出来，便分别对应着二元组；而“字”不会被抽取出来，对应标签 O。

在形如 $(p_{ij}-c_{ij})$ 的标签二元组中，p_{ij} 意指字符 s_{ij} 与相邻的字符组成实体的相对位置，$p_{ij}\in\{B, I, E, S\}$，这里的 B、I、E、S 分别表示开始/Beginning、中间/Inside、结束/End 和单独/Single。如果若干字符连接在一起构成一个实体，那么首字符的相对位置是 B，末尾字符的相对位置是 E，中间字符的相对位置是 I；如果一个字符单独构成一个实体，那么它的相对位置就是 S。

在二元组中，c_{ij} 意指该字符参与构成的实体的类型，这里 c_{ij} 是出现在预定义的概念模型中的实体类型。

图 4-15 给出了一个带标签序列的记录。

根据标签可以得到有关实体和关系的事实。给定一条数据 $s_i=(s_{i1},\cdots,s_{in})$ 及其标签序列 $t_i=(t_{i1},\cdots,t_{in})$，抽取得到一个实体 e_{ij}，当且仅当存在相邻的字符组成的序列 $(s_{iu},\cdots,s_{iv})$ $(u\leqslant v)$ 且同时满足以下要求：

A_1. 在标签序列 $(t_{iu},\cdots,t_{iv})$ 中，任意两个标签的关系是相同的，即 $c_{iw}=R_l$，$u\leqslant w\leqslant v$；

A_2. 如果 $u=v$，则标签序列长度为 1，标签的相对位置 $p_{iu}=S$；

A_3. 如果 $u<v$，则标签序列长度大于 1，标签的相对位置 $p_{iu}=B$，$p_{iv}=E$，以及 $p_{iw}=I$，$u<w<v$。

对于 $s_i=(s_{i1},\cdots,s_{in})$ 及其标签序列 $t_i=(t_{i1},\cdots,t_{in})$，和已经抽取得到的实体，可以抽取得到一个关系，当且仅当存在实体 e_{ij} 和 e_{ik}，且同时满足以下要求：

敦	十	七	公	长
B-dad	I-dad	I-dad	E-dad	B-rand
子	良	潭	诗	十
E-rank	B-loc	E-loc	B-main	I-main
三	讳	沛	登	字
E-main	O	B-name	E-name	O
若	岸	生	于	康
B-zi	E-zi	O	O	B-birth
熙	甲	午	八	月
I-birth	I-birth	I-birth	I-birth	I-birth
十	三	日	亥	时
I-birth	I-birth	I-birth	I-birth	E-birth
娶	董	呑	宋	氏
O	B-wife	I-wife	I-wife	E-wife
继	娶	陆	氏	生
O	O	B-jwife	E-jwife	O
于	康	熙	三	月
O	B-birth	I-birth	I-birth	I-birth
十	二	日	未	时
I-birth	I-birth	I-birth	I-birth	E-birth
生	一	子	树	进
O	O	O	B-son	E-son

图 4-15　带标签序列的记录举例

B_1. 实体 e_{ij} 和 e_{ik} 的位置是相近的，在本研究中至少在一个段落（记录）中；

B_2. 对照预定义的概念模型，两个实体 e_{ij} 和 e_{ik} 的标签中的实体的类型是相关联的；

B_3. 对照预定义的概念模型，如果实体 e_{ij} 的类型与不同的实体类型相关联，则 e_{ik} 在 e_{ij} 之前出现且与 e_{ij} 距离最近。

以图 4-15 所示的带标签序列的记录为例，可以抽取实体如下："敦十七公""长子""良潭""诗十三""沛登""若岸""康熙甲午八月十三日亥时""董呑宋氏""陆氏""康熙三月十二日未时""树进"。进一步地，可以抽取关系如下："父亲—中心人物：敦十七公—诗十三""排行—中心人物：长子—诗十三”“居住地—中心人物：良潭—诗十三”“中心人物—姓名：诗十三—沛登”“中心人物—字：诗十三—若岸”“中心人物—出生：诗十三—康熙甲午八月十三日亥时”“中心人物—妻：诗十三—董岙宋氏”“中心人物—继娶：诗十三—陆氏”“继娶—出生：陆氏—康熙三月十二日未时”“继娶—儿子：陆氏—树进”。

根据 B_3 所述，对于在预定义的概念模型中与“中心人物”和“妻/继娶/侧室”多个实体类型相关联的“出生”，实体“康熙甲午八月十三日亥时”与在它之前出现的且距离最近的实体“中心人物”关联，实体“康熙三月十二日未时”与在它之前出现的且距离最近的实体“继娶”关联。

4.4.2 半自动的数据标注

上述方法属于监督学习方法，需要相应的标注数据用于模型训练。在该数据集中，每条数据是一篇人物小传。鉴于数字人文领域没有可用的相关标注数据，我们进行数据的人工标注。同时，采用计算机进行预处理等来提高工作效率。

标注任务是按照前述的标签定义为数据条目给出标签序列，这里不仅需要能够理解家谱语言，还需要对标签定义和规则有一定了解，进行培训是非常必要的。众包人员的培训内容包括：家谱文本的阅读理解、了解标签的定义和规则、熟悉众包标注平台的界面构成和操作方法。

图 4-16 给出了半自动的数据标注示意图。首先，在待标注数据中选取一部分数据条目，进行基于规则的预标注，在一定程度上减轻人工工作量，同时提高工作效率。而后，使用众包模式进行标注，具体包括将待标注数据按照一定的策略进行任务分配，众包人员在接受了人员培训后进行标注修改(由于已经进行了预标注，此时众包人员只需进行标注修改)。之后进行质量自动评估，简单来说，可以认为经过 n 名人员处理后的数据是合格的，提高 n 值有助于提高质量。在本项目中，n 设为 2，相当于每条数据需经过两名标注人员处理。具体操作是，由一名标注人员进行标注修改后，再由另一名标注人员进行检查，不一致的地方由两人协商解决。质量合格的标注数据，用于训练深度学习模型；质量未达到要求的数据，继续在待标注数据池中等待

众包任务分配。在标注数据达到了要求后，可以训练模型进行序列标签预测（如本小节后续部分所述）；也可以训练模型用于自动标注，再进行序列标签预测（如 4.5 小节所述）。

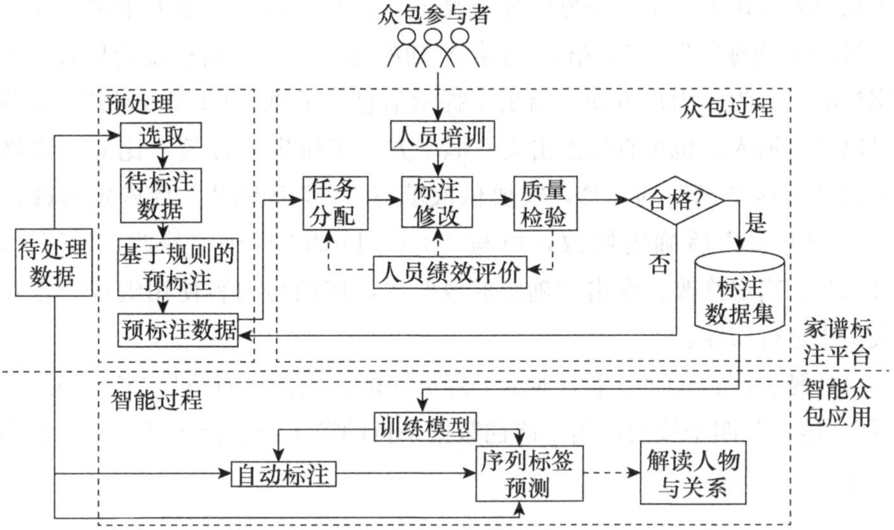

图 4-16　半自动的数据标注示意图

质量检验的结果将用于进行人员绩效评价，在后续的报酬分配等过程中用作参考。人员绩效评价也可以在任务分配中作为参考，比如有待第 2 次标注（相当于检验）的数据可以优先由高级别用户来完成，或者复杂度更高的数据优先分配给高级别用户。准确的人员绩效评价体系，能够为标注人员选择提供依据，也能使得标注人员与标注任务匹配度更高。

同时，设计了众包平台实现半自动的数据标注。众包人员使用内部网络访问网站，使用个人账户登录后，即显示如图 4-17 所示的页面，其中方框标识出了页面的四个组成部分。

（1）数据 ID：页面正中最上方是当前查看的家谱文本数据的序号与家谱卷号，图中所显示的数据是吴氏宗谱第 24 卷的第 2 个数据条目（实为第 1 个人物，第 1 个数据条目是“第三十世，诗字行”）。

（2）家谱文本与标签：页面正中显示了当前查看的家谱文本与标签，该标签可能是预标注的，也可能是预标注且经过了一位标注人员修改的。以每行 8 个字符或标签的形式显示，字符与标签上下对应。为了使相关的实体在显示上有区分度，使用不同的颜色表示，在颜色设计时注重经常相邻出现的两类实体使用不同的颜色。

（3）修改意见：家谱文本与标签下方是供标注人员进行标签修改的区域。如果众包人员认为某个字符标签需要修改，则在该区域内按要求填写相关内容："行 列 新标签"，表示第 X 行第 X 列的标签应改为新标签的形式，各项以空格隔开。为了用户方便，给出了提示信息"举例：1 8 B-main"。这些内容可以自行输入，也可直接点击文本框下方的按钮生成标签。比如，要修改图中的"康熙辛巳"的标签，需要依次填写"2 7 B-birth"后确定修改，填写"2 8 I-birth"后确定修改，填写"3 1 I-birth"后确定修改，填写"3 2 E-birth"后确定修改。点击"确定修改"后，按填写内容使用编程语言在家谱文本中进行修改。

（4）翻页区：页面右下方显示了翻页功能，包括"首页""上一页""下一页""尾页"四个按钮，用于前往数据条目的第 1 条、前 1 条、后 1 条和最后 1 条。

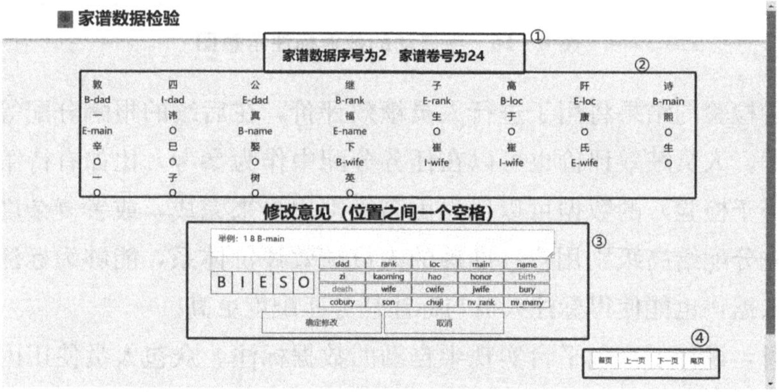

图 4-17 家谱数据标注页面示例

使用上述方式，获得了 3 000 条标注数据用于后续研究。在标注数据中，涉及 87 种、193 687 个标签，涉及实体类型的数目平均为 11，中位数为 10。

4.4.3 深度学习模型

本研究使用常用的深度学习模型进行序列标注，包括 BiLSTM、BiL-

STM-LSTM 和 BiLSTM-CRF。BiLSTM 被用来对输入进行编码，在 BiLSTM 后连接 softmax 函数进行分类，也可以连接 LSTM 或 CRF。图 4-18 是 BiLSTM-CRF 模型的示意图。

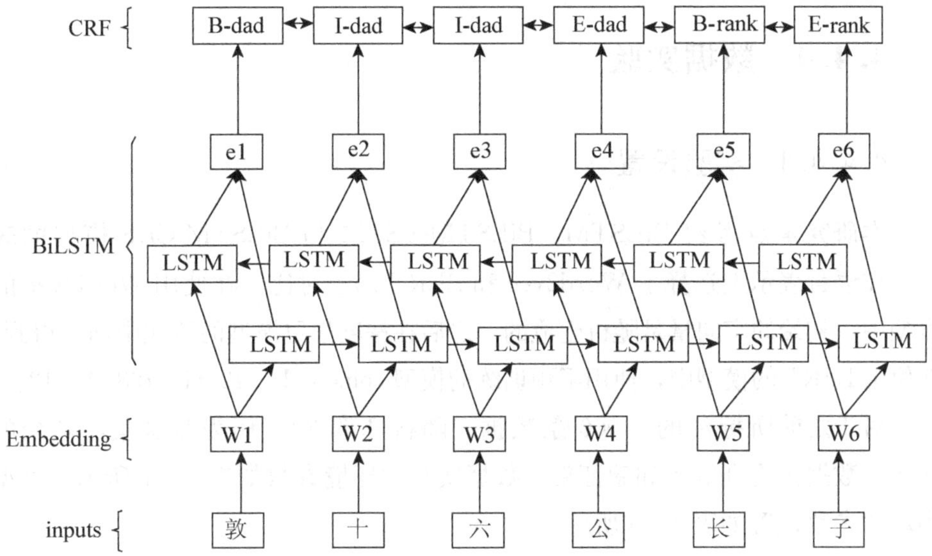

图 4-18 BiLSTM-CRF 模型

模型的第一层是向量层，旨在将输入的每个字符都使用向量来表示，标点不作为输入。后文使用了 Word2vec 和 BERT 两种语言表示。

第二层使用 BiLSTM 模型进行编码。该模型包括前向的 LSTM 层、后向的 LSTM 层和连接层，可以有效地利用上下文信息，自动抽取上下文特征。LSTM 模型包括一系列记忆单元，每个时间步作为一个记忆单元。BiLSTM 模型的编码层的记忆单元用来计算当前的隐向量 h_t，使用前一步的隐向量 h_{t-1}、前一个 cell 向量 c_{t-1} 和当前的输入字向量 w_t。对于每个字符 w_t，前向 LSTM 层根据字符 w_1 到 w_t（即 $\overrightarrow{h_t}$）的上下文信息对 w_t 进行编码，后向 LSTM 层根据 w_n 到 w_t（即 $\overleftarrow{h_t}$）的上下文信息对其进行编码，两个编码连接起来作为 w_t 的表示，记为 $h_t=[\overrightarrow{h_t}, \overleftarrow{h_t}]$。

下一层是 CRF 层，对于 BiLSTM 输出的序列进行标注。CRF 模型可以对输出的标签加以约束，避免出现不合规定的标签。例如 B-dad 可以后接 I-dad 或者 E-dad，但是不能出现 I-rank、E-rank 等这类标签。

模型的目标是使输入对应正确的序列的概率最大。训练时调整参数 W 和 b，使用极大似然估计，使得目标函数 L（W，b）最大化。在进行标签序列预测时，选择概率最大的标签序列作为最终的标签序列。

4.4.4 数据实验

4.4.4.1 实验设置

本研究重点考察 BiLSTM、BiLSTM-LSTM 和 BiLSTM-CRF 模型的表现，在语言表示上选择了 Word2vec 和 BERT 用于对比。在使用 Word2vec 的模型中，初始的字向量是随机生成的，之后在深度学习模型的迭代中训练得到；在使用 BERT 的模型中，使用了预训练的模型 chinese_L—12_H—768_A—12。

对于之前所标注的 3 000 条数据，随机选取 20%作为测试集，其余的 80%的数据作为训练集和验证集。数据实验的环境参数如表 4 - 4 所示。模型训练的参数设置如表 4 - 5 所示。

表 4 - 4 实验环境参数

参数	参数详情
CPU	Intel（R）Core（TM）i5-4200H，2.80GHz
内存	8GB
操作系统	Microsoft Windows 8.1
编程软件	Python 3.6.5（64 位）
框架	TensorFlow 1.14.0

表 4 - 5 模型训练的参数设置

参数	参数值
字向量维度	300
LSTM 隐层节点数	128
epoch	400
batch _ size	50
numsteps	180
dropout	0.4
learning rate	0.05

在训练时，针对每个模型的特点选择相应的优化方法。Word2vec-BiLSTM模型、Word2vec-BiLSTM-CRF模型采用AdaDelta优化法；Word2vec-BiLSTM-LSTM模型采用动量优化法。如图4-19所示，Word2vec-BiLSTM-CRF模型在400个训练周期中，模型的损失随着训练周期的增加而不断减小、趋于稳定，同时可以看到使用AdaDelta优化法在模型训练的早期和中期加速效果不错。

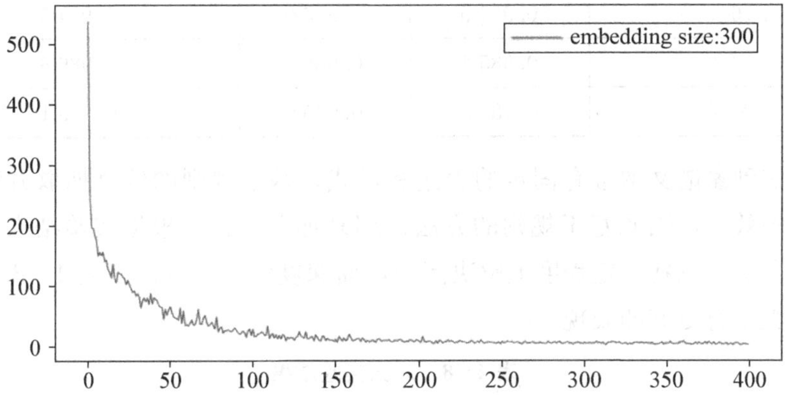

图4-19 Word2vec-BiLSTM-CRF模型损失变化

4.4.4.2 实验结果

仍以Word2vec-BiLSTM-CRF为例，对字向量维度和隐层节点数两个参数的不同数值进行检验。如表4-6所示，所使用字向量的维度越高，模型的表现就越好。当字向量维度从300提高至400时，模型的表现的改善有限。如表4-7所示，随着隐层节点数的增加，模型的表现有小幅度改善。

随机选取20%作为测试集，其余的80%的数据作为训练集和验证集，分别用于模型训练和模型选择，进而在测试集上进行测试，整个过程共重复5次。在测试阶段，使用batch_size为600，以及保留全部节点，即dropout=0。下面使用标注任务的准确率、召回率、F_1值来评价模型的表现。

表4-6 Word2vec-BiLSTM-CRF模型在不同字向量维度时的结果

字向量维度	准确率	召回率	F_1
100	0.978 7	0.981 5	0.980 1
200	0.984 0	0.987 1	0.985 5

续表

字向量维度	准确率	召回率	F_1
300	0.985 2	0.988 1	0.986 6
400	0.985 2	0.988 1	0.986 6

表 4-7 Word2vec-BiLSTM-CRF 模型在不同隐层节点数时的结果

隐层节点数	准确率	召回率	F_1
64	0.983 0	0.986 0	0.984 5
128	0.985 2	0.988 1	0.986 6
256	0.988 2	0.990 0	0.989 1

考虑到家谱文本常有固定的表达和模式，基于规则的信息抽取方法应当有不错的效果，因此基于规则的方法被用来加以对比。根据实验结果，基于规则的方法可以在一定程度上解决问题，而深度学习的方法（表 4-8 后 5 种方法）大多有更好的表现。

表 4-8 对比实验结果

方法/模型	准确率	召回率	F_1
基于规则的方法	0.944 7	0.934 7	0.939 7
Word2vec-BiLSTM	0.951 2	0.959 2	0.955 2
Word2vec-BiLSTM-LSTM	0.921 7	0.927 9	0.924 8
Word2vec-BiLSTM-CRF	0.988 2	0.990 0	0.989 1
BERT-BiLSTM	0.988 0	0.990 0	0.989 0
BERT-BiLSTM-CRF	0.988 8	0.990 6	0.989 7

根据实验结果，无论是使用 Word2vec 还是 BERT，BiLSTM-CRF 模型都比其他模型表现更好。而使用 BERT 的模型比使用 Word2vec 的模型表现更好。在所有对比的方法/模型中，BERT-BiLSTM-CRF 模型在准确率、召回率和 F_1 值上均表现最佳。根据 BERT-BiLSTM-CRF 模型的结果，在测试集上正确地抽取得到 6 083 个实体、5 500 个关系。检查实验结果可以发现，在这些标签中预测的 F_1 值在 0.9 以上的有 40 类，如 B-dad、I-birth、O 等，这些标签在训练集中平均出现 922.7 次，是名副其实的“大类”，因此预测效果很好。与此相对的是 F_1 值为 0 的有 26 类，平均出现 0.6 次，是“小类”。

因数据量过小甚至缺少训练数据，模型无法从训练中学习到有关的分类原则，使得这些标签的标注出现错误。但是，也因数据量小，未对模型的表现产生明显的影响。

上述基于深度学习的联合学习方法能够同时抽取家谱人物信息和关系，并且取得了良好的效果。实验结果显示，深度学习模型大多优于基于规则的模型，其中使用了 BERT 的 BiLSTM-CRF 模型表现最佳。

进一步地，根据模型的预测标签，解读人物信息和关系。以下文为例，解读出“诗三百六十七”的文本中的命名实体和关系。

> 敦 B-dad 二 I-dad 百 I-dad 廿 I-dad 三 I-dad 公 E-dad 次 B-rank 子 E-rank 高 B-loc 阡 E-loc 诗 B-main 三 I-main 百 I-main 六 I-main 十 I-main 七 E-main 讳 O 济 B-name 凝 E-name 字 O 式 B-zi 聚 E-zi 生 O 于 O 干 B-birth 隆 I-birth 辛 I-birth 未 I-birth 八 I-birth 月 I-birth 十 I-birth 六 I-birth 日 I-birth 辰 I-birth 时 E-birth 娶 O 下 B-wife 崔 I-wife 崔 I-wife 相 I-wife 林 I-wife 公 I-wife 女 E-wife 生 O 于 O 干 B-birth 隆 I-birth 戊 I-birth 辰 I-birth 闰 I-birth 七 I-birth 月 I-birth 十 I-birth 五 I-birth 日 I-birth 卯 I-birth 时 E-birth 生 O 二 O 子 O 树 B-son 业 E-son 树 B-son 勋 E-son 女 O 一 O 适 O

对“诗三百六十七”的基本信息和关系进行可视化，如图 4－20 所示，显示了人物、时间、地点等各类实体以及实体之间的联系。

上述家谱信息抽取的研究使用了序列标注的方法，使用深度学习的模型进行联合学习，同时解决命名实体识别和关系抽取两个子任务；另外，还针对家谱信息的特点，使用概念模型来指导序列标签的设计。在真实数据上的实验显示，该方法能够有效地解决家谱信息抽取的问题。同时，该工作也是在古文上使用深度学习模型进行信息抽取的尝试，是对现有的古文信息抽取研究的扩展。使用该方法得到的吴氏宗谱的抽取结果可用来构建吴氏家谱的结构化表示，为数字人文研究人员提供一批有价值的资源，在数字人文领域创造出新的研究机会。

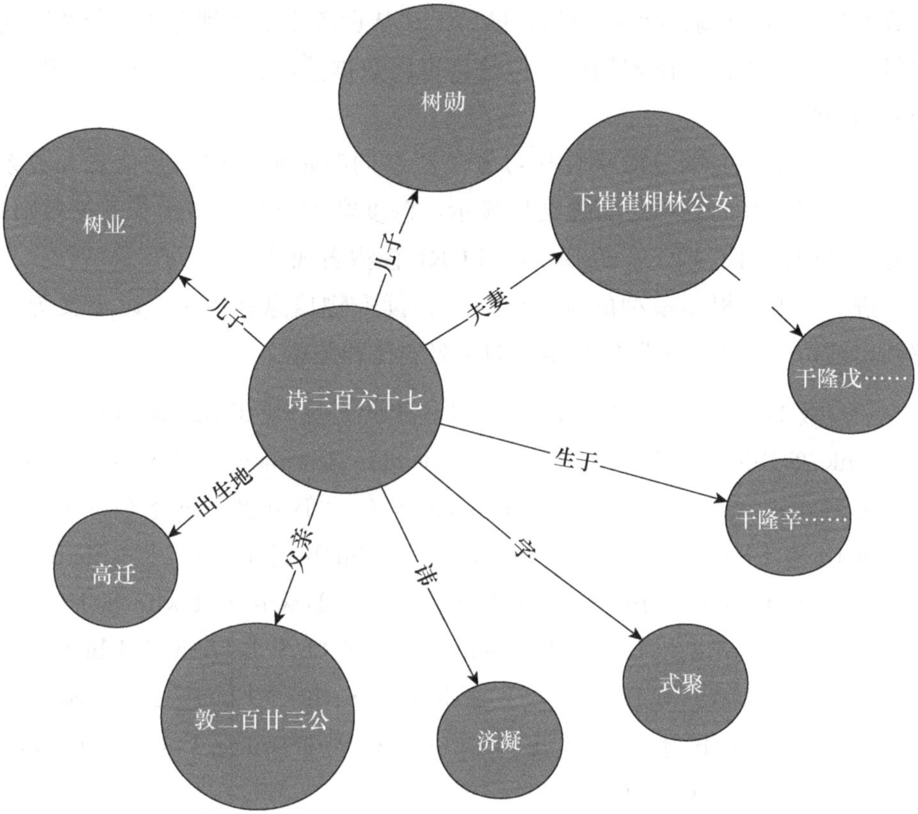

图 4-20　家谱信息抽取实例

4.5　基于小规模标注数据的家谱信息抽取

从上面的结果中可以看出，深度学习能够在家谱文本信息抽取方面取得良好的效果，且可以从文本中自动地抽取特征，不需要人工进行特征工程的工作。但是，对标注数据的依赖始终是其发展瓶颈之一。考虑到家谱领域尚无可用的大规模标注数据，以及进行标注对人员有较高的要求，研究基于小规模标注数据的信息抽取是非常有必要的。这一小节仍然使用上文介绍的序列标注的方法和 BiLSTM-CRF 模型。在此基础上，基于 bootstrapping 的方法，以少量的标注数据作为初始种子集，使用 BiLSTM-CRF 模型为待标注样本自动预测标签序列，并筛选高置信分数的样本加入到标注集中，从而迭代地扩展标注集，最后训练得到的模型用于命名实体识别和关系抽取。

4.5.1 上下文表示

相同类型的实体通常有相近的上下文。利用这一特点，可以借助上下文来识别预测结果中具有类似上下文的那些标签，从而扩展标注数据。本研究使用特征符来表示一个实体类型的上下文特征，具体包括前位符、中位符和后位符三类，分别是指在这个类型的命名实体之前、中间（位置为 I）、之后出现的字符。三类特征符的集合分别记作 S_1、S_2、S_3。

以图 4-15 中实体类型 dad 的标签为例，假设窗口宽度为 2，根据该条数据可以找到 dad 的前位符集合 S_1（dad）=∅，中位符集合 S_2（dad）={十，七}，后位符集合 S_3（dad）={长，子}。如果某个实体类型的多个命名实体相邻，则追溯到最早出现的命名实体的前位符和最后出现的命名实体的后位符。又例如，在“……生 O 二 O 子 O 树 B-son 坤 E-son 树 B-son 泰 E-son 女 O 一 O”中，有两个实体类型为 son 的命名实体相邻，因此，根据该条数据得到的前位符集合 S_1（son）={二，子}，中位符集合为空，后位符集合 S_3（son）={女，一}。对于给定的多条数据，将特征符合并到同类集合中。

4.5.2 基于 bootstrapping 扩展训练样本

在本小节的方法中，将一个小规模标注数据作为种子集，采用 bootstrapping 的思想，迭代地扩展标注数据，并获得训练模型，可以预测给定数据对应的标签序列。方法的流程如图 4-21 所示。首先，进行小规模人工标注，得到初始种子集，并把它作为标注集，根据标注集识别（或更新）特征符集合。同时，使用标注集训练深度学习模型 BiLSTM-CRF，并为待标注样本预测标签序列。接下来，给每个样本的预测标签序列计算置信分数，把置信分数排名前 N 的样本及相关的预测标签加入标注集，并将这些样本从待标注数据集中移除。迭代训练模型，直至所有待标注样本都被加入标注集。训练得到的模型可用于标签序列预测。

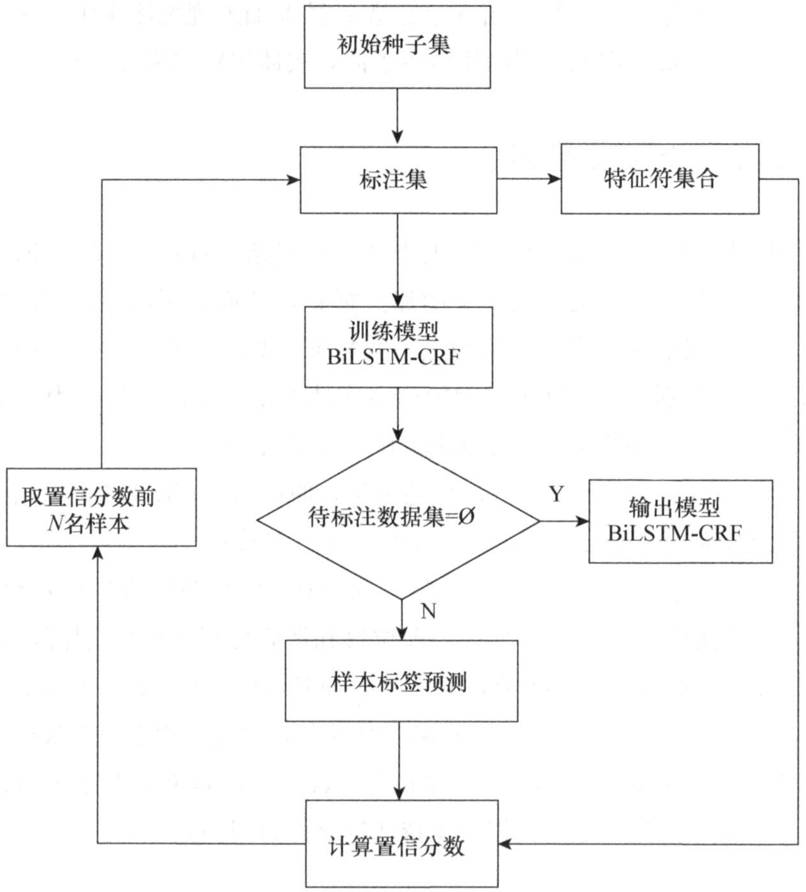

图 4-21　基于 bootstrapping 的模型训练流程

下面重点介绍样本的预测标签序列的置信分数。

第一步，对于一条样本预测出的每个实体类型，通过对比该实体类型的上下文与基于标注集生成的每个实体类型的上下文，计算该实体类型的得分。

具体地，对于该样本中出现的每个实体类型 c_i，建立该实体类型的特征符集合 $S'_k(c_i)$，$k=1, 2, 3$。然后计算该集合与基于标注集生成的每个实体类型的同类特征符集合 $S_k(c_j)$ 的相似性。计算公式如下：

$$\text{sim}(S_k(c_j), S'_k(c_i)) = \max\left(\frac{|S_k(c_j) \cap S'_k(c_i)|}{|S_k(c_j)|}, \frac{|S'_k(c_i)|}{|U_j S_k(c_j)|}\right) \quad (4.1)$$

上述相似性计算在同类特征符集合之间进行，但是这个比较是跨实体类型进行的，即 c_i 的特征符集合既要和基于标注集生成的 c_i 的同类特征符集合进行比较，也要与其他实体类型的同类特征符集合进行比较。根据公式 4.1，在进行比较的两个特征符集合有交集时，其相似性按 Jaccard 函数计算，两个集合的交集中的元素越多，相似性得分越高。在两个特征符集合没有交集时，其相似性不是 0，而是被赋予了一个通常远小于前一种情况的得分。按照这种设定，如果一个样本所涉及的实体类型 c_i 尚未出现在标注集里，仍有一定的可能性促使它所在的样本被加入到标注集中。

基于上述相似性结果，检验样本的预测标签中的实体类型 c_i 是否准确。如果该样本预测标签中 c_i 的特征符集合与基于标注集的实体类型 c_j 的同类特征符集合的相似性在 $j=i$ 时取得最大值，则说明预测样本的实体类型 c_i 预测准确。样本中实体类型 c_i 的各个特征符集合得分的计算公式如下：

$$vote(S'_k(c_i))=\begin{cases}1 & i=\mathrm{arg}max_j\,\mathrm{sim}(S_k(c_j),S'_k(c_i))\\0 & \mathrm{else}\end{cases} \tag{4.2}$$

样本预测标签中的实体类型的 c_i 得分是该实体类型在三类特征符集合得分的加权和。考虑到不同特征符集合对于样本标签的“表征能力”有所不同，可赋予不同特征符集合的置信分数不同的权重。

$$I(c_i)=\sum_k \gamma_k \times vote(S'_k(c_i)) \tag{4.3}$$

第二步，计算样本的预测标签序列的置信分数，即样本涉及的各种实体类型的得分的加权和。由于各种实体类型出现数量可能有较大的差异，有一些小类的预测效果比较差，为它们设置相对高的权重，有助于提升相应标签的预测效果。那么，当这些实体类型被判定为预测准确时，它将促使包含该实体类型的样本有更大概率被加入标注集中。计算公式如下：

$$\pi=\sum_i w_i \times I(c_i) \tag{4.4}$$

4.5.3 数据实验

4.5.3.1 实验设置

对于前文所介绍的 3 000 条标注数据，划分成训练集（含 1 800 条数据）、验证集（含 600 条数据）、测试集（含 600 条数据）。通过调整随机种子进行随机抽样，使得各个子集的涉及实体类型的平均数和中位数保持一致。对训练集进一步拆分出 300 条数据作为初始种子集，另将 1 500 条数据作为待标注集，通过预测获得标签。

根据文本分析确定不同特征符的权重。根据文本特征可知，前位符经常包括提示内容的用语，中位符可以提示类别但容易存在冗杂和混淆（例如 birth 和 death 的中位符都与天干地支时辰相关），后位符通常是对后续内容进行提示，按提示能力排序，从大到小依次是：前位符、中位符、后位符。因此，可为三类特征符分配依次减少的权重 γ_k。此处取权重 $\gamma_1=0.6$，$\gamma_1=0.3$，$\gamma_1=0.1$。

根据数据特点分析确定不同实体类型的权重。在家谱文本中，一些实体类型在家谱文本中出现的次数远少于其他类别。在前期的训练中，发现 nv _ rank、nv _ marry、hao、jwife、bury、cobury 六个小类预测效果不佳。于是，提高这些小类的权重，以便改善预测效果，比如将小类权重为 2，其余类别权重为 1。

数据实验环境参数如表 4 - 9 所示，模型训练的参数设置如表 4 - 10 所示。在训练时，优化算法设定为 Adam。初始的词向量是随机初始化得到的。

表 4 - 9　实验环境参数

参数	参数详情
CPU	Intel（R）Core（TM）i5，1.80GHz
内存	8GB
操作系统	macOS High Sierra 10.13.6
编程软件	Python 3.6（64 位）
框架	TensorFlow 1.9.0

表 4 - 10　模型训练的参数设置

参数	参数值
字向量维度	64
LSTM 隐层节点数	64
梯度剪裁	5
batch _ size	30
dropout	0.5
learning rate	0.001

使用训练的模型对测试集中的样本进行标签序列预测，当一个命名实体的标签从起始到结束都是正确的，该例记为预测正确的，反之则记为错误的。此处以 F_1 值来对模型进行评价。同时，考虑到类别不均衡的情况，也使用 macro-F_1 值进行评价，它比普通的 F_1 值更关注数量较少的类别表现[33]。

4.5.3.2　实验结果

本研究重点考察如下参数的设置对实验结果的影响，具体包括种子集构造、扩展种子集的步长、小类的权重、种子集规模。

首先，考察种子集所涉及的实体类型的多寡对结果的影响。理想的情况是，所选择的种子集中的每一条样本都涉及足够多的实体类型。一般来说，文本的字符长度越长，包含更多实体类型类别的可能性越高。具体对两种生成种子集的方式进行了测试。第一种方式是在训练集中选择字符长度最长的 300 条数据样本，所构成的种子集记为 max_seed，其补集记为 max_sup。第二种方式是在含 1 800 条数据训练集中随机抽取 300 条数据样本，所构成的种子集记为 random_seed，其补集记为 random_sup。

其次，考察扩展种子集的步长对结果的影响。实验分别设定步长为（30，50，75，100）进行训练。在上述两种种子集下的 F_1 值如表 4－11 所示。

表 4－11　bootstrapping 验证集结果

种子集	扩展的步长			
	30	50	75	100
max_seed	0.884 1	0.912 4	0.891 8	0.905 6
random_seed	0.884 8	0.877 3	0.888 0	0.873 4

使用 max_seed 种子集的表现整体上优于 random_seed，可见在生成种子集的时候应尽量选择字符长度较长的样本进行标注。在使用 max_seed 种子集时，扩展的步长为 50 的时候训练的效果最好。一方面，它保证了种子集每次扩展的质量比更大步长下的质量更好；另一方面，也说明了这种半监督模型存在一定的误差传递，扩展的步长较小意味着更多轮迭代才能解决同样规模的待标注样本，那么被错误预测而标注的数据经过更多轮的训练就更容易把误差传递开来，影响到整个模型的表现。

再次，考察小类的权重对结果的影响。分别设小类权重为 2、2.5、3、

3.5、4（其他实体类型权重为 1），实验结果如表 4－12 所示。可见，不同的小类权重参数对整体结果的影响有限。

表 4－12　不同的小类权重下实验结果

权重	2	2.5	3	3.5	4
macro-F_1	0.922 6	0.920 8	0.924 6	0.922 9	0.924 2

最后，考察不同种子集规模对结果的影响。对不同种子集规模下的基于 bootstrapping 的模型（依据种子集规模分别简记为 B200、B250、B300、B350）与 BiLSTM-CRF 模型（记为 BiLSTM-CRF1800）分别在测试集上进行测试。本节所使用的基于 bootstrapping 改进的模型的扩展步长取 50，使用 max_seed 种子集，小类的权重设为 2，不同模型的 F_1 值如图 4－22 所示。

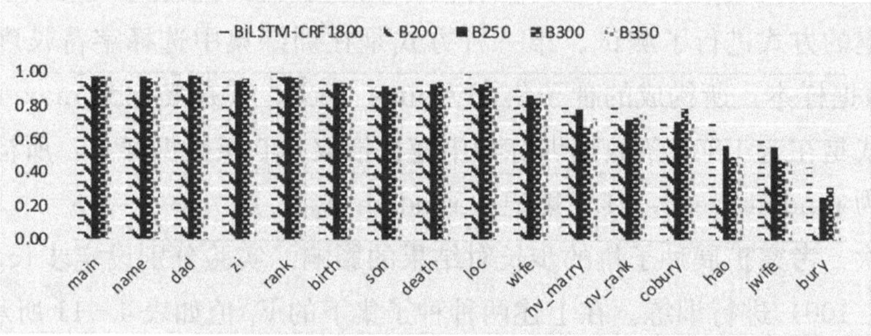

图 4－22　不同种子集规模的预测效果对比

从图 4－22 中可见，各类预测效果在种子集规模为 250 条时与 1 800 条训练数据的 BiLSTM-CRF 模型效果相似。在种子集规模为 200 条时，许多类别尚未能达到理想的预测效果。当种子集规模达到 350 条时，未见整体预测效果明显提升，且部分数量较少的类别有受到样本噪声影响而预测效果下降的趋势。

使用 max_seed 种子集进行实验，扩展的步长设为 50，小类权重为 2，在测试集上进行测试，各实体类型上的表现如表 4－13 所示。16 个实体类型的 F_1 值有 9 个在 0.90 以上，小类的 macro-F_1 比 F_1 更高。

对于小类的处理，提高权重在一定程度上改善了其预测效果，但是其预测效果还是相对较差。究其原因，是这些类别出现的次数较少，不利于训练模型。在实践中，可以考虑结合基于规则的方法、人工处理等。

表 4-13　各实体类型上的实验结果

实体类型	数量	准确率	召回率	F_1	macro-F_1
main	302	0.974 7	0.986 3	0.980 5	0.975 5
name	302	0.963 2	0.986 3	0.974 6	0.962 2
dad	301	0.936 6	0.970 6	0.953 3	0.977 1
zi	280	0.924 4	0.968 3	0.945 9	0.962 5
rank	300	0.904 1	0.963 6	0.932 9	0.965 3
birth	640	0.917 3	0.945 3	0.931 1	0.939 3
son	761	0.901 7	0.942 1	0.921 4	0.910 2
death	512	0.897 6	0.927 0	0.912 0	0.943 7
loc	302	0.861 2	0.949 6	0.903 2	0.941 1
wife	300	0.812 8	0.819 1	0.816 0	0.849 6
nv _ marry	338	0.740 3	0.830 1	0.782 6	0.673 7
nv _ rank	208	0.719 6	0.810 5	0.762 4	0.733 3
cobury	156	0.542 1	0.906 2	0.678 4	0.786 2
hao	62	0.705 9	0.461 5	0.558 1	0.500 0
jwife	38	0.368 4	0.350 0	0.359 0	0.483 9
bury	52	0.136 4	0.107 1	0.120 0	0.318 2

上述方法能够在一定程度上降低深度学习对标注数据的依赖，从而进一步提高了在大规模家谱数据资源中进行自动信息抽取的应用潜力。

使用训练的模型在数字化家谱资源中进行知识抽取，获得 31 337 个人物节点和 71 156 条关系，在初步的信息整合后使用 Neo4j 的 import 工具批量导入数据库。这种方式需要删除数据库实例和关闭正在运行的数据库，只在需要批量导入的情况下使用；通过编程语言直接导入效率较低，但不影响数据库正常运行，适用于处理单个、小规模的处理请求。

由于时间和成本所限，未对信息抽取的结果进行人工校验，相关数据在初步整合后导入图数据库，进行知识融合。也正因如此，知识抽取得到的知识单元之间的冗余、冲突、不一致等问题较多，在知识融合过程中识别和解决一些质量问题就格外重要。

4.6 家谱知识融合

在知识融合中，考虑到本项目目前的数据来源仅为浙江高迁吴氏西宅宗谱，不涉及模式层的融合，只在数据层面上考虑融合的问题。人物同名是家谱知识融合中的突出问题，对于高迁吴氏这样的大家族来说，同辈人物出现同名的情况并不少见，另外由于在数字化和信息抽取的过程中产生的一些错误，也可能出现不同辈人物的同名情况，因此，进行实体消歧是一项关键任务。除此以外，知识图谱中也不可避免地存在错误、冲突和不一致，既有在家谱记载中本就存在的，也有在数字化和知识抽取的过程中产生的，因此，还需要进行冲突检验，发现和消除这些问题。

4.6.1 实体消歧

该家谱数据集中出现的人物实体有家族男性（儿）、家族女性即家族男性的妻子（媳）、家族外女性即家族男性的女儿（女）、家族外男性即家族男性的女婿（婿）四种不同的角色。信息抽取得到的家谱人物共 31 337 位，包括儿 9 415 位、妻 6 286 位（含侧室 43 位、继娶 545 位）、女 3 518 位、婿 3 512 位。在 9 415 位家族男性中，8 606 位有人物小传，其他 809 位只在其父亲的人物小传中提及，没有自己的人物小传。家族男性主要包括敦、桂、礼、千、诗、丰 6 个字辈的家族成员。

观察该家谱数据集，可以发现实体消歧的工作主要在家谱男性上，同一家族男性在家谱文本中不止一次被提及且存在同名情况，因此需要结合上下文判断这些名称是否指向同一个人物实体。另外，在家谱文本 OCR 的过程中发生重复识别和错误识别，导致出现冗余、歧义等。

考虑到只有不同角色类型的实体才有可能出现歧义，以下对不同角色类型的实体分别进行实体消歧。

4.6.1.1 家族男性

家族男性使用字辈排行、名字（讳）、字、号、学名、考名、出生日期、去世日期等属性描述，其中字辈排行可以作为家族男性的标识属性。标识属性之外的其他属性不具备对实体进行标识的作用，但是可以在实体消歧中起到辅助的作用。除了字辈排行，父亲字辈排行加上实体名字也可以作为一个家族男性的标识属性，毕竟同父兄弟不可能出现同名情况。

检查家族男性实体，首先检验其标识属性的唯一性。如果该标识属性是唯一的，认为该实体通过检验。否则，对于标识属性相同的实体对，根据其他属性进行相似度计算。相似度高于阈值的判定是同一实体，将两个实体节点进行合并；否则判定是不同实体，需要按原文进行比对和修改。图 4 - 23 为家族男性实体消歧的流程示意图。

在相似度计算中使用一对实体的其他属性（大多是字符串），值完全相同则为相同，否则为不同。相似度计算采用 Jaccard 系数，阈值设为 80%。这是为了使个别 OCR 错误、抽取错误等导致的不同值不至于影响对实体的总体判断。经观察，这样的实体对要么在共同属性上表现出几乎乃至完全相同，要么就是几乎完全不同，该阈值能够较好地起到区分作用。

文中还存在表述不一、含义相同的情况。比如，文中有“敦百四十一公”的说法，也有“敦一百二十九公”的说法。对此，进行了量词的替换，包括“一百”替换为“百”，“一千”替换为“千”，“廿”替换为“二十”，“卅”替换为“三十”。

带有人物小传的家族男性实体有相对丰富的描述，因此先对这些人物进行处理。检查后发现存在 223 对（447 条）标识属性相同的家族男性，其中有一组是 3 个人物有相同的标识属性，其余的是 2 个人物有相同的标识属性。继续对 223 对人物节点进行相似度计算，最终发现重复记录实体 14 对（28 条），对其进行合并处理。剩余 419 个节点经判定指向不同人物，其标识属性相同的原因可能是 OCR 识别错误或者家谱原文描述存在错误，对其进行标注以备后续人工检验。

检查仅在父亲的人物小传中出现的家族男性实体，发现 23 对标识属性相同的家族男性，其中有一组是 3 个人物有相同的标识属性，其余的是 2 个人

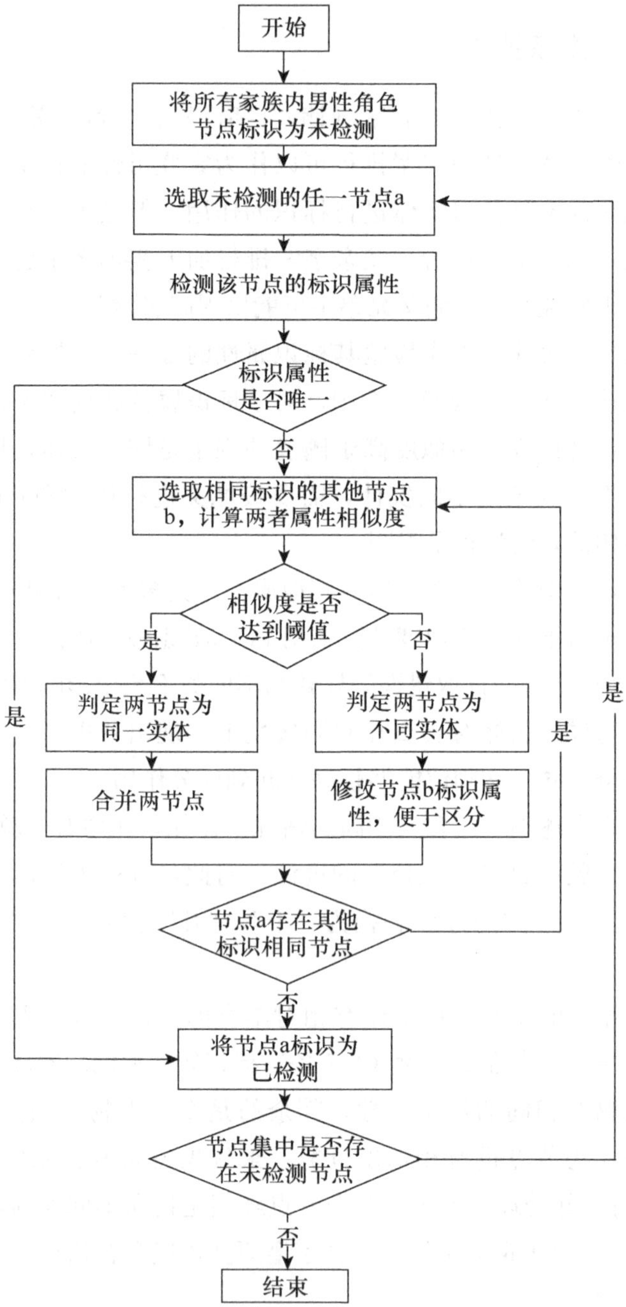

图 4－23　家族男性实体消歧流程示意图

物有相同的标识属性。继续对 23 对人物节点进行相似性检验，最终发现重复记录实体 18 对（36 条），对其进行合并处理。在剩余 11 条中，2 条是文本抽取错误导致，9 条是 OCR 识别错误或原家谱文本记录错误，需要后续进行人工检验。

接下来，对家族男性以不同的角色出现在父亲的人物小传、本人的人物小传中导致的问题进行处理。对于带有人物小传的家族男性和在父亲人物小传中提及的家族男性，使用父亲字辈排行＋实体名字进行标识属性的成对匹配。如果相同，则判定两个人物是同一实体，将图数据库中的两节点进行合并。当合并实体节点间属性存在冲突时，添加标记以备后续人工检验。对于 8 592 个带有人物小传的家族男性和 9 396 个在父亲人物小传中提及的家族男性进行匹配，发现 4 060 对匹配成功。

4.6.1.2 家族女性

类似地，对家族女性进行匹配与判断。不同之处在于家族女性的记录更加简短，其个人信息没有名字，身世显赫的会提及其父亲（如诗三“娶板桥方起涛公之女”），其他的可能提及其籍贯（如图 4 - 15 所示，诗十三“娶董岙宋氏”），更多地只提及其姓氏（如诗四“娶毛氏”）。因此，家族女性需要用丈夫字辈排行＋妻子类型＋个人信息作为标识属性。其中妻子类型包括娶（wife）、继娶（jwife）、侧室（cwife）。

对家族女性实体进行检查，发现存在 18 对（36 条）标识属性相同的家族女性实体，其中一组为继娶。由于标识属性重复的数量不多，且家族女性的其他属性（出生日期、去世日期、墓葬情况）存在大量缺失，因此采用人工检验的方法，最终判定其中 14 组（28 条）为重复记录，剩余 8 条表示不同人物实体。

4.6.1.3 家族外女性

家族外女性的记录比家族内女性更加简短，仅涉及了其人物关系，根据父亲字辈排行＋母亲信息＋丈夫信息进行判定。

对家族外女性实体进行检查，发现存在 5 对（10 条）标识属性相同的实体。同样，采用了人工检验的方法，最终判定其中 4 对（8 条）为重复记录，剩余 2 条表示不同人物实体。

4.6.1.4 家族外男性

家族外男性的记录也十分简短，身世显赫的会提及其父亲（如诗三十二之女“适西山柯世品之子”），其他的可能提及其籍贯姓氏（如诗三次女“适板桥方相宰”），其他的可能仅提及其姓氏（如诗二之女“适王”）。因此，家族外男性使用妻子信息+本人信息来判定。

对家族外男性实体进行检查，发现存在 4 对（8 条）标识属性相同的实体。同样，采用了人工检验的方法，最终判定其中 4 对（8 条）为重复记录。

4.6.2 冲突检验

冲突检验用于解决知识图谱的内部冲突。家谱知识图谱涉及的冲突检验主要检查：实体属性值是否与常识冲突，实体间关系及属性是否存在冲突。实体属性值的冲突检验在于判断其是否符合常识，需要结合属性的含义来共同确定。实体间关系及属性冲突检验主要关注人物间的关系和相关属性是否存在逻辑冲突或不一致。

冲突检验通常使用本体公理或规则来进行推理。可以基于家谱本体模型，使用 Jena、Pellet 等推理工具检测领域本体语义一致性，或者 Neo4j 的 Cypher 语言来表达逻辑推理规则。

1. 实体属性值

结合家谱数据的特点，有众多的属性是枚举型属性，其值域范围有限，一个数据集的相关属性值通常在一个特定的值域内重复出现。以家族男性实体的出生日期的年号（时期）为例，年号（时期）包括崇德、顺治、康熙、雍正、乾隆……宣统、民国。如果在某家族男性实体的出生日期中出现了其他值，可判定该属性值与常识存在冲突。再如家族男性的居住地属性，集中出现在吴桥、高阡、湖山、后堂等，当然这类地名难以事先梳理完整，可以基于其描述性统计分析的结果判断是否与常识冲突：对于枚举型属性，如果某一属性值多次出现则暂时认为其合理；反之如果某一值出现次数极少则认为其不合理、存在冲突。

当然，也还有一些属性的值域广泛，其属性值一般不会出现重复的情况。比如家族男性的名讳，从常识上来看应该不会有大量相同属性值出现。如果出现少量的相同属性值，尚可以理解；如果某一值出现多次，则与常识不符，需要进一步检查确认。比如，多人名讳为“汉”，一是不可能多人同名，二是名通常为两个字，与常识不符，经检查发现，原因在于第二个字是生僻字，故识别失败。

我们检查了部分人物属性及其类型、出现频数、填充率。对于荣誉、考名等填充率很低的属性，不论是枚举型或非枚举型，都很难通过出现频数判断其是否异常。下文分别介绍“出生日期”“字”两个属性的检验结果，它们分别代表了枚举型属性以及非枚举型属性的检验方法。

出生日期是中心人物的重要属性之一，带有人物小传的家族男性实体中99.9%有出生日期的属性值。从出生日期中可进一步获得年号、干支纪年的值，以下主要对年号、干支纪年以及年号与干支纪年组合进行检验。在 8 586 条出生日期记录中，有 8 569 条包括年号信息，8 523 条包括干支纪年信息，8 523 条包括两种信息。根据该家谱数据集的背景可知，相关记载从清崇德年间到民国共 12 个年号（时期），干支纪年为从甲子到癸亥共 60 个纪年，用于检验相关属性的值是否有该值域以外的值。比如，诗二千四十五汉虎的出生日期为“光诗成寅三月十一日子时”，通过属性拆分可知其年号为“光诗”、干支纪年为“成寅”，均不在相应的值域范围内。导致这类问题的原因有 OCR 识别错误（家谱文本简繁体的混用也对此有很大影响）、知识抽取过程中出现错误。对出生日期进行检查，发现有 121 条（1.41%）的年号出现异常，有 290 条（3.40%）的干支纪年出现异常，需要进一步与原文进行比对和修正。

另外，年号与干支纪年的组合也存在冲突的情况。比如，诗二十五沛黉这个人物的出生日期为“雍正戊戌十月初五日酉时”，其中年号“雍正”与干支纪年“戊戌”都没有问题，但是实际上并不存在雍正戊戌年，与事实存在冲突。此类问题可通过出生日期转化为标准日期后与相应年号的起止时间进行对比检验。年号（时期）元年对照表参见表 4-14。

表 4-14　年号（时期）元年对照表

年号（时期）	时长（年）	干支	起始年份	结束年份
崇德	8	丙子	1636	1643
顺治	18	甲申	1644	1661
康熙	61	壬寅	1662	1722
雍正	13	癸卯	1723	1735
乾隆	60	丙辰	1736	1795
嘉庆	25	丙辰	1796	1820
道光	30	辛巳	1821	1850
咸丰	11	辛亥	1851	1861
同治	13	壬戌	1862	1874
光绪	34	乙亥	1875	1908
宣统	3	己酉	1909	1911
民国	38	壬子	1912	1949

下面以字为例说明非枚举属性的检验方法。字是古代男子成年后所取。《礼记·曲礼上》说："男子二十，冠而字"，"女子许嫁，笄而字"。无论男女到了成年就会取字，一般人尤其是同辈和属下只许称尊长的字而不能直呼其名。这是一个典型的非枚举型属性，任何汉字的组合都有可能作为一个人的字，通常在一个家族内的人物的字不会出现多次重复的情况。导致多次重复问题的原因主要是 OCR 识别错误、知识抽取过程中出现错误。在本研究的数据集中，带有人物小传的家族男性实体 71.57%有字。检查各种值的出现频率，大于 10 次的值有：迪（1 584 次）、崇＃（530 次）、文（517 次）、崇（313 次）、德（212 次）、学（81 次）、文＃（50 次）、邦（31 次）、世（14 次）、文德（11 次），这里"＃"代表未能成功识别字符。人物的字通常应该是双字符，且"文德"出现多次重复也不排除有异常的可能，有必要进一步结合原文进行人工比对和修正。

2. 字辈属性的冲突

在实体间属性冲突上，重点检查了家谱人物在字辈属性上的冲突，即父与子的字辈属性不符合字辈顺序。比如本研究的数据集中的人物字辈依次为：敦、桂、礼、千、诗、丰。如果某人的父亲的字辈为"敦"，则他的字辈应该为"桂"，否则存在字辈属性的冲突。通过为字辈添加序号（相应的定义导出属性 GenerationNO，敦为1，桂为2，……，丰为6)，检查父亲字辈序号与儿子字辈序号的差值是否为−1，从而判断两者间字辈属性是否存在冲突。使用如下 Cypher 语句即可检查出父子字辈属性存在冲突的人物实体对。

```
1. MATCH (p1:person)-[r:hasSon]->(p2:person) Where p1.GenerationNO-p
   2.GenerationNO <> -1 Return p1,p2;
```

在辈分异常的检测中，共发现120组辈分异常的父子关系节点，需要进一步结合原文进行人工比对和修正。

3. 时间属性异常

在OCR结果中时间信息存在大量错误，尽管通过人工校对修正了部分时间信息，仍有必要再次进行检验。

上面已经介绍了对出生日期的检验，现在通过实体间的关系进一步进行检验。比如，父母与子女的出生、去世日期通常应满足这样的规律：父母出生年份<子女出生年份<父母去世年份（有个别的子女出生年份晚于父母去世年份，可先作为异常识别出来，再进行进一步的检验)。使用如下 Cypher 语句，按上述规则来检测时间属性的异常。

```
1. MATCH (p1:)-[r:hasSon]->(p2:) Where p1.BirthDate > p2.BirthDate R
   eturn p1,p2;
```

在检测前将甲子纪年法的属性值转换为公元纪年的格式并保存下来，有利于后期的查询和相关的数据分析，如分析出生人口、先人寿命、夫妻年龄差等。日期由年号、干支纪年、月份、日组成，通过年号元年对应表找出该年号的元年为公元多少年以及当前的干支纪年，在通过干支纪年的顺序计算出当前日期的公元年份。

比如，诗三的出生日期为康熙戊子十二月十九日，其年号为康熙、干支纪年为戊子，可以换算得到1708年。再如"乾隆戊戌八月廿八日亥时"，戊戌代表是乾隆四十三年，即1778年。

在时间异常检测中，共发现30处冲突，其中28处是父亲出生日期晚于儿子的出生日期，比如，桂再二千六百卅四培月生于民国丙戌年（1946年)，其父亲礼二千五百五熙尖生于民国丁亥年（1947年)，存在冲突；另有2处是人物自身出生日期晚于去世日期，比如，诗六百卅二汉富生于乾隆乙酉年（1765年)，死于乾隆甲申年（1764年)，与常识不符。

可见，通过知识融合的两部分工作，进一步消除了家谱知识图谱中存在的错误和冲突，提高了图谱的质量。这是一个典型的人机协作的过程，采用了基于规则的方法来提高处理效率，聚焦到出现错误的信息上，进而进行人工检验和修正。对于相对简单、模式化程度较高的任务，使用规则和检索语言进行自动处理；对于复杂程度较高、机器难以高质量完成的任务（如校对和修正），由人工（如众包人员）完成。此外，这也是一个不断发现问题、解决问题的过程，这种反复迭代的过程贯穿知识图谱整个生命周期。

注释

[1] 陈建华. 中国检索词的建立与资料的沟联：家谱资源数字化初探 [C]//王鹤鸣，马远良，王世伟. 中华谱牒研究：迈入新世纪中国族谱国际学术研讨会论文集. 上海：上海科学技术文献出版社，2000：310-322.

[2] 郭志红. 家谱元数据的设计及其著录与查询系统的实现 [D]. 上海：上海交通大学，2003.

[3] 周秋芳，顾燕，陈建华，等. 家谱描述元数据规范 [EB/OL]. [2021-02-03]. http://ir. las. ac. cn/handle/12502/4876.

[4] 赵亮，苏品红. 国家图书馆家谱元数据规范与著录规则 [M]. 北京：国家图书馆出版社，2014：10-40.

[5] 夏翠娟，刘炜，张磊，等. 基于书目框架（BIBFRAME）的家谱本体设计 [J]. 图书馆论坛，2014，34（11）：5-19.

[6] 夏翠娟，张磊，贺晨芝. 面向知识服务的图书馆数字人文项目建设：方法、流程与技术 [J]. 图书馆论坛，2018（1）：1-9.

[7] Chinese genealogy knowledge service platform [EB/OL]. [2021-02-03]. http://jiapu. library. sh. cn.

[8] 姚啸华，贺晨芝，徐孝娟，等. 面向数字人文的图书馆众包平台构建研究：以上海图书馆历史文献众包平台为例 [J]. 图书馆杂志，2020，39（6）：105-112.

[9] 黄霄羽. 国外家谱档案利用热潮之成因探析及启示 [J]. 档案学通讯，2007（1）：30-33.

[10] 陈艳. 中国家谱的知识本体构建 [D]. 上海：上海交通大学，2007.

[11] EMBLEY D W，LIDDLE S W，EASTMOND T S，et al. Conceptual modeling in accelerating information ingest into family tree [M]. Conceptual modeling perspectives. Springer，Cham，2017.

[12] 于娟，施文洁，朱正祥. 基于本体的人物关系一致性检测方法研究 [J]. 情报学报，2018，37 (1)：98-105.

[13] ZANDHUIS I. Towards a genealogical ontology for the semantic Web [EB/OL]. (2005-09-17) [2021-02-01]. http://www.zandhuis.nl/sw/genealogy/.

[14] Library of Congress. Overview of the bibframe model [EB/OL]. (2016-04-21) [2021-02-02]. https://www.loc.gov/bibframe/docs/bibframe2-model.html.

[15] Shlgen [EB/OL]. [2020-06-06]. http://ont.library.sh.cn/graph/shlgen.

[16] LIDDLE S W, DOBSON D, EMBLEY D W, et al. Enabling efficient Chinese jiapu information extraction [C]. Proceedings of FHTW15, 2015.

[17] WALKER T, EMBLEY D W. Automating the extraction of genealogical information from the Web [C]. Proceedings of 4th anual workshop on technology for family history and genealogical research, 2004.

[18] BAKER J, CAMPBELL H, CRABTREE J, et al. Pattern markup language: a pattern-based tool for quickly automating genealogy data extraction [C]. Proceedings of the 8th annual family history technology workshop, 2008.

[19] LONSDALE D, HUTCHISON M, RICHARDS T, et al. An NLP system for extracting and representing knowledge from abbreviated text [R]. The BYU NL-Soar research group, 2001.

[20] PACKER T L. Scalable detection and extraction of data in lists in OCRed text for ontology population using semi-supervised and unsupervised active wrapper induction [D]. Provo: Brigham Young University, 2014.

[21] KIM T W. A green form-based information extraction system for historical documents [D]. Provo: Brigham Young University, 2017.

[22] LINDES P. OntoSoar: using language to find genealogy facts [D]. Provo: Brigham Young University, 2014.

[23] NAGY G. Estimation, learning, and adaptation: systems that improve with use [C]. Proceedings of the joint IAPR international workshop on structural, syntactic, and statistical pattern recognition, 2012.

[24] PARK J. FROntIER: a framework for extracting and organizing biographical facts in historical documents [D]. Provo: Brigham Young University, 2015.

[25] EMBLEY D W, LIDDLE S W, LONSDALE D W. Conceptual modeling foundations for a Web of knowledge [M] //Handbook of conceptual modeling, Chapter 15, 2011.

[26] 皇甫晶，王凌云. 基于规则的纪传体古代汉语文献姓名识别 [J]. 图书情报工

作，2013，57（3）：120-124.

［27］汤亚芬. 先秦古汉语典籍中的人名自动识别研究［J］. 现代图书情报技术，2013（Z1）：63-68.

［28］谢韬. 基于古文学的命名实体识别的研究与实现［D］. 北京：北京邮电大学，2018.

［29］王晓玉，李斌. 基于CRFs和词典信息的中古汉语自动分词［J］. 数据分析与知识发现，2017，1（5）：62-70.

［30］王东波，黄水清，何琳. 基于多特征知识的先秦典籍词性自动标注研究［J］. 图书情报工作，2017，61（12）：64-70.

［31］袁悦，王东波，黄水清，等. 不同词性标记集在典籍实体提取上的差异性探究［J］. 数据分析与知识发现，2019，3（3）：57-65.

［32］任明，许光，王文祥. 家谱文本中实体关系提取方法研究［J］. 中文信息学报，2020，34（6），45-54.

［33］YANG Y，LIU X. A re-examination of text categorization methods［C］. Proceedings of SIGIR’99，Berkeley，1999.

第5章

家谱可视化应用

基于所构建的家谱知识图谱可以构建多种应用，本章将介绍围绕家谱可视化应用开展的相关工作。数字家谱资源的不断丰富对于可视化技术提出了新的要求。本章在了解分析中西方现有的家谱可视化形式的基础上，从中华传统家谱的特点出发，提出了改进的家谱树状图和家谱力导向图两种可视化形式。同时，根据上述可视化形式设计和实现了可视化平台的原型，并以浙江高迁吴氏西宅宗谱为例进行可视化展示。

5.1 中西方家谱可视化

家谱树状图是常见的家谱可视化形式，它用点线连接法绘制，可以直观地展示某一节点的子孙和祖先信息，通过二叉树的形式展示节点与其两个父母节点的关系[1]。例如，在图 5-1 中，左侧节点是相邻右侧节点的子女，最左侧节点是主人公，右侧是其父母及祖先。该方法存在家族关系复杂导致的边交叉等问题，例如多子女、近亲婚配会导致边交叉，以及多次婚姻关系在二叉树中难以表现，叔侄关系等非直系血缘亲属关系也难以表现。

家谱扇形图用径向空间填充法绘制。例如，在图 5-2 中，内侧节点是相邻外侧节点的子女，中心节点是主人公，外侧是其父母及祖先。扇形图通过重复填充成员信息来解决近亲婚配等引起的边交叉问题。其缺点在于空间利用不合理，在某些节点的父母节点缺失时向外延伸的空间均缺失，且越接近扇形中心的节点缺失造成的空间浪费越大。

家谱矩阵法（GeneaQuilts）以矩阵可视化的形式展示大规模家谱数据，并在其中广泛使用字符来表意[2]。例如，在图 5-3 中，用 F 表示家庭，在其上方的矩阵方格中存在实心标记的两人为组成该家庭的夫妻，丈夫用实心方框表示，妻子用实心圆圈表示；其下方矩阵方格中存在实心标记的为该家庭的子女节点，用通用性别符号标识。该方法简明地反映家族传承信息，能在有限的空间内展示大规模家族成员，且能够较好地解决家谱树状图的边交叉问题，但也因展示过于紧密而忽略或难以对家谱中其他内容进行展示。

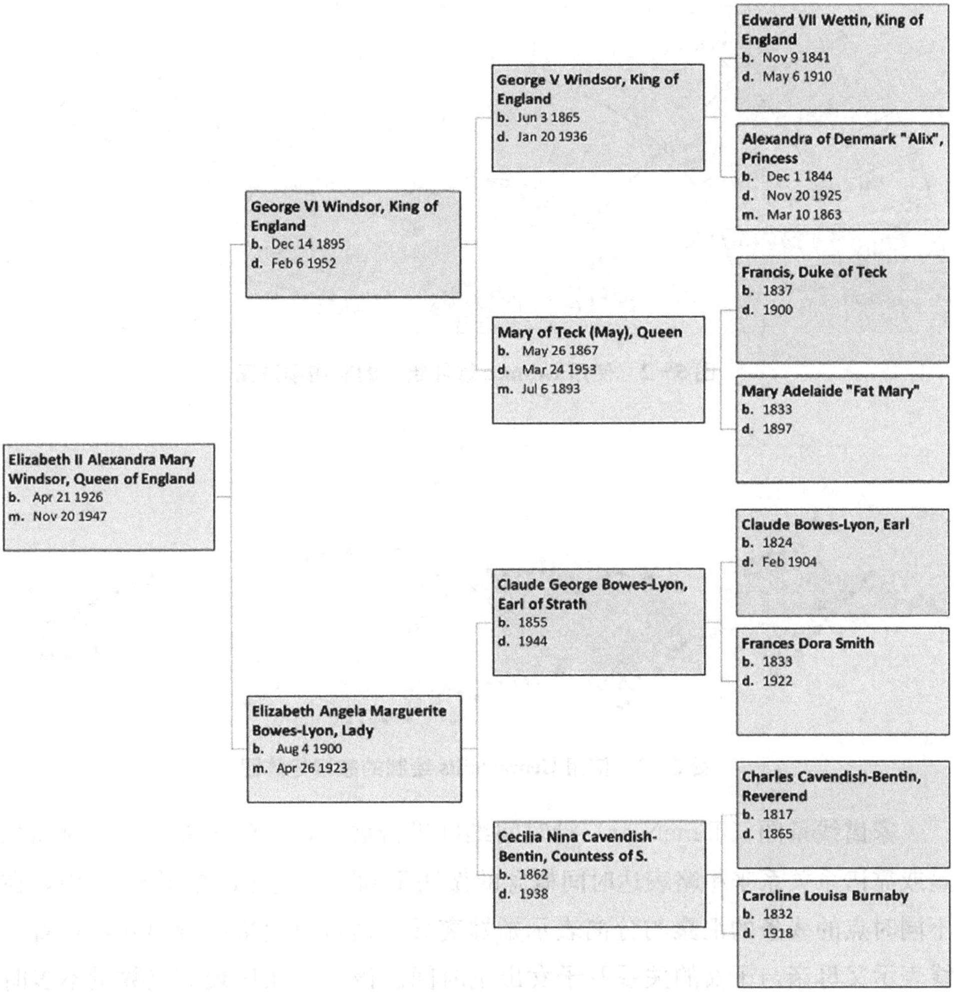

图 5-1　使用 Family Tree Builder 绘制的家谱树状图

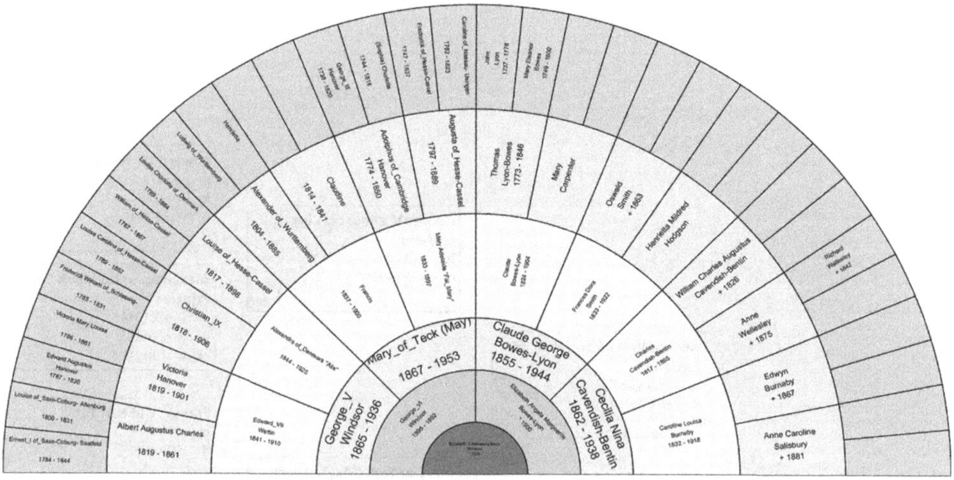

图 5-2 使用 Gramps 软件绘制的家谱扇形图

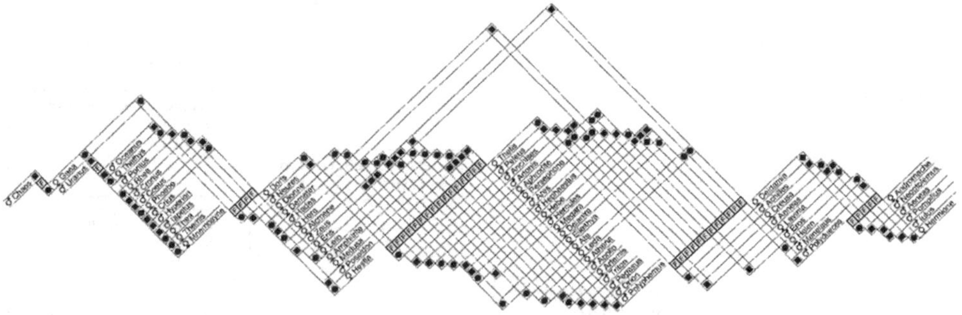

图 5-3 使用 GeneaQuilts 绘制的家谱矩阵图

家谱线条图（TimeNets）沿时间维度进行展示，与前述方式采用时间标签或靠谱系关系来粗略表达时间概念的做法不同[3]。例如，在图 5-4 中，在不同时点的线条的汇聚与分离表示婚嫁离异，通过颜色来区分男女，垂直连线表示父母亲与子女的关系及子女出生时间。该方法在比较节点数量不多时有较强的表现力，但不适用于数据量较多的家谱的可视化[4]。

家谱背景树（contextual family tree，CFT）是结合了家谱线条图和树状图的可视化形式[5]。例如，在图 5-5 中，通过代表家庭成员的节点长度表达时间维度，并在时间维度中体现出生、离世、婚配、离异等信息；通过夫妻节点下方的小矩形的形状变化和颜色来表达复杂的生育信息，如性别、是否早逝、子女有无子女等。该形式把线条图对微观时间属性的表现优势和树状

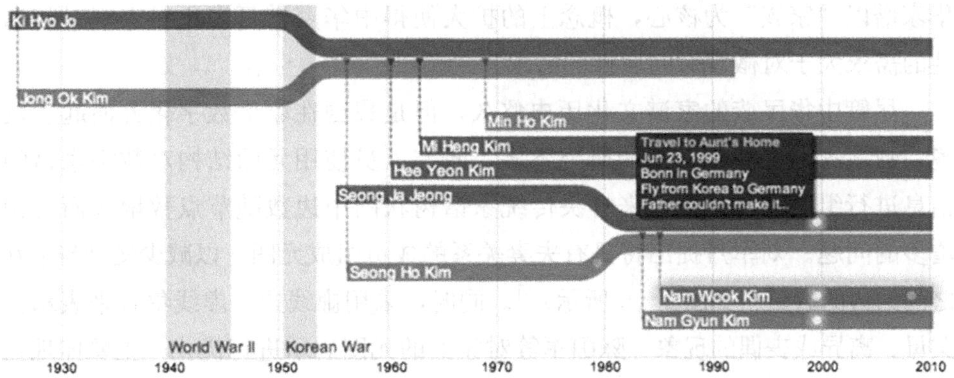

图 5－4　用 TimeNets 法绘制的家谱线条图

图的点线表现形式结合起来，但在遇到有多次婚姻经历的个体时会重复呈现，无法清晰表示夫妻关系和兄弟姐妹关系。

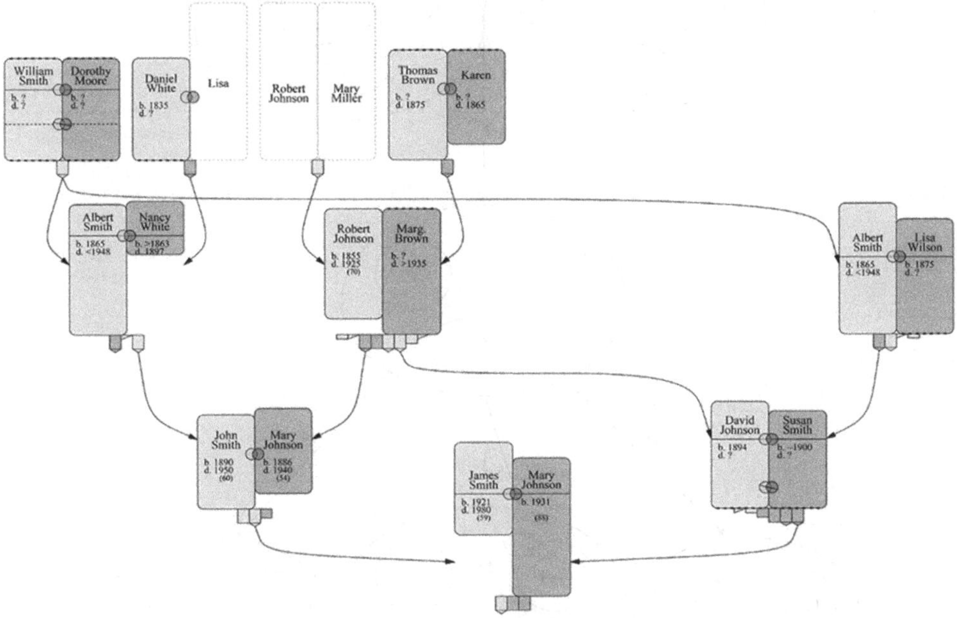

图 5－5　用 CFT 法绘制的家谱树状图

由于文化差异，上述来自西方家谱研究的家谱可视化形式不适用于中华家谱的可视化。首先，西方家谱的可视化多以当代人为初始（中心）节点，进而追溯其父母祖先，而中华民族敬重先人和血脉传承，推崇以祖先为初始节点，进而展现其子孙后代节点。另外，西方家谱以“家庭”为核心，而中华家谱以“家族”为核心，概念上的扩大使得中华家谱可视化对宏观时间属性的需求大于对微观时间属性的需求。

尽管中华民族的家谱文化历史悠久，但是我国在家谱数字化方面起步较晚，数字家谱可视化方面的研究不多。研究人员使用元图结构对数字家谱的信息进行组织和可视化，来解决传统家谱树状图中边数随节点数增多而急剧增多的问题。刘军丹提出将具有夫妻关系的成员组成元图，以减少父母与子女之间的边的数量（如图 5－6 所示）[6]。同时，采用虚线边、虚线集合来表示养父母、离异或丧偶的现象。陈国军等对家谱的元图表示进行优化，主要体现在对父母与未婚、已婚子女关系的表示和对父母与独生子女关系的表示上（如图 5－7 所示）[7]。将未婚子女、其他子女放进父母节点集合中，减少了家谱树

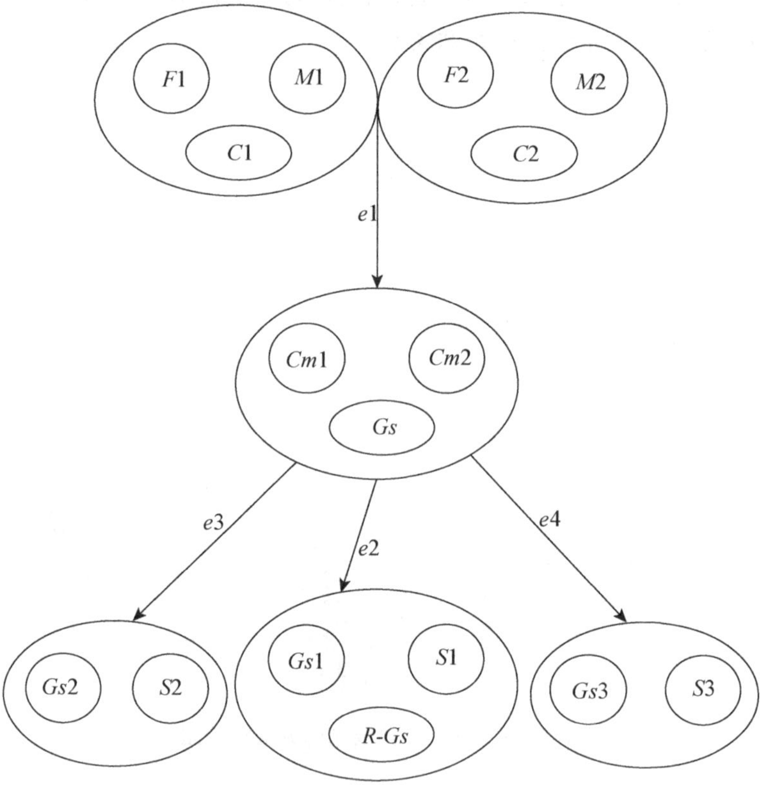

图 5－6 夫妻关系的元图

的有向边数；对于独生子女，使两个独生夫妻双方的父母节点集合相邻，用元图中位置的左右区分性别，最终仅用一条边即能表示普通家谱树结构中需要四条边才能表示的父母子女关系；将已离异或离世的配偶隐藏，通过节点颜色深浅表示是否存在，将其他子女和未婚子女通过元图集合表示，在点击相应节点时展开显示。这样可以表示中华家谱中丰富的关系，同时也在一定程度上像国外核心“家庭”一样有简洁的显示。

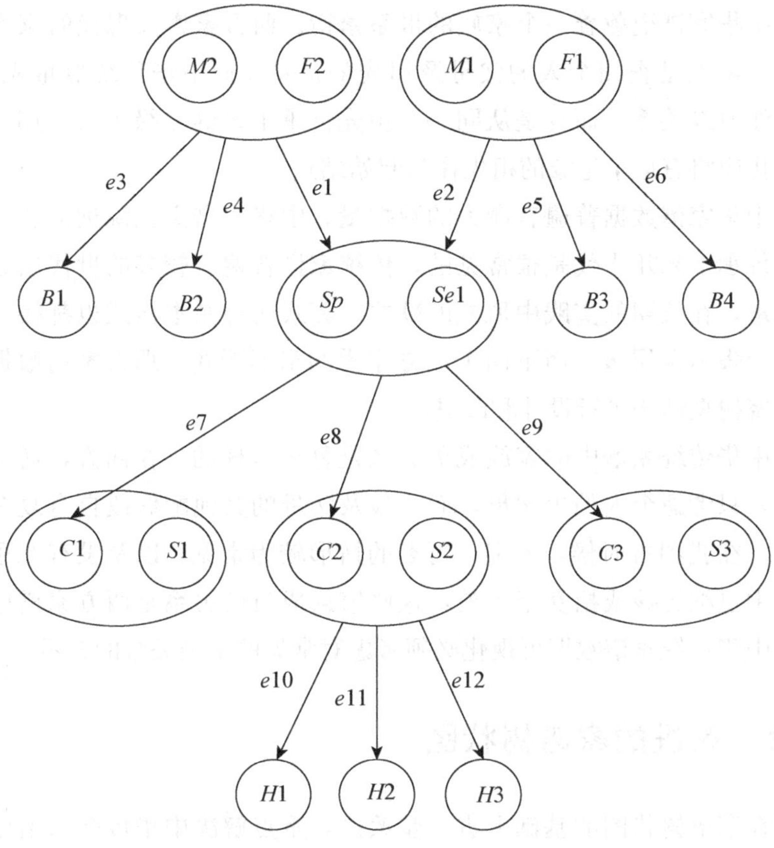

图5-7　夫妻及未婚子女的元图

元图可视化更多地考虑现代家谱的展示，在展示中华传统家谱时仍存在一些局限。在刘军丹的设计中涉及多个配偶（如古代男子娶多房）时，如均用虚线表示，节点将过于臃肿。在陈国军的设计中，通过隐藏节点避免了臃肿的问题，但也无法很好地处理涉及多个配偶时的情形。

5.2 中华传统家谱可视化

归纳中华传统家谱的典型特征，是设计数据可视化的第一步。

首先，中华家谱记载着一个家族的世系繁衍。西方家谱及现代的家谱以个人为导向，重点是查阅个人的父母及祖先的信息。而中华传统尊重先人，在家谱中关注血缘关系，而且是从同一个祖先传承下来的血缘关系。那么家谱数据可视化应将有最早记载的祖先作为起始结点。

其次，中华家谱数据普遍有庞大的数据量。中华家谱文化源远流长，从同一个祖先传承下来几十代是很常见的，传统家谱普遍有较多的世代层数和庞大的数据量。在长期的实践中形成的欧式、苏式两种基本格式也都接近树形结构，适合表示深层级，而不同于西方家谱的扇形形式。那么家谱数据可视化最好围绕树型结构进行设计和改进。

再次，中华传统家谱中的家族成员关系是复杂多样的。在西方，通常以家庭为核心，只考虑个人的生父母，而不涉及父母的其他配偶或自身复杂兄弟姐妹关系。在我国古时候，多娶、再娶的情形较为常见，以及没有儿子的人家从同族中过继男孩或招女婿入赘，这些家族成员的关系是西方家谱中没有涉及的。中华传统家谱数据可视化必须考虑对常见的复杂关系的表示。

5.2.1 改进的家谱树状图

本研究在家谱树状图的基础上进一步改进，重点解决中华传统家谱中常见的复杂关系的表示。

1. 夫妻关系

借鉴元图可视化的形式，夫妻用节点的聚合来表示。若家族的男子迎娶，女子（媳）节点显示在男子节点的后面，在有多个妻子时按迎娶时间顺序依次显示。若家族的女子出嫁，则男子（婿）节点显示在女子节点的后面，且不显示男子的父母、祖先信息和该夫妻的子女信息，相关信息在男子家族的家谱中存储，这符合中华传统家谱的习惯，也可以避免近亲婚配等引起的边交叉问题。

2. 子女关系

父母双方对同一子女采用一条边表示，这样在节点数量不变的情况下使得图的总边数减少一半，且能表示出叔侄关系等非直系血缘亲属关系。在男子有多个妻子时，子女节点与母亲节点相连接。在缺少母亲信息时，子女节点与父亲的第一位妻子的节点相连接；在缺少父亲所有妻子的信息时，与父亲节点相连接。这样在传统家谱中一夫多妻的情形下能够对子女关系有明确的表示，也能够适应现代的离婚再婚情形下的表示。

3. 过继等无直接血缘关系

对于过继的子女节点，仅显示其最终法律或家族伦理归属，即与其当前父母节点相连接，而不显示其与原父母节点的关系，可在节点详细信息中备注说明原父母信息。这虽然忽略了原父母信息的直观表达，但是符合中华传统家谱的习惯，也能够保证树结构的完整性和一致性。

4. 其他

以颜色的深浅表示辈分，辈分越高，颜色越深。

与现有各种家谱信息可视化形式相比，本研究改进的家谱树状图具有一定的表达优势。与家谱扇形图相比，改进的家谱树状图可以表示世代规模很大的家族信息，且在表达特定人物的世代关系时，可以方便地查看其父祖信息和子孙信息。与使用 GeneaQuilts 绘制的家谱矩阵图相比，改进的家谱树状图在形式上清晰明了，且能展示较为复杂的夫妻关系，既能在有限面积内展现较为多层的世代关系，又能提供更丰富的节点信息。与用 TimeNets 法绘制的家谱线条图相比，改进的家谱树状图更加适合中华传统家谱对时间上较为宏观的信息进行可视化的需要，通过点击节点即展现节点详细信息的方式，在一定程度上提供了个人微观信息的展示空间。与用 CFT 法绘制的家谱树状图相比，改进的家谱树状图在表达多娶的情况时更加简单清晰，同时考虑到中华传统家谱中并没有对于子孙类型的表达的需要，对子孙已婚、早逝等信息没有专门的分类标签，这些信息可以通过其他的信息查询获得。与家谱元图可视化形式相比，改进的家谱树状图同样结合了夫妻节点来简化图结构，同时在多娶、多房子女的表示上更加清晰。

5.2.2 家谱力导向图

考虑到中华家谱对多样的关系进行查询的需要，还可以使用力导向图（force-directed graph）进行家谱可视化。力导向图是用来呈现复杂关系网络的图形。在力导向图中，每个节点都可以看成一个放电粒子，粒子之间存在某种斥力；同时，这些粒子间被它们之间的“边”所牵连，从而产生引力。系统中的粒子在斥力和引力的作用下从随机无序的初态不断发生位移，逐渐趋于平衡有序的终态。

与改进的家谱树状图相比，家谱力导向图的变化主要体现在如下方面：第一，可以显示不同类别的关系，例如父子、母子、夫妻关系，不限于家谱树状图中的父母与子女的关系。第二，不再限于树结构，而是形成家族成员的关系网络结构。例如在家族内近亲婚配时，出嫁女子一方面与其父母节点相连接，另一方面也与其丈夫节点相连接。第三，可以基于现有关系的组合定义进行更加复杂的关系推理和查询。

对比改进的家谱树状图和家谱力导向图，可以发现两者各自的特点和适用情形。改进的家谱树状图采用树形结构，且有明确一致的排列方向，可以展示较多层的世代关系；夫妻节点聚合排列节省了表示夫妻关系的边，而且使表示父母与子女的关系的边减少一半，使家谱结构简化。因此，改进的家谱树状图适用于中华传统家谱的整体性展示，特别是当世代层数较多时，会比家谱力导向图更加简明清晰。家谱力导向图通常是网状结构，所能表达的关系种类更多，可以展示更丰富的关系，可以作为家谱树状图的拓展和补充。力导向图尤其适用于需要表达复杂关系（如家族内近亲婚配）的场合，以及对关系进行复杂查询和推理的场合。

5.3 中华传统家谱可视化平台

5.3.1 功能需求

在该家谱可视化平台上，注册用户可以浏览在平台上发布的且允许浏览的家族谱系图，可以针对选定的家谱图进行查询，可以对现有家族谱系图进行修改，也可以自行创建新的家谱。修改发表的流程类似于通过Git的合作和版本管理：包括主分支和不同用户下的编辑分支。平台对用户提交的修改进行审查，对用户提交的信息来源（如公开报道、人物传记等）等进行确认。

1. 用户管理

用户在进行注册后，可以通过账号和密码进行登录，进入家谱总表页面。

2. 创建家谱

用户可自行创建家谱，需要填写表单上的元数据包括：姓氏、居住地、信息来源、是否为家族成员。这些作为家谱基本信息在具体家谱的页面上展示。同时，用户在创建家谱时，还需要指定具体用户或某一级别的所有用户拥有查看、编辑、审核的权限。应当允许对历史家谱数据进行批量导入，也允许在线进行增量更新。

3. 编辑与审核

有编辑权限的用户可以创建和修改节点。创建新的节点包括两种方式：在原有节点上创建新的节点（涉及节点之间的关系），创建和原有节点完全无关的节点（不涉及节点之间的关系）。后一种方式不推荐，但考虑确有一些人物暂时无法追溯和与家族其他人物进行关联，也提供了这一方式。有编辑权限的用户也可以创建和修改关系；还可以创建和修改属性，属性需要按照规定填写属性值。

用户编辑在前端进行，前端所有的增、删、改保存在编辑记录中，数据本身没有变化。提供涉及改动的节点或关系的可视化图，根据编辑记录可视化，在数据库中并没有改动数据。例如，可视化页面中被删除的节点没有被删除，只是隐藏起来。所有编辑记录保存在本地，在提交到数据库后才会清除。编辑记录可撤销到上一步。如果用户误关闭了页面，还可以还原自己之前的编辑记录。

用户在前端修改后，修改记录会作为一个分支存储到数据库，等待审核人员审核通过后将更改合并到数据库。审核由有审核权限的用户在前端进行。审核后通过相应后端函数修改数据库。编辑版本合并到主分支上。编辑记录保存同时修改涉及节点在修改前的属性值，保证能够版本回退。

4. 查询

用户需要友好的查询检索方式。对于在当前页面中显示的节点，单击节点应当显示完整属性，单击边应当显示边的类型和所连接的两个节点的信息。对于不在当前页面中的节点，点击检索按钮进入检索模式，应当能够通过节点的 self. ID 或自主选择的其他属性（如名字、世代）及组合，进行精确检索。在选择时可以自行设定可视化中展示的该人物祖先层数、子孙层数、最多显示节点数等。为了用户方便，系统应当在页面上列举常用的属性，方便用户单击即可实现选择。如果检索到多个符合要求的人物，应当显示人物列表，供用户选择和查看。

5. 可视化展示

家谱数据的可视化方式丰富多样，应当允许使用不同类型的图表进行展示。对于不同世代应当以颜色的深浅来区分，对于不同性别的人物和不同类别的关系应当用不同颜色加以区分。单击当前页面上的节点（或连线）应当显示人物的属性（或相关联的人物）。

此外，家谱数据的内容和格式也是丰富多样的，应当在家谱本体的基础上，允许用户结合实际需求进一步完善定义。

5.3.2 技术选型和框架

虽然中华传统家谱的数据量普遍较大，但是在本研究中，所需的功能也相对简单，以增删改查为主。考虑到这一特点，可以设计轻量级 Web 应用，主要使用 JS 语言编写。网站可以运行在独立的服务器上或云服务器上。

数据用 Neo4j 图数据库存储。它适合展示节点和关系数据，并且具有灵活性，也适用于家谱平台这种查询多、增删改操作相对少的情况，支持基于属性或关系的查询、对多级关系的深度查询。数据在被导入数据库之前，需处理成两个数据表，分别是人物属性数据和人物关系数据。

平台可以基于 Node. js 和 Vue. js 的前后端框架。后端服务器采用以 Node. js 为基础的 Web 开发服务框架 KOA2 框架，是一个小型但健壮的开发框架。平台通过 Neo4j driver 使用 Cypher 语言进行检索。平台的功能包括对家谱进行查看、创建、编辑、查询等。前端渲染使用 Vue. js 框架，实现响应式双向数据绑定来更新渲染页面，非常适合家谱平台这种数据密集型应用，可根据数据变更展示结构。

平台使用 d3. js 和 Baidu ECharts 进行可视化。前者能够自由定制，动态渲染数据，由开发者操作 DOM 元素，适用于平台展示关系数据；而后者的定制性较差，但提供的图表类型丰富且设计美观，平台可以用它来展示部分统计结果。

图 5－8 给出了家谱平台的系统架构图。

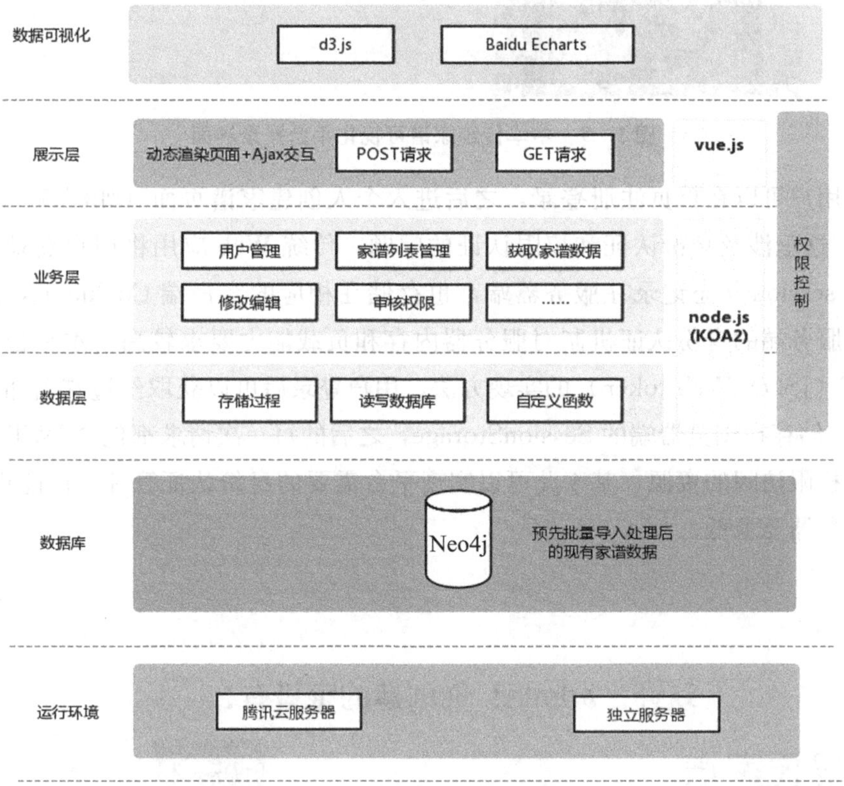

图 5－8　家谱可视化平台的系统架构图

5.3.3　系统原型

这一部分将介绍本研究设计和实现的家谱可视化平台的原型。平台提供查看家谱、创建家谱、编辑修改家谱中的人物节点和关系、审核修改、查询以及用户的注册登录功能。图 5－9 展示了平台登录界面。

图 5-9 中华传统家谱可视化平台登录界面

用户可以在首页注册登录，之后进入个人创建家谱页面（如图 5-10 所示）。这里涉及身份认证和权限认证的问题，传统 Web 应用将用户登录状态通过 session 状态记录在服务器端，也存储在相应的客户端 Cookie 上，这种依靠服务端的身份认证机制对服务器内存和负载能力要求较高。本平台采用 JWT（JSON Web token）的实现方法，用户登录后可以获取经过签名加密的 token 储存在浏览器端的 SessionStorage，之后的每一次请求都包含 JWT 来获取有权限访问的资源，基于此可以实现平台需要的身份认证管理，性能更好，对服务器要求低。

图 5-10 家谱列表页面

用表单创建家谱，需要填写的信息如图 5-11 所示。这些信息将在家谱页面上展示，也可以被创建者修改。

平台使用 d3. js 绘制家谱树状图和力导向图，在 d3. js 提供的树状图中并

图 5-11　创建家谱页面

不能将节点聚合在一起，也不能将子节点从聚合节点的指定位置导出，经过改进后实现了这些可视化目标。

用户点击有权限观看的家谱进行查看。家谱树状图与世系图谱的展示非常相似，符合大部分人对于家族树的认识。为避免节点数过多，默认最多显示 80 个节点。此默认设定可自行更改。图示中使用蓝色和粉色分别表示男性和女性，使用节点颜色的深浅表示人物辈分的高低。点击家谱树状图的节点可以隐藏和显示子孙节点，方便对树的结构和布局美观度进行调节。在家谱树状图中，夫妻关系在图中不用边来表示，仅表示为聚合的节点；且妻子显示在丈夫节点的后面，而家族的女婿显示在其妻子节点的后面。关系主要是父母与子女之间的边，通常情况下与母亲节点相连接，在缺少母亲节点时与父亲节点相连接。对于一夫多妻现象，子女分别与其母亲节点相连接；在缺少母亲信息时，父亲与子女直接相连。

图 5－12 给出了创建没有人物关系的新节点、上传修改等的功能界面。

图 5－12　编辑模式页面

有修改权限的用户在前端修改后，修改记录会作为一个分支存储到数据库，等待审核人员审核通过后将更改合并到数据库。前端所有的增改删数据都保存在编辑记录中，数据本身没有变化，可视化页面中被删除的节点没有被删除，只是隐藏起来。所有编辑记录保存在本地，在提交到数据库后才会清除，如果用户误关闭了页面，还可以还原。节点的修改会同步到两种可视化视图下。

创建新的节点有两种：在原有节点上创建新的关系节点，创建（和现有节点）没有人物关系的新节点。第二种方式不推荐采用，但也有一些人物节点确实无法追溯和关联起来，因此也提供了这一功能。当然，更加推荐的是，单击页面中相关的人物节点，使用“创建关联人物”在家谱中添加新的人物节点，在新出现的窗口处设定新人物和关联人物的关系，即可同时添加人物节点、属性和关系。“添加新关系”等与此类似。

在检索部分，使用 Neo4j 数据库的 Cypher 语言为用户提供更加友好的查询方式，使得用户通过点击和选择进行查询，获得所需要的信息。例如在图 5－13 中，点击人物节点，可以检索他的关系节点，了解关于他的上下三代世系图谱。当然，也可以直接用名字、世代、性别、生卒年等属性直接查找节点。

在审核模式中，有审核权限的人员在前端审核。有审核权限的包括家谱创建者及其指定的用户。提供改动所涉及节点的可视化图，修改后的节点可

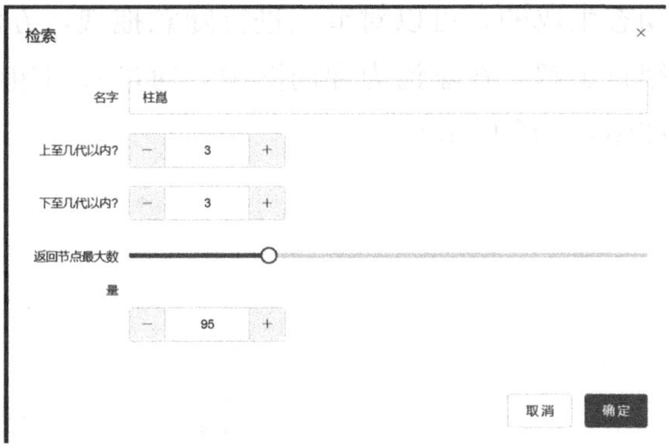

图 5-13　检索"柱崑"的关系节点

以根据编辑记录可视化出来。审核后通过相应后端函数修改数据库。编辑版本合并到主分支上。编辑记录保存（不超过 20 次），同时修改所涉及节点修改前的属性值，保证能够版本回退。

5.3.4　可视化实例

本小节展示浙江高迁吴氏西宅宗谱（部分）的可视化。从图数据库 Neo4j 调用数据，并用 d3.js 绘制家谱树状图和力导向图。平台中家谱树状图有横排和竖排两种形式，由于吴氏家谱规模较大，为便于展示选择横排（如图 5-14 所示）。

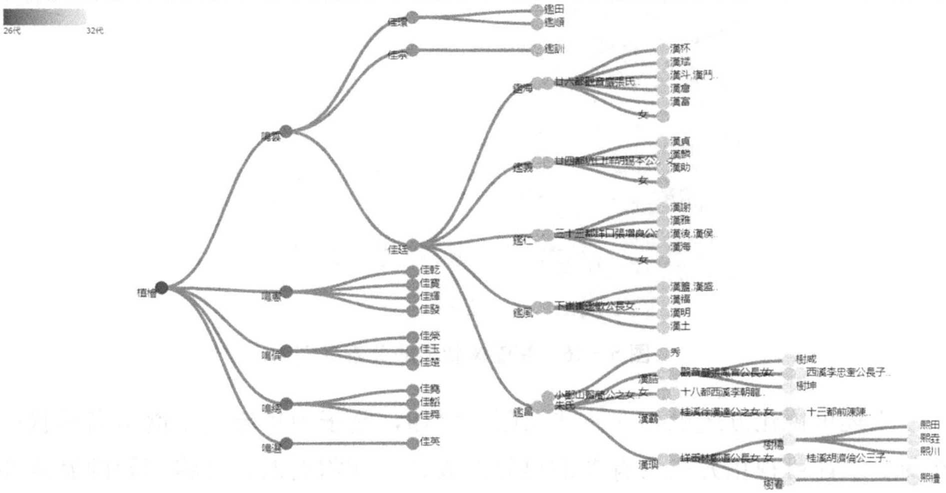

图 5-14　改进的家谱树状图实例

力导向图是动态生成的，可以对节点进行随意拖拽，方便对所关注的信息的上下文进行细致了解。在家谱力导向图中，通过有向边的颜色和标签来区别不同关系（如图 5 - 15 所示）。

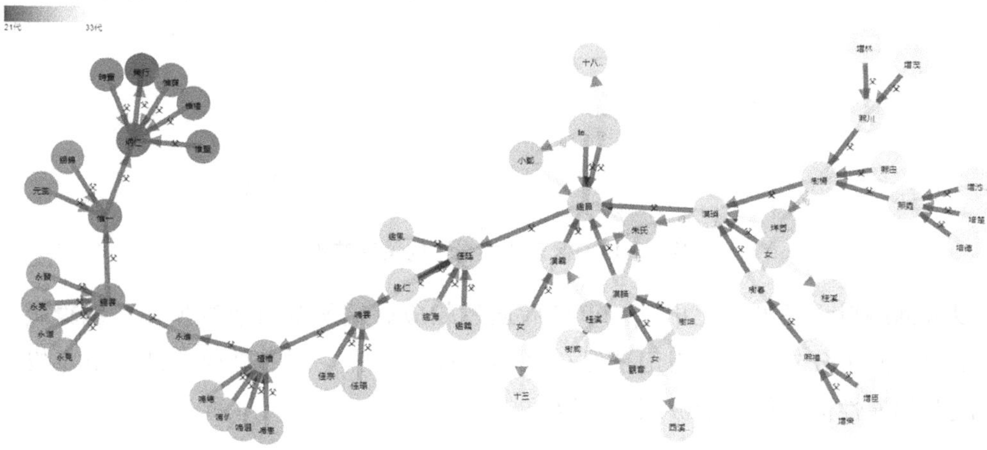

图 5 - 15　力导向图实例

点击节点可以显示该节点的信息，点击关系可以显示相关联的两个节点的信息（如图 5 - 16 所示），方便用户查看和编辑。

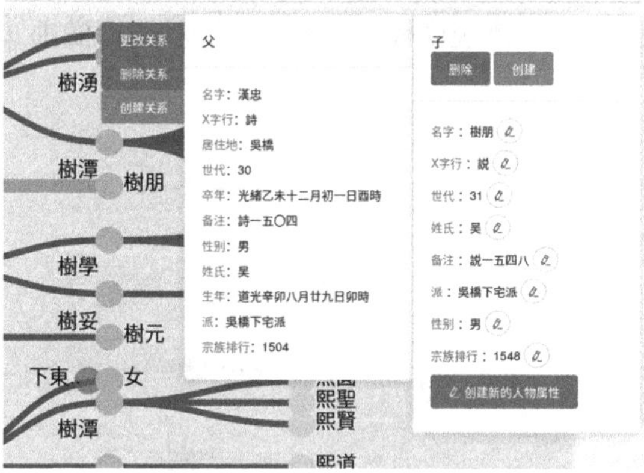

图 5 - 16　家谱树状图的关系举例

上述可视化方式也存在一些局限。比如，鉴于中华传统家谱中离异状况少见，上述可视化方式没有考虑离异的表达。在需要时，可将离异的家族外成员节点以其他颜色区别开来，若子女在法律上不再归属本家族，也以其他颜色区别开来，且子孙节点不显示。

5.4　小结

本章展示了中华传统家谱可视化平台的原型。该平台提供了浙江高迁吴氏西宅宗谱（部分）的可视化，可为研究人员开展相关研究提供便利。在这一平台上，不需要在以图片形式展示的家谱页面上进行浏览和搜索，而是可以通过检索直接获得相关信息。同时，该平台能够在一定程度上满足个人在线修谱的需要。国内现有平台和工具对大众在线修谱的支持不足——或需要支付一定费用，或并非在线对公众开放，开放数据也多以文章和图片的形式呈现，没有很好地满足当前个人在线修谱的需求。上述平台可以在在线修谱、可视化等方面更好地为个人提供服务。此外，该平台提供了一种协作修谱的模式。一个具备一定规模的家谱的修订通常需要若干人员协作完成，一些古代名人的家谱更是可能吸引到本人家族、谱牒协会、图书馆、档案馆、历史机构等众多主体一同开展工作。上述平台提供了一个在线协作的工具，能够提高家谱修订的工作效率。

该平台还有一些后续工作需要继续探索。在数据建设方面，可以对现有的数字化家谱资源加以抽取，在更大范围内扩展数据。当然也要注意尊重所有者的公开意愿，设定相应的公开范围。在平台建设方面，数据库可以考虑使用 MySQL 或 MongoDB 等来存储用户数据和家谱书目数据，与家谱内的人物关系数据分开存储；在规模扩大后，需要保障页面加载速度，比如使用 Redis 作为中间件缓存。在平台功能方面，更加友好的用户查询设计是需要考虑的重要问题，提供基于自然语言的问答界面，以及可以使用其他图表对一些统计性结论进行展示；基于 GIS 进行家族信息可视化，收集更多的古地名并进行 GPS 换算，查看迁徙情况和人口分布等。

注释

[1] MUKALIYEV D. Visualizing large genealogies with timelines [D]. School of Computer Science, Faculty of Science and Forestry, University of Eastern Finland, Kuopo, 2015.

[2] BEZERIANOS A, DRAGICEVIC P, FEKETE J D, et al. GeneaQuilts: a system for exploring large genealogies [J]. IEEE transactions on visualization & computer graphics, 2010, 16 (6): 1073-1081.

[3] KIM N W, CARD S K, HEER J. Tracing genealogical data with TimeNets [C]. Proceedings of international conference on advanced visual interfaces. ACM, 2010: 241-248.

[4] 刘玉华. 模型驱动的网络数据的可视分析方法研究 [D]. 上海：华东师范大学，2017：104-106.

[5] BORGES J. A contextual family tree visualization design [J]. Information visualization, 2019, 18 (4): 439-454.

[6] 刘军丹. 家庭谱系关系的搜索算法及其元图表示 [D]. 石家庄：河北师范大学，2013.

[7] 陈国军，蔺想红，段淑凤. 家谱成员关系的元图可视化 [J]. 计算机工程与科学，2016，38 (7)：1454-1461.

第6章 结语

数字人文与知识图谱是当今世界正在蓬勃发展的两个研究领域。知识图谱为重构数字人文资源、拓展研究人员的学术视野和挖掘潜力提供了新的方式。尽管知识图谱在诸多领域已有成熟的应用，但是数字人文领域的知识图谱构建仍需进一步探索。本书的目的正是结合数字人文领域的数据资源和相关实践的特点，分析数字人文领域知识图谱构建在不同阶段所面临的特定问题，提出数字人文领域知识图谱的构建方法，并以家谱的具体实践来展示及验证相关理论和方法的可行性和效果。

本书首先介绍了知识图谱的起源和基础知识，而后介绍了数字人文知识图谱构建的方法，主要包括领域本体构建、知识抽取、知识融合、知识推理，以及基于众包的人机协作模式和全过程质量控制。在数字人文领域本体构建部分，可以根据实际需要将自顶向下和自底向上的本体构建结合起来。一方面，复用现有的本体，建设初步的领域本体模型；另一方面，基于实际数据和应用，结合众包或知识抽取的结果，归纳领域核心概念，对初步的领域本体模型加以完善，使之更好地适应具体应用和数据的需求。在知识抽取部分，基于规则的方法在实际项目中应用较为广泛，更加符合技术发展趋势的是基于机器学习的方法，尤其是基于深度学习的方法值得尝试。使用前期构建的本体作为指导，同时使用深度学习进行信息抽取，信息抽取的结果还可以用于完善本体模型。在知识融合部分，是相关的实体加以关联、整合，进行实体对齐、冲突检验等，可以有效地完善和扩大知识图谱。对不同来源的数据还需要考虑进行模式对齐。进行知识融合，也有利于发现和消除可能存在的错误、歧义和不一致，不断提升知识的质量。知识推理也是知识图谱构建不可或缺的一部分，根据现有的事实去推断潜在的事实，进行链接预测和知识图谱补全，以及检测冲突和不一致性，进一步提升知识图谱的质量。基于众包的人机协作模式是数字人文领域知识图谱构建区别于通用领域知识图谱构建的一个重要特征。构建数字人文领域知识图谱，仍然需要人类参与其中，完成或者示范完成那些需要人类认知和智慧才能完成的任务，并通过机器学习来自动高效地完成那些规模较大、有重复性的、有章可循的任务。通过众包和机器学习的有机结合，开展人机协作，力求获得良好的效率和效果。数字人文领域知识图谱构建涉及的环节多、周期长，有必要进行全过程的质量控制，对各个环节出现的问题及时发现和改正。

接下来，本书聚焦在家谱知识图谱构建这一具体实践，介绍了依托浙江高迁的吴氏西宅宗谱构建家谱知识图谱的相关工作。首先，按照上下结合的方法构建所需的本体。一方面，对现有的本体进行复用，建设初步的领域本体模型；另一方面，从高迁吴氏西宅宗谱数据的实际情况出发，完善上述领域本体模型的概念和关系、属性，使之更好地适应具体应用和数据集的表达需求。接下来，运用前期构建的本体指导知识抽取的过程，使用深度学习的方法进行古汉语的信息抽取，通过联合学习的方法同时解决实体识别和关系抽取两个子任务。在知识融合阶段，使用基于规则的方法进行人物实体消歧和冲突检验，提高知识图谱的质量。围绕项目中的知识抽取部分的人工标注任务，展示了人机协作模式的实现。基于所构建的家谱知识图谱，实现了家谱可视化应用，主要是结合传统家谱的特点，提出了相应的可视化形式，并设计和实现了可视化平台的原型。

本研究是围绕数字人文领域知识图谱构建展开的一项探索性工作。将知识图谱用于数字人文资源组织，既符合技术发展趋势，也符合数字人文发展的需要，具有重要的研究意义。首先，本书使用新兴的知识图谱技术对数字人文资源进行组织和重构，这种知识组织方式将为人文研究提供新的视角和方式方法，使研究人员面向内容而不是文献进行研究，从而更便捷地找到内容之间的脉络联系。这种知识组织方式还将促进与其他历史信息、地理信息的关联，为研究人员提供更丰富的背景。其次，本书的工作是在数字人文领域对知识图谱构建方法和技术的探索。与通用的知识图谱相比，领域知识图谱的实体的属性和数据模式往往更加细致和丰富，且在构建时需要考虑到数字人文研究的数据和实践的特点，其构建方式方法的研究是对领域知识图谱构建研究的扩展和完善。

当然，数字人文是一个正在不断发展的新兴领域，知识图谱的技术同样处在不断的发展演进中，围绕数字人文领域的知识图谱构建和应用还有许多问题等待进一步探索。

在本体建模方面，构建数字人文领域的本体、为各子领域的本体建设提供基础是非常重要的工作。这些语义化工作必将为未来的数字人文研究提供有力的支持。有必要加强本体模型的时空语义的表达，从而更好地表达时间、地理的相关信息。比如，在古代文书中常使用中国传统的干支纪年法，这些时间可以按一定的规则换算为公元纪年，为了保证在研究时按照公历方便计算和比较，同时保持传统文化的原汁原味，有必要按不同纪年方式对时间点进行记录和存储。同时，在中华五千年文明长河中，大量的时间缺少确切的记录，仅有模糊的记录，或记录了与其他事件的时序关系，这些都对本体模型的时间语义表达能力提出了更高的要求。对于空间语义的表达也是如此，增强空间实体的语义表达，对于在历史地名及区域划分的变更等情景下的叙事表达更加游刃有余。

在知识抽取方面，本研究使用深度学习方法在家谱古文字上进行信息抽取，这也是深度学习模型在古汉语信息抽取上的探索。相关方法的可扩展性可进一步在其他家谱数据集上进行检验。未来在数字人文其他子领域的文本数据上或图像等其他格式的数据上，结合信息抽取、自然语言理解等技术的进展，也有继续探索的广阔空间。不过，不论相关技术在效果上有多好的表现和提升，都无法达到百分之百的准确，尤其是在人文研究的资料中的错误、冲突等在所难免，通过人机协作的方式高效地获得高质量的抽取结果是未来的趋势所向。

在知识融合方面，目前是在一个家族内部的数据集上进行的实体消歧、冲突检验等工作，通过融合建立人物关系网络，并进一步提高数据的质量。未来需要围绕多源数据融合继续开展工作。比如，不仅仅关注一个家族内部的关联，也要关注家族之间的相互关联。又如，考虑与历史地理等不同类型的数据相融合。随着不断添加新的人物节点以及其他类型的节点，知识融合可以带来更丰富的背景信息和研究视角，使网络的价值不断凸显；同时，它还有助于考证彼此的源流，对于修正知识图谱中潜在的错误、提高知识图谱的质量也不无裨益。

在图谱应用方面，基于所构建的知识图谱更是有众多的应用开发的机会。以家谱平台为例，可以进一步完善相关功能，比如基于 GIS 进行家族分布及迁徙的可视化，使用 VR/AR 技术增强数字人文图谱展示的沉浸感，等等。知识图谱也为语义检索、智能问答提供了支撑，通过问题理解、信息检索、答案生成提供更加友好的信息服务。更进一步地，还可以为研究人员提供交互式探索分析的功能。通过使用语义检索、智能问答和图表展示，更好地解释一些复杂的现象或过程，帮助研究人员增进对复杂问题的理解，从而更好地发挥知识图谱在助力数字人文研究中的潜力。

面向大数据时代数字人文资源重构、开发和利用的强烈需求，知识图谱将为重构数字人文资源、拓展研究人员的学术视野和挖掘潜力、拓展研究的广度和深度提供极大的便利。这些探索同时也丰富了领域知识图谱构建的研究和实践。在大数据时代的变革中，这股人文与科技的交汇融合尤其令人瞩目，学科教育和学术研究正从分散走向综合，人文的智慧与科技的力量相互启发、紧密结合，科技赋予人文智慧和中华文明新的生机，人文为科技发展和创新带来源源不断的动力。

参考文献

专著

[1] EMBLEY D W，LIDDLE S W，EASTMOND T S，et al. Conceptual modeling in accelerating information ingest into family tree [M]. Conceptual modeling perspectives. Springer，Cham，2017.

[2] EMBLEY D W，LIDDLE S W，LONSDALE D W. Conceptual modeling foundations for a Web of knowledge [M] //Handbook of conceptual modeling，chapter 15，2011.

[3] FANG A，HONG N，WU S. An integrated biomedical ontology mapping strategy based on multiple mapping methods [M]. Web information systems engineering-WISE 2013 workshops. Springer Berlin Heidelberg，2013：373-386.

[4] HOOI Y K，HASSAN M F，SHARIFF A M. A survey on ontology mapping techniques [M]. Advances in computer science and its applications. Springer Berlin Heidelberg，2014：15-33.

[5] NYHAN J，FLINN A. Computation and the humanities：towardsan oralhistory of digital humanities [M]. Cham：Springer International Publishing，2016：2-4.

[6] SIMON N. The participatory museum [M]. Santa Cruz，California：Museum2.0，2010.

[7] 安妮·伯迪克，约翰娜·德鲁克，彼得·伦恩费尔德，等. 数字人文：改变知识创新与分享的游戏规则 [M]. 马林青，韩若画，译. 北京：中国人民大学出版社，2018.

[8] 王昊奋，漆桂林，陈华钧. 知识图谱：方法、实践与应用 [M]. 北京：电子工业出版社，2019.

［9］肖仰华. 知识图谱：概念与技术［M］. 北京：电子工业出版社，2020.

［10］赵亮，苏品红. 国家图书馆家谱元数据规范与著录规则［M］. 北京：国家图书馆出版社，2014：10-40.

论文

［1］ABADI D J，MARCUS A，MADDEN S R，et al. Scalable semantic web data management using vertical partitioning［C］. Proceedings of the 33rd international conference on very large data base VLDB Endowment，2007，411-422.

［2］ABADI D J，MARCUS A，MADDEN S R. SW-Store：a vertically partitioned DBMS for semantic Web data management［J］. VLDB journal，2009，18（2）：385-406.

［3］ABRAMOWICZ W，VARGAS-VERA M，WISNIEWSKI M. Axiom-based feedback cycle for relation extraction in ontology learning from text［C］. DEXA workshops，2008：202-206.

［4］ACOSTA M，ZAVERI A，SIMPERL E，et al. Detecting linked data quality issues via crowdsourcing：a DBpedia study［J］. Semantic Web，2018，9（3）：303-335.

［5］ADEVA G J J，CERVINO U B，CALVO R A. Accuracy and diversity in ensembles of text categorisers［J］. CLEI electronic journal，2005（9）.

［6］ASIM M N，WASIM M，KHAN M U G，et al. A survey of ontology learning techniques and applications［J］. Database，2018：1-24.

［7］BAKER J，CAMPBELL H，CRABTREE J，et al. Pattern markup language：a pattern-based tool for quickly automating genealogy data extraction［C］. Proceedings of the 8th annual family history technology workshop，2008.

［8］BERNERS-LEE T，HENDLER J，LASSILA O. The semantic web［J］. Scientific American，2001，284（5）：34-43.

［9］BEZERIANOS A，DRAGICEVIC P，FEKETE J D，et al. GeneaQuilts：a system for exploring large genealogies［J］. IEEE transactions on visualization & computer graphics，2010，16（6）：1073-1081.

[10] BHATIA S, RAJSHREE N, JAIN A, et al. Tools and infrastructure for supporting enterprise knowledge graphs [C]. Proceedings of ADMA 2017: advanced data mining and applications, 2017: 846−852.

[11] BORDES A, GLOROT X, WESTON J, et al. A semantic matching energy function for learning with multi-relational data [J]. Machine learning, 2014, 94 (2): 233−259.

[12] BORDES A, USUNIER N, GARCIA-DURAN A, et al. Translating embeddings for modeling multi-relational data [C]. Advances in neural information processing systems, 2013: 2787−2795.

[13] BORGES J. A contextual family tree visualization design [J]. Information visualization, 2019, 18 (4): 439−454.

[14] BORGMAN C L. The digital future is now: a call to action for the humanities [J]. Digital humanities quarterly, 2009, 3: 233.

[15] BRANK J, GROBELNIK M, MLADENIC D. A survey of ontology evaluation techniques [C]. Proceedings of SiKDD 2005, Ljubljana, Slovenia, 2005.

[16] BRANSON S , WAH C , SCHROFF F, et al. Visual recognition with humans in the loop [C]. Proceedings of computer vision-ECCV 2010, 11th european conference on computer vision, part IV, Heraklion, Crete, Greece, 2010.

[17] BREWSTER C, ALANI H, DASMAHAPATRA S, et al. Data driven ontology evaluation [C]. Proceedings of international conference on language, resources and evaluation, Lisbon, Portugal, 2004.

[18] CAI Y D, THENG Y L, CAI Q M, et al. Crowdsourcing metadata schema generation for Chinese-style costume digital library [C]. Proceedings of the international conference on asian digital Libraries 2012. Berlin: Springer, 2012: 97−105.

[19] CALVANESE D, GIESE M, HOVLAND D, et al. Ontology-based integration of cross-linked datasets [C]. Proceedings of the 14th international semantic Web conference (ISWC). Springer, 2015.

[20] CARLSON A, BETTERIDGE J, KISIEL B, et al. Toward an architecture for never-ending language learning [C]. Proceedings of 24th AAAI conference on artificial intelligence, 2010.

[21] CHEN P P. The entity-relationship model-toward a unified view of data [J]. ACM transactions on database systems. 1976, 1 (1): 9-36.

[22] CHEN X J, JIA S B, XIANG Y. A review: knowledge reasoning over knowledge graph [J]. Expert systems with applications, 2020 (141): 112948.

[23] CHEN Y, WANG D Z. Knowledge expansion over probabilistic knowledge bases [C]. Proceedings of the 2014 ACM sigmod international conference on management of data, ACM, 2014: 649-660.

[24] CHEN Z, JI H. Collaborative ranking: a case study on entity linking [C]. Proceedings of EMNLP, 2011.

[25] CHEN Z, TAMANG S, LEE A, et al. CUNY-BLENDER TAC-KBP2010 entity linking and slot filling system description [C]. Proceedings of TAC2010 workshop, 2010.

[26] CHINCHOR N, MARSH E. MUC-7 information extraction task definition [C]. Proceedings of the 7th message understanding Conf. Philadelphia: linguistic data consortium, 1998: 359-367.

[27] CHITICARIU L, LI Y Y, REISS F R. Rule-based information extraction is dead! Long live rule-based information extraction systems! [C]. Proceedings of EMNLP 2013, 2013: 827-832.

[28] DAI D, XIAO X Y, LYU Y J, et al. Joint extraction of entities and overlapping relations using position-attentive sequence labeling [C]. Proceedings of AAAI-19, 2019: 6300-6308.

[29] DAS R, DHULIAWALA S, ZAHEER M, et al. Go for a walk and arrive at the answer: reasoning over paths in knowledge bases using reinforcement learning [C]. Proceedings of ICLR 2018, 2018.

[30] DAS R, NEELAKANTAN A, BELANGER D, et al. Chains of reasoning over entities, relations, and text using recurrent neural networks [C]. Proceedings of the 15th conference of the European chapter of the associa-

tion for computational linguistics: volume 1, long papers, 2017: 132-141.

[31] DAUME H Ⅲ. Frustratingly easy domain adaptation [C]. Proceedings of ACL' 07, 2007: 256-263.

[32] DENNY M. Ontology building: a survey of editing tools [EB/OL]. (2002-11-06) [2021-02-07]. https://www.xml.com/pub/a/2002/11/06/ontologies.html.

[33] DO H H, RAHM E. COMA: a system for flexible combination of schema matching approaches [C]. Proceedings of the VLDB 2002: 610-621.

[34] DREDZE M, MCNAMEE P, RAO D, et al. Entity disambiguation for knowledge base population [C]. Proceedings of COLING 2010, 2010: 277-285.

[35] EMAN J V. Owl Exports from a full thesaurus [J]. Bulletin of the American society for information science and technology, 2005, 32 (1): 22-26.

[36] EMBLEY D W, LIDDLE S W, EASTMOND T S, et al. Conceptual modeling in accelerating information ingest into family tree [C]. Conceptual modeling perspectives, 2017.

[37] ESCHENFELDER K R, CASWELL M. Digital cultural collections in an age of reuse and remixes [C]. Proceedings of ASIST 2010, Oct 2010, Pittsburgh, PA, USA.

[38] FININ T, MURNANE W, KELLER N, et al. Annotating named entities in twitter data with crowdsourcing [C]. Proceedings of the NAACL HLT 2010 workshop on creating speech and language data with Amazon's Mechanical Turk, 2010: 80-88.

[39] FLANDERS J, TERRAS M, PIEZ W. Welcome to digital humanities quarterly [J]. Digital humanities quarterly, 2007, 1 (1).

[40] FRANK L, RICHARD M. Dancing with robots: human skills for computerized work [EB/OL]. (2013-06-01)[2021-01-28]. https://dusp.mit.edu/uis/publication/dancing-robots-human-skills-computerized-work.

[41] FU T J, LI P H, MA W Y. GraphRel: modeling text as relational graphs for joint entity and relation extraction [C]. Proceedings of the 57th

Annual Meeting of ACL, 2019: 1409-1418.

[42] GALKIN M, AUER S, KIM H. Integration strategies for enterprise knowledge graphs [C]. Proceedings of IEEE 10th international conference on semantic computing (ICSC), 2016: 241-244.

[43] GALKIN M, AUER S, SCERRI S. Enterprise knowledge graphs: a backbone of linked enterprise data [C]. Proceedings of the 2016 IEEE/WIC/ACM international conference on Web intelligence (WI), Oct 13-16, 2016, Omaha, NE, USA.

[44] GANEA O E, HOFMANN T. Deep joint entity disambiguation with local neural attention [C]. Proceedings of EMNLP' 17, 2017.

[45] GARDNER M, MITCHELL T. Efficient and expressive knowledge base completion using subgraph feature extraction [C]. Proceedings of the EMNLP' 15, 2015: 1488-1498.

[46] GARDNER M, TALUKDAR P, KRISHNAMURTHY J, et al. Incorporating vector space similarity in random walk inference over knowledge bases [C]. Proceedings of the EMNLP' 14, 2014: 397-406.

[47] GHILARDI S, LUTZ C, WOLTER F. Did I damage my ontology?: a case for conservative extensions in description logics [C]. Proceedings of the 10th international conference on principles of knowledge representation and reasoning, 2006: 187-197.

[48] GOTTIPATI S, JIANG J. Linking entities to a knowledge base with query expansion [C]. Proceedings of EMNLP' 11, 2011, 804-813.

[49] GRAU B C, HORROCKS I, KAZAKOV Y, et al. Ontology reuse: better safe than sorry [C]. Proceedings of the 2007 international workshop on description logics (DL2007), Brixen-Bressanone, Italy, 8-10 June, 2007.

[50] GRUBER T R. A translation approach to portable ontology specifications [J]. Knowledge acquisition, 1993, 5 (2): 199-220.

[51] GRUBER T R. Toward principles for the design of ontologies used for knowledge sharing [J]. International journal of human computer studies,

1995, 43: 907-928.

[52] GRÜNINGER M, FOX M. Methodology for the design and evaluation of ontologies [C]. IJCAI' 95, workshop on basic ontological issues in knowledge sharing, 1995.

[53] GUARINO N. Semantic matching: formal ontological distinctions for information organization, extraction, and integration [C]. Information extraction a multidisciplinary approach to an emerging information technology. SCIE 1997. LNCS (LNAI), 1997 (1299).

[54] HAGHIGHI P D, BURSTEIN F, ZASLAVSKY A, et al. Development and evaluation of ontology for intelligent decision support in medical emergency management for mass gatherings [J]. Decision support systems, 2013 (54): 1192-1204.

[55] HAN X, SUN L. A generative entity-mention model for linking entities with knowledge base [C]. Proceedings of ACL' 11, 2011: 945-954.

[56] HAN X, ZHAO J. NLPR-KBP in TAC 2009 KBP track: a two-stage method to entity linking [C]. Proceedings of TAC 2009 workshop, 2009.

[57] HAN X, SUN L, ZHAO J. Collective entity linking in web text: a graph-based method [C]. Proceedings of SIGIR' 11, 2011: 765-774.

[58] HARRIS S, GIBBINS N. 3store: Efficient bulk RDF storage [J], 2003.

[59] HE S, LIU K, JI G, et al. Learning to represent knowledge graphs with gaussian embedding [C]. Proceedings of the 24th ACM international on conference on information and knowledge management, 2015: 623-632.

[60] HERBRICH R, GRAEPEL T, OBERMAYER K. Large margin rank boundaries for ordinal regression [C]. Advances in large margin classifiers. Cambridge, MA: MIT Press, 2000: 115-132.

[61] HOCHREITER S, SCHMIDHUBER J. Long short-term memory [J]. Neural computation, 1997, 9 (8): 1735-1780.

[62] HOFFART J, YOSEF M A, BORDINO I, et al. Robust disambiguation of named entities in text [C]. Proceedings of EMNLP' 11, 2011, 782-792.

[63] HOFFMANN R, ZHANG C L, LING X, et al. Knowledge-based weak supervision for information extraction of overlapping relations [C]. Proceedings of ACL 2011, 2011: 541-550.

[64] HONG L, HOU W J, WU Z H, et al. A cooperative crowdsourcing framework for knowledge extraction in digital humanities-cases on Tang poetry [J]. Aslib journal of information management, 2020, 72 (2).

[65] HUANG Z, XU W, YU K. Bidirectional LSTM-CRF models for sequence tagging [J/OL]. arXiv preprint, 2015, arXiv: 150801991.

[66] ZANDHUIS I. Towards a genealogical ontology for the semantic web [EB/OL]. (2005-09-17) [2021-02-01]. http://www.zandhuis.nl/sw/genealogy/.

[67] JACOBI I, KAGAL L, KHANDELWAL A. Rule-based trust assessment on the semantic web [C]. International workshop on rules and rule markup languages for the Semantic Web, 2011: 227-241.

[68] JENATTON R, ROUX N L, BORDES A, et al. A latent factor model for highly multi-relational data [J]. Advances in neural information processing systems, 2012: 3167-3175.

[69] JI G L, LIU K, HE S, et al. Distant supervision for relation extraction with sentence-level attention and entity descriptions [C]. Proceedings of the 31th AAAI conference on artificial intelligence. AAAI press, 2017: 3060-3066.

[70] JIA S B, E S J, XIANG Y. Neural open relation extraction via an overlap-aware sequence tagging scheme [J/OL]. arXiv: 1908. 01761v2 [cs.CL] 16 Aug 2019.

[71] JIN Y, CARMAN M, ZHU Y, et al. A technical survey on statistical modelling and design methods for crowdsourcing quality control [J]. Artificial intelligence, 2020, 287.

[72] KAMBHATLA N. Combining lexical, syntactic and semantic fea-

tures with maximum entropy models for extracting relations [C]. Proceedings of the 42nd association for computational linguistics. Stroudsburg, PA: ACL, 2004: 1-22.

[73] KEET C M. Aspects of ontology integration [R]. Napier University, 2004: 36.

[74] KHIAT A, BENAISSA M. Approach for instance-based ontology alignment: using argument and event structures of generative lexicon [J]. Metadata and semantocs research, 2014, 478 (2): 120-127.

[75] KIM N W, CARD S K, HEER J. Tracing genealogical data with TimeNets [C]. Proceedings of international conference on advanced visual interfaces. ACM, 2010: 241-248.

[76] KIM T W. A green form-based information extraction system for historical documents [D]. Provo: Brigham Young University, 2017.

[77] KOLITSAS N, GANEA O E, HOFMANN T. End-to-End Neural Entity Linking [C]. Proceedings of CoNLL' 18, 2018.

[78] KRISTIN R E, MICHELLE C. Digital cultural collections in an age of reuse and remixes [J]. Proceedings of the American society for information science and technology, 2010, 47 (1).

[79] KULKARNI S, SINGH A, RAMAKRISHNAN G, et al. Collective annotation of Wikipedia entities in web text [C]. Proceedings of SIGKDD' 09, 2009: 457-466.

[80] KULKARNI S, SRINIVASA S, KHASNABISH J N, et al. Sortinghat: a framework for deep matching between classes of entities [C]. Proceedings of the 30th IEEE Int Conf on data engineering workshops (ICDEW). Pisctaway, NJ: IEEE, 2014: 90-93.

[81] KUŽELKA O, DAVIS J. Markov logic networks for knowledge base completion: a theoretical analysis under the MCAR assumption [C]. Proceedings of the 35th conference on uncertainty in artificial intelligence, UAI: 2019, 2019.

[82] LAO N, COHEN W W. Relational retrieval using a combination of

path-constrained random walks [J]. Machine learning, 2010, 81 (1): 53- 67.

[83] LAO N, MITCHELL T, COHEN W W. Random walk inference and learning in a large scale knowledge base [C]. Proceedings of the EMNLP' 11, 2011: 529-539.

[84] LAO N, SUBRAMANYA A, PEREIRA F, et al. Reading the Web with learned syntactic-semantic inference rules [C]. Proceedings of the EMNLP' 12, ACL, 2012: 1017-1026.

[85] LAUSER B, SINI M, LIANG A, et al. From AGROVOC to the Agricultural Ontology Service/Concept Server. An OWL model for creating ontologies in the agricultural domain [C]. Proceedings of Dublin core conference, 2006.

[86] LI J, TANG J, LI Y, et al. RiMOM: a dynamic multistrategy ontology alignment framework [J]. IEEE transactions on knowledge & data engineering, 2008, 21 (8): 1218-1232.

[87] LI Y, WANG C, HAN F, et al. Mining evidences for named entity disambiguation [C]. Proceedings of SIGKDD' 13, 2013: 1070-1078.

[88] Library of Congress. Overview of the Bibframe model [EB/OL]. (2016-04-21) [2021-02-02]. https://www.loc.gov/bibframe/docs/bibframe2-model.html.

[89] LIDDLE S W, DOBSON D, EMBLEY D W, et al. Enabling efficient Chinese jiapu information Extraction [C]. Proceedings of FHTW15, 2015.

[90] LINDES P. OntoSoar: using language to find genealogy facts [D]. Provo: Brigham Young University, 2014.

[91] LIU T Y. Learning to rank for information retrieval [J]. Foundations and trends in information retrieval, 2009, 3 (3): 225-331.

[92] LIU X, LU M, OOI B C, et al. CDAS: a crowdsourcing data analytics system [J]. Proceedings of the VLDB endowment, 2012, 5 (10): 1040-1051.

[93] LIU X, ZHANG S, WEI F, et al. Recognizing named entities in tweets [C]. Proceedings of ACL' 11, 2011 (1): 359-367.

[94] LONSDALE D, HUTCHISOR M, RICHARDS T, et al. An NLP system for extracting and representing knowledge from abbreviated text [R]. The BYU NL-Soar research group, 2001.

[95] MA Y F, QI G L. An analysis of data quality in DBpedia and Zhishi. me [C]. China semantic Web symposium and web science conference, 2013: 106-117.

[96] MAEDCHE A, STAAB S. Measuring similarity between ontologies [C]. Proceedings of 13th international conference on knowledge engineering and knowledge management ontologies and the semantic Web, Springer, 2002: 251-263.

[97] PATRICIA M-R CÉSAR G-P. Meta information scenarios in digital humanities: characterization and conceptual modelling strategies [J]. Information systems, 2019, 84: 29-48.

[98] MARX M, KRÖTZSCH M, THOST V. Logic on mars: ontologies for generalized property graphs [C]. Proceedings of AAAI ' 17, AAAI press, 2017: 1188-1194.

[99] MCNAMEE P. HLTCOE efforts in entity linking at TAC KBP 2010 [C]. Proceedings of TAC 2010 workshop, 2010.

[100] MENDES P N, MÜHLEISEN H, BIZER C. Sieve: linked data quality assessment and fusion [C]. Proceedings of the 2012 Joint EDBT/ICDT workshops. ACM, 2012: 116-123.

[101] MITCHELL T, COHEN W, HRUSCHKA E, et al. Never-ending learning [C]. Proceedings of the AAAI' 15, 2015: 2302-2310.

[102] MIZOGUCHI R, VANWELKENHUYSEN J, IKEDA M. Task ontology for reuse of problem solving knowledge [C]. Towards very large knowledge bases: knowledge building and knowledge sharing. Amsterdam: IOS Press, 1995: 46-57.

[103] MUKALIYEV D. Visualizing large genealogies with timelines

[D]. Kuopo: School of Computer Science, Faculty of Science and Forestry, University of Eastern Finland, 2015.

[104] MULANG I D, SINGH K, VYAS A, et al. Encoding knowledge graph entity aliases in attentive neural network for Wikidata entity linking [C]. Proceedings of WISE' 20, 2020.

[105] NAGY G. Estimation, learning, and adaptation: systems that improve with use [C]. Proceedings of the joint IAPR international workshop on structural, syntactic, and statistical pattern recognition, 2012.

[106] NECHES R, FIKES R, FININ T, et al. Enabling technology for knowledge sharing [J]. AI Magazine, 1991, 12 (3): 35-56.

[107] NEELAKANTAN A, ROTH B, MCCALLUM A. Compositional vector space models for knowledge base inference [C]. Proceedings of 2015 AAAI spring symposium series, 2015.

[108] NEMESKEY D, RECSKI G, ZSEDER A, et al. Budapes-tacad at TAC 2010 [C]. Proceedings of TAC 2010 workshop, 2010.

[109] NICKEL M, ROSASCO L, POGGIO T. Holographic embeddings of knowledge graphs [C]. Proceedings of the AAAI' 16, 2016: 1955-1961.

[110] NICKEL M, TRESP V, KRIEGEL H P. A three-way model for collective learning on multi-relational data [C]. Proceedings of ICML' 11, 2011: 809-816.

[111] NOY N F, MCGUINNESS D L. Ontology development 101: a guide to creating your first ontology [R]. Stanford Knowledge Systems Laboratory, 2001.

[112] NOY N F, MUSEN M A. The prompt suite: interactive tools for ontology merging and mapping [J]. International journal of human-computer studies, 2003, 59 (6): 983-1024.

[113] NOY N F. Semantic integration: a survey of ontology-based approaches [J]. ACM SIGMOD record, 2004, 33 (4): 65-70.

[114] OOMEN J, AROYO L. Crowdsourcing in the cultural heritage

domain: opportunities and challenges [C]. Proceedings of the international conference on communities and technologies, ACM, 2011: 138-149.

[115] PACKER T L. Scalable detection and extraction of data in lists in OCRed text for ontology population using semi-supervised and unsupervised active wrapper induction [D]. Provo: Brigham Young University, 2014.

[116] PARK J R, CHILDRESS E. Dublin core metadata semantics: an analysis of the perspectives of information professionals [J]. Journal of information science, 2009, 35: 727-739.

[117] PARK J. FROntIER: a framework forextracting and organizing biographical facts in historical documents [D]. Provo: Brigham Young University, 2015.

[118] SVENSSON P. Humanities computing as digital humanities [EB/OL]. [2021-01-26]. http://digitalhumanities. org/dhq/vol/3/3/000065/000065. html.

[119] QIN J, PALING S. Converting a controlled vocabulary to ontology: the case of GEM [J]. Information research, 2001, 6 (2): 94-97.

[120] RAMA-MANEIRO E, VIDAL J C, LAMA M. Collective disambiguation in entity linking based on topic coherence in semantic graphs [J]. Knowledge-based systems, 2020: 199.

[121] RATINOV L, ROTH D, DOWNEY D, et al. Local and global algorithms for disambiguation to Wikipedia [C]. Proceedings of ACL, 2011: 1375-1384.

[122] REED S L, LENAT D B. Mapping ontologies into Cyc [C]. Proceedings of AAAI 2002, Edmonton, Alberta, 2002.

[123] ROSCH E. Principles of categorization [J]. Concepts: core readings, 1999 (1): 189-206.

[124] SALTON G, WONG A, YANG C S. A vector space model for automatic indexing [J]. Communications of ACM, 1975, 18 (11): 613-620.

[125] SANTOS E, FARIA D, PESQUITA C. Ontology alignment repaire through modularization and confidence-based heuristics [J]. Plos one,

2013，10 (12)：e0144807.

[126] SARASUA C，SIMPERL E，NOY N F. CrowdMap：crowdsourcing ontology alignment with microtasks [C]. Proceedings of international semantic Web conference，Springer，Berlin，Heidelberg，2012.

[127] SCHICH M，SONG C，AHN Y Y，et al. A network framework of cultural history [J]. Science，2014，345 (6196)：558-562.

[128] SHAMSFARD M，BARFOROUSH A A. The state of the art in ontology learning：a framework for comparison [J]. Knowledge engineering review，2003，18 (4)：293-316.

[129] SHEN W，WANG J，HAN W. Entity linking with a knowledge base：issues，techniques，and solutions [J]. IEEE transactions on knowledge and data engineering，2015，27 (2)：443-460.

[130] SHEN W，WANG J，LUO P，et al. Linden：linking named entities with knowledge base via semantic knowledge [C]. Proceedings of WWW' 12，2012：449-458.

[131] SHI B，WENINGER T. Open-world knowledge graph completion [EB/OL]. arXiv：1711. 03438，2017.

[132] SHI B，WENINGER T. Proje：embedding projection for knowledge graph completion [C]. Proceedings of 31st AAAI conference on artificial intelligence，2017.

[133] SHVAIKO P，EUZENAT J. Ontology matching：state of the art and future challenges [J]. IEEE transactions on knowledge and data engineering，2013，25 (1)：158-176.

[134] SINGHAL A. Introducing the knowledge graph：things，not strings [EB/OL]. (2012-12-04) [2019-02-22]. http://googleblog.blogspot.be/2012/05/introducing-knowledge-graph-thing-not.html.

[135] SIRIN E，PARSIA B，GRAU B C，et al. Pellet：a practical owl-dl reasoner [C]. Web Semantics：science，services and agents on the World Wide Web，2007，5 (2)：51-53.

[136] SOCHER R，CHEN D，MANNING C D，et al. Reasoning with

neural tensor networks for knowledge base completion [C]. Advances in neural information processing systems, 2013: 926-934.

[137] SOMA R, PRASANNA V K. Parallel inferencing for owl knowledge bases [C]. Proceedings of 37th international conference on parallel processing, 2008: 75-82.

[138] SONG D, SCHILDER F, HERTZ S, et al. Building and querying an enterprise knowledge graph [C]. IEEE Transactions on services computing. 2017, 12 (3): 356-369.

[139] SPOHR D, HOLLINK L, CINIANO P. A machine learning approach to multilingual and cross-lingual ontology matching [J]. Semantic Web-ISWC 2011, Pt I, 2011: 665-680.

[140] SPRINGER M, DULABAHN B, MICHEL P, et al. For the common good: the Library of Congress flickr pilot project [EB/OL]. (2008-10-30) [2021-01-23]. https://www.loc.gov/rr/print/flickr_report_final.pdf.

[141] TAY Y, TUAN L A, PHAN M C, et al. Multi-task neural network for non-discrete attribute prediction in knowledge graphs [C]. Proceedings of the 2017 ACM on conference on information and knowledge management, 2017: 1029-1038.

[142] TONRA J, DAVIS B, KELLY D, et al. Poetry in motion: quantified self data and automated poetry generation [EB/OL]. [2021-01-29]. https://dev.clariah.nl/files/dh2019/boa/0348.html.

[143] WACHE H, VÖGELE T, VISSER U, et al. Ontology-based integration of information: a survey of existing approaches [C]. Proceedings of IJCAI 2001 workshop on ontologies and information sharing, 2001.

[144] WALKER T, EMBLEY D W. Automating the extraction of genealogical information from the Web [C]. Proceedings of 4th anual workshop on technology for family history and genealogical research, 2004.

[145] WANG Q, LIU J, LUO Y, et al. Knowledge base completion via coupled path ranking [C]. Proceedings of the ACL' 16, vol 1: long papers, 2016: 1308-1318.

[146] WANG S L, ZHANG Y, CHE W X, et al. Joint extraction of entities and relations based on a novel graph scheme [C]. Proceedings of the IJCAI 2018, 2018: 4461-4467.

[147] WANG Z, LI L, ZENG D D, et al. Attention-based multi-hop reasoning for knowledge graph [C]. Proceeding of 2018 IEEE international conference on intelligence and security informatics (isi), 2018: 211-213.

[148] WEI Z, ZHAO J, LIU K. Mining inference formulasby goal-directed random walks [C]. Proceedings of the EMNLP' 16, 2016: 1379-1388.

[149] WEISS C, KARRAS P, BERNSTEIN A. Hexastore: sextuple indexing for semantic Web data management [C]. Proceedings of the VLDB Endowment. 2008, 1 (1): 1008-1019.

[150] WILKINSON K. Jena property table implementation [C]. Proceedings of the 2nd international workshop on scalable semantic Web knowledge base, 2006.

[151] XIE R, LIU Z, JIA J, et al. Representation learning of knowledge graphs with entity descriptions [C]. Proceedings of 30th AAAI conference on artificial intelligence, 2016.

[152] XIONG W, HOANG T, WANG W Y. Deeppath: a reinforcement learning method for knowledge graph reasoning [C]. Proceedings of the EMNLP' 17, 2017: 564-573.

[153] XU Z, DONG Y, LU Y. Semantics-preserving translation from ER schema to OWL DL ontology [J]. Chinese journal of computers, 2006, 29 (10): 1786-1796.

[154] YANG Y, LIU X. A Re-examination of text categorization methods [C]. Proceedings of SIGIR' 99, Berkeley, 1999.

[155] YU J, THOM J A, TAM A. Evaluating ontology criteria for requirements in a geographic travel domain [C]. Proceedings of international conference on ontologies, databases and applications of semantics, 2005.

[156] YU J, THOM J A, TAM A. Ontology evaluation using Wikipedia categories for browsing [C]. Proceedings of the sixteenth ACM conference

on conference on information and knowledge management, ACM, Lisbon, Portugal, 2007: 223-232.

[157] ZAVERI A J, KONTOKOSTAS D, SHERIF M A, et al. User-driven quality evaluation of DBpedia [C]. Proceedings ofthe 9th international conference on semantic systems. ACM, 2013: 97-104.

[158] ZAVERIi A, RULA A, MAURINO A, et al. Quality assessment for linked data: a survey [J]. Semantic web, 2016, 7 (1): 63-93.

[159] ZENG D J, LIU K, CHEN Y B, et al. Distant supervision for relation extraction via piecewise convolutional neural networks [C]. Proceedings of EMNLP, 2015: 1753-1762.

[160] ZENG D J, LIU K, LAI S W, et al. Relation classification via convolutional deep neural network [C]. Proceedings of COLING, 2014: 2335-2344.

[161] ZHANG J T, LIU J. Concurrent entity recognition and relationship extraction from unstructured text [J]. Advanced science and technology letters, 2016, 121: 440-444.

[162] ZHANG W, SIM Y C, SU J, et al. Entity linking with effective acronym expansion, instance selection and topic modeling [C]. Proceedings of IJCAI 2011, 2011: 1909-1914.

[163] ZHANG W, SIM Y C, SU J, et al. NUS-I2R: learning a combined system for entity linking [C]. Proceedings of TAC 2010 workshop, 2010.

[164] ZHANG W, SU J, CHEN B, et al. I2R-NUS-MSRA at TAC 2011: entity linking [C]. Proceedings of TAC 2011 workshop, 2011.

[165] ZHANG W, SU J, TAN C L, et al. Entity linking leveraging automatically generated annotation [C]. Proceedings of COLING' 10, 2010: 1290-1298.

[166] ZHAO L, ICHISE R. Ontology integration for linked data [J]. Journal on data semantics, 2014, 3 (4): 237-254.

[167] ZHENG S C, WANG F, BAO H Y, et al. Joint extraction of entities and relations based on a novel tagging scheme [C]. Proceedings of ACL

2017，2017：1227-1236.

[168] ZHENG Y D，LI G L，CHENG R. DOCS：a Domain-aware crowdsourcing system using knowledge bases [J]. Proceedings of the VLDB endowment，2016，10 (4)：361-372.

[169] ZHOU P，SHI W，TIAN J，et al. Attention-based bidirectional long short-term memory networks for relation classification [C]. Proceedings of ACL' 16，(Vol 2，short papers)，2016 (2)：207-212.

[170] ZOU Y，FININ T，CHEN H. F-OWL：an inference engine for semantic Web [C]. International workshop on formal approaches to agent-based systems，2004，238-248.

[171] 陈刚. "数字人文"与历史地理信息化研究 [J]. 南京社会科学，2014 (3)：136-142.

[172] 陈国军，蔺想红，段淑凤. 家谱成员关系的元图可视化 [J]. 计算机工程与科学，2016，38 (7)：1454-1461.

[173] 陈国青，吴刚，顾远东，等. 管理决策情境下大数据驱动的研究和应用挑战：范式转变与研究方向 [J]. 管理科学学报，2018，21 (7)：1-10.

[174] 陈宏，胡宁静，宋艳. 领域本体映射框架探讨 [J]. 湖南科技学院学报，2009，30 (12)：58-62.

[175] 陈涛，刘炜，单蓉蓉，等. 知识图谱在数字人文中的应用研究 [J]. 中国图书馆学报，2019，45 (6)：34-49.

[176] 陈艳. 中国家谱的知识本体构建 [D]. 上海：上海交通大学，2007.

[177] 程文亮. 中文企业知识图谱构建与分析 [D]. 上海：华东师范大学，2016.

[178] 邓君，孙绍丹，王阮，等. 美国 29 所高校数字人文项目研究内容解析 [J]. 情报资料工作，2020，41 (3)：31-40.

[179] 丁玉飞，王曰芬，刘卫江. 面向半结构化文本的知识提取研究 [J]. 情报理论与实践，2015，38 (3)：101-106.

[150] 高胜寒，赵宇翔，朱庆华. 国内外数字人文领域研究进展分析 [J]. 图书馆杂志，2016，35 (10)：9-18.

[181] 顾进广，朱婷婷，黄莉，等. 知识图谱中链接数据质量评价研究综述 [J]. 武汉大学学报（理学版），2017，63（1）：22-38.

[182] 郭志红. 家谱元数据的设计及其著录与查询系统的实现 [D]. 上海：上海交通大学，2003.

[183] 韩文婷，宋士杰，赵宇翔，等. 数字人文类众包抄录平台中任务绩效的影响因素研究：基于任务复杂度与领域知识视角 [J]. 图书与情报，2019（3）：73-84.

[184] 贺晨芝，张磊. 图书馆数字人文众包项目实践 [J]. 图书馆论坛，2020，40（5）：3-9.

[185] 皇甫晶，王凌云. 基于规则的纪传体古代汉语文献姓名识别 [J]. 图书情报工作，2013，57（3）：120-124.

[186] 黄恒琪，于娟，廖晓，等. 知识图谱研究综述 [J]. 计算机系统应用，2019，28（6）：1-12.

[187] 黄霄羽. 国外家谱档案利用热潮之成因探析及启示 [J]. 档案学通讯，2007（1）：30-33.

[188] 贾君枝.《汉语主题词表》转换为本体的思考 [J]. 中国图书馆学报，2007（4）：41-44.

[189] 贾君枝，卫荣娟. 叙词表转换为本体的方法分析 [J]. 情报科学，2009（9）：1363-1366.

[190] 姜育彦，李雅茹. 基于数字人文视角的“情感—时空”模型探析 [J]. 农业图书情报学报，2020，32（6）：23-33.

[191] 金贵阳，吕福在，项占琴. 基于知识图谱和语义网技术的企业信息集成方法 [J]. 东南大学学报（自然科学版），2014，44（2）：250-255.

[192] 李书宁，曾姗. 国外图书馆数字馆藏众包建设实践调查与分析 [J]. 图书情报工作，2014，58（23）：83-90.

[193] 李新鹏，徐建航，郭子明，等. 调度自动化系统知识图谱的构建与应用 [J]. 中国电力，2019，52（2）：70-77，157.

[194] 林施望. 从“人文计算”到“数字人文”：概念与研究方式的变迁 [J]. 图书馆论坛，2019（8）：12-20.

[195] 刘峤，李杨，段宏，等. 知识图谱构建技术综述 [J]. 计算机研

究与发展，2016，53（3）：582-600.

［196］刘军丹．家庭谱系关系的搜索算法及其元图表示［D］．石家庄：河北师范大学，2013.

［197］刘炜，谢蓉，张磊，等．面向人文研究的国家数据基础设施建设［J］．中国图书馆学报，2016，42（5）：29-39.

［198］刘一宁，郑彦宁，化柏林．学术定义提取系统实现及实验分析［J］．情报理论与实践，2011，34（12）：15-19.

［199］刘玉华．模型驱动的网络数据的可视分析方法研究［D］．上海：华东师范大学，2017.

［200］孟小峰．大数据融合研究：问题与挑战［J］．计算机研究与发展，2016，53（2）：231-246.

［201］欧阳剑，彭松林，李臻．数字人文背景下图书馆人文数据组织与重构［J］．图书情报工作，2019，63（11），15-24.

［202］任明，许光，王文祥．家谱文本中实体关系提取方法研究［J］．中文信息学报，2020，34（6），45-54.

［203］盛洁临．“数字敦煌”项目对我国文化遗产保护的启示［N］．中国文物报，2020-06-23（4）.

［204］孙建军．大数据时代人文社会科学如何发展［N］．光明日报，2014-07-07（11）.

［205］汤亚芬．先秦古汉语典籍中的人名自动识别研究［J］．现代图书情报技术，2013（Z1）：63-68.

［206］王东波，黄水清，何琳．基于多特征知识的先秦典籍词性自动标注研究［J］．图书情报工作，2017，61（12）：64-70.

［207］王鹤鸣．中国家谱知多少［C］//中华谱牒研究：迈入新世纪中国族谱国际学术研讨会论文集．上海：上海科学技术文献出版社，2000：1-18.

［208］王顺，康达周，江东宇．本体映射综述［J］．计算机科学，2017，44（9）：1-10.

［209］王婷．文物真三维数字建模技术在秦始皇兵马俑博物馆中的应用：以一号坑陶俑为例［J］．文物保护与考古科学，2012，24（4）：103-108.

［210］王晓玉，李斌．基于CRFs和词典信息的中古汉语自动分词［J］.

数据分析与知识发现，2017，1（5）：62-70.

[211] 王效岳，胡泽文，白如江，等. 本体集成：概念、过程、工具与方法综述 [J]. 图书情报工作，2011，55（16）：119-125.

[212] 夏翠娟，刘炜，张磊，等. 基于书目框架（BIBFRAME）的家谱本体设计 [J]. 图书馆论坛，2014，11：5-19.

[213] 夏翠娟，张磊. 关联数据在家谱数字人文服务中的应用 [J]. 图书馆杂志，2016，35（10）：26-34.

[214] 夏翠娟，张磊，贺晨芝. 面向知识服务的图书馆数字人文项目建设：方法、流程与技术 [J]. 图书馆论坛，2018（1）：1-9.

[215] 向军毅，胡慧君，刘宇，等. COVID-19 物资知识图谱的构建 [J]. 武汉大学学报（理学版），2020，66（5）：409-417.

[216] 谢韬. 基于古文学的命名实体识别的研究与实现 [D]. 北京：北京邮电大学，2018.

[217] 辛月祺. 面向大规模 RDF 知识图谱的分布式正则路径查询处理研究 [D]. 天津：天津大学，2018.

[218] 徐宗本. "数字化，网络化，智能化"新一代信息技术的聚焦点 [J]. 科学中国人，2019，415（7）：38-39.

[219] 许勇，宋柔. 基于 HMM 的百科辞典文本中句子的知识点分类 [J]. 计算机工程与应用，2005，24（4）：35-37，133.

[220] 杨玉基，许斌，胡家威，等. 一种准确而高效的领域知识图谱构建方法 [J]. 软件学报，2018，29（10）：2931-2947.

[221] 姚啸华，贺晨芝，徐孝娟，等. 面向数字人文的图书馆众包平台构建研究：以上海图书馆历史文献众包平台为例 [J]. 图书馆杂志，2020，39（6）：105-112.

[222] 叶范波，唐任仲，王正肖，等. 基于通用本体的本体映射变换技术 [J]. 浙江大学学报（工学版），2009，43（12）：2274-2280.

[223] 于娟，施文洁，朱正祥. 基于本体的人物关系一致性检测方法研究 [J]. 情报学报，2018，37（1）：98-105.

[224] 余力，管家娃. 我国古籍数字化建设现状分析及发展研究 [J]. 数字图书馆论坛，2017（11）：41-47.

［225］袁悦，王东波，黄水清，等．不同词性标记集在典籍实体抽取上的差异性探究［J］．数据分析与知识发现，2019，3（3）：57－65．

［226］张力元，王军．基于社会网络动力学的两宋学术和政治体系比较分析［J］．情报工程，2020，6（1）：34－49．

［227］张凌宇，马宗民，严丽．一种基于贝叶斯网络模型及多策略计算的本体映射方法［J］．小型微型计算机系统，2012，33（11）：2385－2391．

［228］张晓林，李宇．描述知识组织体系的元数据［J］．图书情报工作，2002（2）：64－69．

［229］张轩慧，赵宇翔，宋小康．数字人文类公众科学项目持续发展阶段的公众参与动因探索：基于盛宣怀档案抄录案例的扎根分析［J］．图书情报知识，2018（3）：4，16－25，77．

［230］赵星，李书宁，肖亚男．数字人文视域下基于多源数据融合的人物专题数据库建设：以上海图书馆 2018 开放数据应用开发竞赛作品“树人者”为例［J］．图书馆杂志，2019，38（12）：45－51．

［231］周秋芳，顾燕，陈建华，等．家谱描述元数据规范［EB/OL］．［2021－12－01］．http://ir.las.ac.cn/handle/12502/4876．

［232］左丹，欧石燕．人文信息资源语义描述、语义组织研究与实践述评［J］．图书馆论坛，2019，39（8）：21－31．

后　　记

不知不觉中，又告别了一个学期，迎来新的一年。四年前的这个时节，我与数字人文结缘，计划在之前信息系统建模研究的基础上，探索知识图谱技术在数字人文领域的应用，很快我的研究提案获得了学校的资助。一年前的这个时节，我的研究项目顺利结题，我也将其中的探索和积累结集成书。现在，得知本书即将付印出版，不得不说这个时节颇具辞旧迎新的特殊意义。

写作本书，是对自己的知识体系进一步梳理的过程。在读博期间，我曾从事系统建模方面的研究，使用关联、函数依赖等新知识丰富和优化概念模型，使之表达更丰富的语义或改进数据管理。人工智能和知识图谱技术的发展，使这一研究的思路有了新的背景和实用价值，于是引起了我的关注和研究兴趣。新技术不仅是名称的更替，还有背后一系列新的理念，这些如何在数字人文领域发挥作用以及得到延伸？纸上得来终觉浅，一切都需要在实践中验证。而我也在将思想的火花付诸实践的过程中，切切实实体会到了数字人文研究中实践的重要性。实践，不但是对研究设想的验证，也会使设想得到进一步的发展。我努力地将这一过程中的收获和思考梳理出来，通过本书呈现给大家。

本书也意味着一个新的开启。在数字人文的研究中，我不仅可以接触到科技前沿的新思想、新技术、新应用，同时又浸润在人类优秀文化的氛围里，时时可以感受到各位同人广阔的视野和独到的见解。在研究的过程中，甚至在最后的整理写作过程中，时常会有新的研究想法在头脑中闪现，让我不禁对后续的研究充满期待。这仅仅是一个开始，对数字人文的探索还在继续！

本书在写作和出版的过程中获得了多方的支持和帮助。首先要感谢中国人民大学冯惠玲教授，是冯老师的鼓励和指点使我开启了数字人文领域的研究旅程；感谢梁继红副教授分享了在国家社科基金重大项目“历史文化村镇数字化保护与传承：理论、方法与应用”（项目编号：16ZDA158）中收集整理的浙江高迁吴氏西宅宗谱的数据，有力地支撑研究开展；感谢张全海博士在我研读家谱的过程中给予的帮助和指点，让我受益匪浅。其次要感谢中国人民大学出版社各位的编辑，你们专业的态度和业务水平使本书展示出更好的面貌。最后，衷心感谢家人在背后的默默陪伴和理解，写书的过程占用了很多家庭时光，是你们的支持让我保持了良好的工作状态，有决心、有信心完成这项写作。就连孩子们也在这个过程中认识了“数字人文”，就当是写作本书的意外收获吧！

本书系中央高校基本科研经费中国人民大学科研基金项目“领域知识图谱构建及其在数字人文中的应用”（项目编号：19XNA009）的研究成果，在此对该基金的支持表示感谢。

由于书中内容涵盖范围广，涉及的术语多，如果您在阅读过程中发现了表述不当之处，或是有任何的意见或建议，恳请批评指正。

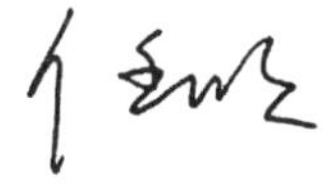

2021 年 12 月

图书在版编目（CIP）数据

数字人文领域知识图谱构建方法与实践 / 任明著
. --北京：中国人民大学出版社，2022.3
ISBN 978-7-300-30038-2

Ⅰ.①数… Ⅱ.①任… Ⅲ.①数字技术-应用-人文科学-知识管理-研究 Ⅳ.①C39 ②G302

中国版本图书馆 CIP 数据核字（2021）第 238207 号

数字人文领域知识图谱构建方法与实践
任　明　著
Shuzi Renwen Lingyu Zhishi Tupu Goujian Fangfa yu Shijian

出版发行	中国人民大学出版社		
社　　址	北京中关村大街 31 号	**邮政编码**	100080
电　　话	010－62511242（总编室）		010－62511770（质管部）
	010－82501766（邮购部）		010－62514148（门市部）
	010－62515195（发行公司）		010－62515275（盗版举报）
网　　址	http://www.crup.com.cn		
经　　销	新华书店		
印　　刷	唐山玺诚印务有限公司		
规　　格	165 mm×238 mm　16 开本	**版　　次**	2022 年 3 月第 1 版
印　　张	13.25 插页 1	**印　　次**	2024 年 10 月第 2 次印刷
字　　数	201 000	**定　　价**	45.00 元